Musiciens d'aujourd'hui

Romain Rolland

(Traducteur : Mary Blaiklock)

Writat

Cette édition parue en 2024

ISBN : 9789359941332

Publié par
Writat
email : info@writat.com

Contenu

INTRODUCTION

Il est peut-être approprié que la série de volumes comprenant *La bibliothèque du musicien* soit inaugurée par le présent recueil d'essais. Pour la majorité des lecteurs anglais, le nom de cette personnalité étrange et puissante, Romain Rolland, n'est connu qu'à travers son magnifique et intime récit de la vie et des aspirations d'un artiste, en dix volumes, *Jean-Christophe* . Ce n'est pas le lieu pour discuter de ce chef-d'œuvre. Quelques faits biographiques concernant l'auteur ne sont cependant pas déplacés ici.

Romain Rolland a quarante-huit ans. Il est né le 29 janvier 1866 à Clamecy (Nièvre), France. Il subit très tôt l'influence de Tolstoï et de Wagner et fait preuve d'une faculté critique remarquable. En 1895 (à l'âge de vingt-neuf ans), on le retrouve récompensé du très convoité Grand Prix de l'Académie française pour son œuvre *Histoire de l'Opéra en Europe avant Lulli et Scarlatti* , et la même année il soutient, devant la faculté de la Sorbonne, où il occupe aujourd'hui la chaire de critique musicale, une remarquable thèse sur *L'Origine de le Drame Lyrique Moderne* – sa thèse de doctorat. Il s'agit en réalité d'une protestation véhémente contre l'indifférence pour l'Art de la Musique qui, jusqu'alors, avait toujours été affichée par l'Université. En 1903, il publie une remarquable *Vie de Beethoven* , suivie d'une *Vie de Hugo Wolf* en 1905. Le présent volume, avec son compagnon, *Musiciens d'Autrefois* , parut en 1908. Tous deux forment des essais remarquables et révèlent une connaissance consommée et des plus intimes. de la vie et des œuvres de nos grands contemporains. On ne peut parvenir à une juste appréciation de l'œuvre d'un compositeur sans une étude de ses œuvres et des conditions dans lesquelles elles ont été produites. Prenons, par exemple, le cas d'un seul des compositeurs traités dans ce volume, Hector Berlioz. Aucun compositeur n'a été aussi incompris, aussi vilipendé que lui, simplement parce que ceux qui ont écrit sur lui, volontairement ou par ignorance, l'ont grossièrement dénaturé.

L'essai sur Berlioz, dans le présent volume, révèle un véritable aperçu de la personnalité de ce grand et malheureux artiste, et élimine toutes les fausses idées qu'une manipulation antipathique et superficielle aurait pu engendrer. En fait, la même faculté d'introspection se manifeste dans tous les autres essais qui forment ce volume, qui, pense-t-on, s'avérera de la plus grande valeur non seulement pour l'étudiant professionnel, mais aussi pour l' *auditeur intelligent* , pour qui la présente série de les volumes ont été essentiellement prévus. De nos jours, nous entendons beaucoup parler de la valeur de « l'appréciation musicale ». Il est grand temps de faire quelque chose pour éduquer notre public et dissiper l'erreur jusqu'ici répandue selon laquelle la musique ne doit pas être considérée au sérieux. Nous ne voulons pas plus d'artistes créateurs, plus d'exécutants ; le monde en regorge – bons, mauvais et indifférents – mais nous *voulons des auditeurs* plus *intelligents* .

Je ne pense pas qu'il soit exagéré d'affirmer que la majorité des auditeurs d'un concert ou d'un récital de haut niveau s'ennuient absolument. Comment pourrait-il en être autrement, alors que les compositeurs représentés ne sont pour eux que de simples noms ? Pourquoi le grand public devrait-il apprécier une fugue de Bach, une symphonie complexe ou un morceau de musique de chambre ? Est-ce que nous, musiciens professionnels, apprécions la technique d'une merveilleuse pièce de sculpture, d'une prouesse d'ingénierie tout aussi merveilleuse ou même d'une opération chirurgicale miraculeuse ? On peut dire qu'une analogie entre la sculpture, l'ingénierie, la chirurgie et la musique est absurde, car les trois premières ne séduisent pas les masses de la même manière que la musique. Justement : c'est en raison de cet attrait universel de la musique qu'il faut éduquer le public à *écouter* de *la bonne* musique ; qu'on devrait leur donner, d'une manière générale, l'occasion de se familiariser avec les lois qui sous-tendent le « beau en musique » et qu'on devrait leur montrer les exigences qu'une juste appréciation de l'art impose à l'intellect et aux émotions.

Et, assurément, un tel « desideratum » peut être mieux réalisé par une lecture attentive des manuels qui seront inclus dans la présente série. Il est incontestable que le lecteur des pages suivantes — outre la connaissance des diverses formes musicales, de l'orchestration, etc. — qui seront toutes dûment traitées dans des volumes successifs — sera à même d'apprécier mieux les œuvres du plusieurs compositeurs qu'il aura peut-être le privilège d'écouter. Le dernier essai, en particulier, sera lu avec intérêt aujourd'hui, alors que nous pouvons espérer une cessation de la haine raciale et de la méfiance, et de ce qu'un auteur du *Musical Times* (septembre 1914) a appelé : " un nouveau sens de la solidarité émotionnelle de l'humanité. C'est de ce seul sens, ajoute-t-il, que peut naître la vraie musique du futur.

CLAUDE LANDI.

BERLIOZ

je

Il peut sembler paradoxal de dire qu'aucun musicien n'est aussi peu connu que Berlioz. Le monde pense le connaître. Une renommée bruyante entoure sa personne et son œuvre. L'Europe musicale a fêté son centenaire. L'Allemagne dispute à la France la gloire d'avoir nourri et façonné son génie. La Russie, dont l'accueil triomphal le consolait de l'indifférence et de l'inimitié de Paris [1], a dit, par la voix de Balakirew, qu'il était « le seul musicien que possédait la France ». Ses principales compositions sont souvent jouées lors de concerts ; et certains d'entre eux ont la rare qualité de plaire à la fois aux gens cultivés et à la foule ; quelques-uns ont même atteint une grande popularité. Des ouvrages lui ont été consacrés et lui-même a été décrit et critiqué par de nombreux écrivains. Il est populaire même en face ; car sa figure, comme sa musique, était si frappante et si singulière qu'elle semblait vous montrer son caractère d'un seul coup d'œil. Aucun nuage ne cache son esprit et ses créations qui, contrairement à celles de Wagner, n'ont besoin d'aucune initiation pour être comprises ; ils semblent n'avoir aucune signification cachée, aucun mystère subtil ; on est instantanément leur ami ou leur ennemi, car la première impression est durable.

C'est là le pire ; on croit comprendre Berlioz avec si peu de peine. L'obscurité du sens peut moins nuire à un artiste qu'une apparente transparence ; être enveloppé dans le brouillard peut signifier rester longtemps incompris, mais ceux qui souhaitent comprendre seront au moins minutieux dans leur recherche de la vérité. On ne réalise pas toujours à quel point la profondeur et la complexité peuvent exister dans une œuvre au design clair et aux contrastes forts – dans le génie évident de quelque grand Italien de la Renaissance autant que dans le cœur troublé d'un Rembrandt et le crépuscule du Nord.

C'est le premier écueil ; mais il y en a bien d'autres qui nous assailliront dans la tentative de comprendre Berlioz. Pour atteindre l'homme lui-même, il faut abattre un mur de préjugés et de pédantisme, de conventions et de snobisme intellectuel. Bref, il faut se débarrasser de presque toutes les idées reçues sur son œuvre si l'on veut la sortir de la poussière qui flotte autour d'elle depuis un demi-siècle.

Il ne faut surtout pas commettre l'erreur d'opposer Berlioz à Wagner, soit en sacrifiant Berlioz à cet Odin germanique, soit en tentant par force de concilier l'un avec l'autre. Car certains condamnent Berlioz au nom des théories de Wagner ; et d'autres qui, n'aimant pas le sacrifice, cherchent à en faire un précurseur de Wagner, ou une sorte de frère aîné, dont la mission était de frayer un chemin et de préparer la route à un génie plus grand que le sien.

Rien n'est plus faux. Pour comprendre Berlioz, il faut se libérer de l'influence hypnotique de Bayreuth. Même si Wagner a peut-être appris quelque chose de Berlioz, les deux compositeurs n'ont rien en commun ; leur génie et leur art sont absolument opposés ; chacun a labouré son sillon dans un champ différent.

Le malentendu classique est tout aussi dangereux. J'entends par là l'attachement aux superstitions du passé et le désir pédant d'enfermer l'art dans des limites étroites, qui fleurissent encore parmi les critiques. Qui n'a pas rencontré ces censeurs de la musique ? Ils vous diront avec une solide complaisance jusqu'où la musique peut aller, et où elle doit s'arrêter, et ce qu'elle peut exprimer et ce qu'elle ne doit pas exprimer. Ils ne sont pas toujours eux-mêmes musiciens. Mais qu'en est-il de cela ? Ne s'appuient-ils pas sur l'exemple du passé ? Le passé! une poignée d'œuvres qu'eux-mêmes comprennent à peine. Pendant ce temps, la musique, par son développement incessant, dément leurs théories et brise ces faibles barrières. Mais ils ne le voient pas, ne veulent pas le voir ; puisqu'ils ne peuvent pas avancer eux-mêmes, ils nient le progrès. Les critiques de ce genre n'ont pas une opinion favorable des symphonies dramatiques et descriptives de Berlioz. Comment devraient-ils apprécier la réalisation musicale la plus audacieuse du XIXe siècle ? Ces affreux pédants et ces zélés défenseurs d'un art qu'ils ne comprennent qu'après qu'il a cessé de vivre, sont les pires ennemis du génie sans entraves, et peuvent faire plus de mal que toute une armée d'ignorants. Car dans un pays comme le nôtre, où l'éducation musicale est pauvre, la timidité est grande en présence d'une tradition forte, mais à moitié comprise ; et quiconque a l'audace de s'en détacher est condamné sans jugement. Je doute que Berlioz aurait obtenu la moindre considération de la part des amateurs de musique classique en France s'il n'avait pas trouvé des alliés dans ce pays de musique classique, l'Allemagne – « l'oracle de Delphes », « Germania alma parens » [2] comme il l'a appelée. Une partie de la jeune école allemande a trouvé l'inspiration chez Berlioz. La symphonie dramatique qu'il a créée a prospéré sous sa forme allemande sous Liszt ; le compositeur allemand le plus éminent d'aujourd'hui, Richard Strauss, subit son influence ; et Félix Weingartner, qui a édité avec Charles Malherbe les œuvres complètes de Berlioz, a eu l'audace d'écrire : « Malgré Wagner et Liszt, nous ne serions pas là où nous sommes si Berlioz n'avait pas vécu. » Ce soutien inattendu, venant d'un pays de traditions, a semé le trouble parmi les partisans de la tradition classique et rallié les amis de Berlioz.

Mais voici un nouveau danger. S'il est naturel que l'Allemagne, plus musicale que la France, reconnaisse avant la France la grandeur et l'originalité de la musique de Berlioz, il est douteux que la nature allemande puisse jamais comprendre pleinement une âme aussi française dans son essence. C'est peut-être ce qu'il y a d'extérieur chez Berlioz, son originalité positive, que les

Allemands apprécient. Ils préfèrent le *Requiem* à *Roméo* . Un Richard Strauss serait attiré par une œuvre presque insignifiante comme l' *Ouverture du roi Lear* ; un Weingartner soulignerait des œuvres comme la *Symphonique fantastique* et *Harold* et exagérerait leur importance. Mais ils ne sentent pas ce qu'il y a d'intime en lui. Wagner a dit au-dessus de la tombe de Weber : « L'Angleterre vous rend justice, la France vous admire, mais seule l'Allemagne vous aime ; vous êtes de son être, un jour glorieux de sa vie, une goutte chaude de son sang, une partie de son cœur. ...." On pourrait adapter ses propos à Berlioz ; il est aussi difficile pour un Allemand d'aimer vraiment Berlioz qu'il l'est pour un Français d'aimer Wagner ou Weber. Il faut donc se garder d'accepter sans réserve le jugement de l'Allemagne sur Berlioz ; car c'est là que résiderait le danger d'un nouveau malentendu. Vous voyez combien les partisans et les adversaires de Berlioz nous empêchent de découvrir la vérité. Renonçons-les.

Sommes-nous désormais au bout de nos difficultés ? Pas encore; car Berlioz est le plus illusoire des hommes, et personne n'a contribué plus que lui à tromper les gens dans leur appréciation de lui. Nous savons combien il a écrit sur la musique et sur sa propre vie, et de quel esprit et de quelle compréhension il fait preuve dans ses critiques avisées et ses charmants *Mémoires* . [3] On croirait qu'un écrivain aussi imaginatif et habile, habitué dans sa profession de critique à exprimer toutes les nuances des sentiments, serait capable de nous dire plus exactement ses idées sur l'art qu'un Beethoven ou un Mozart. Mais ce n'est pas le cas. De même qu'un excès de lumière peut aveugler la vision, un excès d'intellect peut entraver la compréhension. L'esprit de Berlioz s'est consacré aux détails ; il réfléchissait la lumière depuis trop de facettes et ne se concentrait pas en un seul faisceau puissant qui aurait fait connaître sa puissance. Il ne savait dominer ni sa vie ni son œuvre ; il n'a même pas essayé de les dominer. Il était l'incarnation du génie romantique, une force débridée, inconsciente du chemin qu'il parcourait. Je n'irais pas jusqu'à dire qu'il ne se comprenait pas, mais il y a certainement des moments où il ne se comprend plus. Il se laisse dériver là où le hasard le mène [4] , tel un vieux pirate scandinave couché au fond de son bateau, les yeux rivés vers le ciel ; et il rêve, gémit, rit et s'abandonne à ses illusions fébriles. Il vivait avec ses émotions avec autant d'incertitude qu'avec son art. Dans sa musique, comme dans ses critiques de la musique, il se contredit souvent, hésite et revient en arrière ; il n'est sûr ni de ses sentiments ni de ses pensées. Il a la poésie dans l'âme et s'efforce d'écrire des opéras ; mais son admiration oscille entre Gluck et Meyerbeer. Il a un génie populaire, mais il méprise le peuple. C'est un révolutionnaire musical audacieux, mais il se laisse retirer le contrôle de ce mouvement musical par quiconque le souhaite. Pire encore : il renie le mouvement, tourne le dos à l'avenir et se jette à nouveau dans le passé. Pour quelle raison? Très souvent, il ne le sait pas. La passion, l'amertume, le caprice, l'orgueil blessé, tout cela a plus d'influence sur lui que les choses sérieuses de la vie. C'est un homme en guerre contre lui-même.

Comparez ensuite Berlioz et Wagner. Wagner aussi était animé de passions violentes, mais il restait toujours maître de lui-même, et sa raison restait inébranlable face aux tempêtes de son cœur ou à celles du monde, aux tourments de l'amour ou aux luttes des révolutions politiques. Il a mis ses expériences et même ses erreurs au service de son art ; il a écrit sur ses théories avant de les mettre en pratique ; et il ne se lançait que lorsqu'il était sûr de lui et que la voie était libre devant lui. Et pensez combien Wagner doit à cette expression écrite de ses objectifs et à l'attrait magnétique de ses arguments. Ce sont ses œuvres en prose qui fascinent le roi de Bavière avant qu'il n'entende sa musique ; et pour beaucoup d'autres aussi, ils ont été la clé de cette musique. Je me souviens avoir été impressionné par les idées de Wagner alors que je ne comprenais qu'à moitié son art ; et quand une de ses compositions m'intriguait, ma confiance n'était pas ébranlée, car j'étais sûr que le génie si convaincant dans son raisonnement ne se tromperait pas ; et que si sa musique me déroutait, c'était moi qui étais fautif. Wagner était vraiment son meilleur ami, son plus fidèle champion ; et c'était lui qui nous guidait à travers l'épaisse forêt et sur les rochers escarpés de son travail.

Non seulement Berlioz ne vous aide pas ainsi, mais il est le premier à vous égarer et à errer avec vous dans les sentiers de l'erreur. Pour comprendre son génie, il faut le saisir tout seul. Son génie était vraiment grand, mais, comme je vais essayer de vous le montrer, il était à la merci d'un caractère faible.

Tout chez Berlioz était trompeur, même son apparence. Dans des portraits légendaires, il apparaît comme un sudiste sombre aux cheveux noirs et aux yeux pétillants. Mais il était en réalité très blond et avait les yeux bleus [5], et Joseph d'Ortigue nous dit qu'ils étaient profonds et perçants, quoique parfois assombris par la mélancolie ou la langueur. [6] Il avait un large front sillonné de rides dès l'âge de trente ans, et une épaisse crinière de cheveux, ou, comme le dit E. Legouvé, « un grand parapluie de cheveux, se projetant comme un auvent mobile sur le bec de l'homme ». un oiseau de proie. » [7]

Sa bouche était bien découpée, avec des lèvres comprimées et plissées aux coins en un pli sévère, et son menton était proéminent. Il avait une voix grave, [8] mais son discours était saccadé et souvent tremblant d'émotion ; il parlait avec passion de ce qui l'intéressait, et se montrait parfois expansif, mais le plus souvent il était disgracieux et réservé. Il était de taille moyenne, plutôt mince et anguleux, et lorsqu'il était assis, il paraissait beaucoup plus grand qu'il ne l'était en réalité. [9] Il était très agité et a hérité de sa terre natale, le Dauphiné, la passion d'alpiniste pour la marche et l'escalade, et l'amour d'une vie vagabonde, qui lui est resté près de sa mort. [10] Il avait une constitution de fer, mais il la détruisait par les privations et les excès, par ses promenades sous la pluie et en dormant dehors par tous les temps, même quand il y avait de la neige au sol. [11]

Mais dans ce corps fort et athlétique vivait une âme fiévreuse et maladive, dominée et tourmentée par un besoin morbide d'amour et de sympathie : « ce besoin impérieux d'amour qui me tue... » [12] Aimer, être. aimé – il abandonnerait tout pour cela.

Mais son amour était celui d'un jeune qui vit dans des rêves ; ce n'a jamais été la passion forte et lucide d'un homme qui a affronté les réalités de la vie, et qui voit les défauts aussi bien que les charmes de la femme qu'il aime, Berlioz était amoureux de l'amour, et se perdait parmi les visions et ombres sentimentales. Jusqu'à la fin de sa vie, il resta « un pauvre petit enfant épuisé par un amour qui le dépassait ». [13] Mais cet homme qui menait une vie si sauvage et si aventureuse exprimait ses passions avec délicatesse ; et l'on retrouve une pureté presque féminine dans les passages d'amour immortels des *Troyens* ou la " *nuit sereine*" de *Roméo et Juliette* . Et comparez cette affection virgilienne aux ravissements sensuels de Wagner. Est-ce à dire que Berlioz ne pouvait pas aimer aussi bien que Wagner ? On sait seulement que la vie de Berlioz fut faite d'amour et de ses tourments. Le thème d'un passage touchant de l'Introduction de la *Symphonique fantastique* a été identifié récemment par M. Julien Tiersot, dans son intéressant livre, [14] avec une romance composée par Berlioz à l'âge de douze ans, alors qu'il aimait une fille de dix-huit ans. "avec de grands yeux et des chaussures roses" - Estelle, *Stella mentis, Stella matutina* . Ces mots – peut-être les plus tristes qu'il ait jamais écrits – pourraient servir d'emblème de sa vie, une vie en proie à l'amour et à la mélancolie, vouée aux serrements de cœur et à une terrible solitude ; une vie vécue dans un monde creux, parmi des soucis qui glaçaient le sang ; une vie qui était de mauvais goût et qui n'avait aucune consolation à lui offrir à sa fin. [15] Il a lui-même décrit de manière vivante et minutieuse ce terrible « *mal de l'isolement* » qui l'a poursuivi toute sa vie. [16] Il était voué à souffrir ou, ce qui était pire, à faire souffrir les autres.

Qui ne connaît pas sa passion pour Henrietta Smithson ? C'était une triste histoire. Il tombe amoureux d'une actrice anglaise qui joue Juliette (Etait-ce elle ou Juliette qu'il aimait ?). Il ne lui lança qu'un regard, et c'en était fini de lui. Il s'écria : « Ah, je suis perdu ! Il la désirait ; elle le repoussa. Il vivait dans un délire de souffrance et de passion ; il erra des jours et des nuits comme un fou, parcourant Paris et ses environs, sans but, ni repos, ni soulagement, jusqu'à ce que le sommeil l'envahisse là où il le trouvait, parmi les gerbes d'un champ près de Villejuif, dans une prairie près de Sceaux, au bord de la Seine gelée près de Neuilly, dans la neige, et une fois sur une table du Café Cardinal, où il dormit cinq heures, au grand effroi des serveurs qui le crurent mort. [17] Pendant ce temps, on lui a raconté des ragots calomnieux à propos d'Henriette, auxquels il a volontiers cru. Puis il la méprisa, et la déshonora publiquement dans sa *Symphonie fantastique*, rendant hommage dans son amer ressentiment à Camille Moke, pianiste, pour qui il perdit sans tarder son cœur.

Au bout d'un moment, Henriette réapparut. Elle avait maintenant perdu sa jeunesse et sa puissance ; sa beauté déclinait et elle était endettée. La passion de Berlioz se rallume aussitôt. Cette fois, Henriette accepta ses avances. Il apporta des modifications à sa symphonie et la lui offrit en hommage à son amour. Il la conquit et l'épousa avec une dette de quatorze mille francs. Il avait capturé son rêve : Juliette ! Ophélie ! Qu'était-elle vraiment ? Une charmante Anglaise, froide, loyale et sobre, qui ne comprenait rien à sa passion ; et qui, dès qu'elle était devenue sa femme, l'aimait jalousement et sincèrement, et pensait l'enfermer dans le monde étroit de la vie domestique. Mais ses affections devinrent rétives, et il perdit son cœur pour une actrice espagnole (c'était toujours une actrice, une virtuose ou un rôle) et quitta la pauvre Ophélie, et partit avec Marie Recio, l'Inès de *Favorite*, le page de *Comte Ory*, une femme pratique et têtue, une chanteuse indifférente et maniaque du chant. Le hautain Berlioz était obligé de flatter les directeurs du théâtre pour obtenir ses rôles, d'écrire des notices flatteuses vantant ses talents et même de la laisser faire ses propres mélodies discordantes lors des concerts qu'il organisait. [18] Tout cela serait terriblement ridicule si cette faiblesse de caractère n'avait pas entraîné la tragédie à sa suite.

Ainsi celle qu'il aimait vraiment, et qui l'aimait toujours, resta seule, sans amis, à Paris, où elle était étrangère. Elle s'affaissa dans le silence et se languit lentement, alitée, paralysée et incapable de parler pendant huit années de souffrance. Berlioz souffrait aussi, car il l'aimait toujours et était déchiré par la pitié, « la pitié, la plus douloureuse de toutes les émotions ». [19] Mais à quoi servait cette pitié ? Il laissa Henriette souffrir seule et mourir quand même. Et, pire encore, comme nous l'apprend Legouvé, il laissa sa maîtresse, l'odieuse Recio, faire une scène devant la pauvre Henriette. [20] Recio lui en a parlé et s'est vanté de ce qu'elle avait fait.

Et Berlioz ne fait rien : « Comment pourrais-je ? Je l'aime.

On serait dur avec un tel homme si l'on n'était pas désarmé par ses propres souffrances. Mais continuons. J'aurais voulu passer sous silence ces traits, mais je n'en ai pas le droit ; Il faut que je vous montre l'extraordinaire faiblesse du caractère de cet homme. « Le caractère de l'homme », ai-je dit ? Non, c'était le personnage d'une femme sans volonté, victime de ses nerfs. [21]

De telles personnes sont vouées au malheur ; et s'ils font souffrir les autres, on peut être sûr que ce n'est que la moitié de ce qu'ils souffrent eux-mêmes.

Ils ont un don particulier pour attirer et rassembler les ennuis ; ils savourent la tristesse comme le vin et n'en perdent pas une goutte. La vie semblait vouloir que Berlioz soit plongé dans la souffrance ; et ses malheurs étaient si réels qu'il serait inutile d'y ajouter les exagérations que l'histoire nous a léguées.

On trouve à redire aux plaintes continuelles de Berlioz ; et moi aussi je trouve chez eux un manque de virilité et presque un manque de dignité. Selon toute apparence, il avait beaucoup moins de raisons matérielles d'être malheureux que — je ne dirai pas Beethoven — Wagner et d'autres grands hommes passés, présents et futurs. A trente-cinq ans, il avait atteint la gloire ; et Paganini le proclama successeur de Beethoven. Que pouvait-il vouloir de plus ? Il fut discuté par le public, décrié par un Scudo et un Adolphus Adam, et le théâtre ne lui ouvrit ses portes que difficilement. C'était vraiment splendide !

Mais un examen attentif des faits, comme celui fait par M. Julien Tiersot, montre l'étouffante médiocrité et la misère de sa vie. Il y avait d'abord ses soucis matériels. A trente-six ans, le « successeur de Beethoven » avait un salaire fixe de quinze cents francs comme aide-conservateur de la bibliothèque du Conservatoire, et pas tout à fait autant pour ses contributions aux *Débits*, contributions qui l'exaspéraient et l'humiliaient et étaient l'une des croix de sa vie, car elles l'obligeaient à dire autre chose que la vérité. [22]

Cela faisait au total trois mille francs à peine gagnés sur lesquels il devait entretenir une femme et un enfant, « *même deux* », comme dit M. Tiersot. Il tenta un festival à l'Opéra ; ce fut une perte de trois cent soixante francs. Il organise un festival à l'Exposition de 1844 ; les recettes étaient de trente-deux mille francs, sur lesquels il tirait huit cents francs. Il fit jouer la *Damnation de Faust* ; personne n'y vint et il fut ruiné. Les choses se sont mieux passées en Russie ; mais le gérant qui l'a amené en Angleterre a fait faillite. Il était hanté par des pensées de loyers et de factures médicales. Vers la fin de sa vie, sa situation financière s'améliora un peu et, un an avant sa mort, il prononça ces tristes paroles : « Je souffre beaucoup, mais je ne veux pas mourir maintenant, j'ai de quoi vivre.

L'un des épisodes les plus tragiques de sa vie est celui de la symphonie qu'il n'a pas écrit à cause de sa pauvreté. On se demande pourquoi la page qui termine ses *Mémoires* n'est pas plus connue, car elle touche au plus profond de la souffrance humaine.

Au moment où la santé de sa femme lui causait le plus d'inquiétude, une nuit lui vint l'inspiration d'une symphonie. La première partie – un allegro à deux temps en la mineur – résonnait dans sa tête. Il s'est levé et a commencé à écrire, puis il a pensé :

"Si je commence ce morceau, je devrai écrire toute la symphonie. Ce sera une grande affaire, et je devrai y consacrer trois ou quatre mois. Cela signifie que je n'écrirai plus d'articles et que je ne gagnerai plus d'argent. Et quand la symphonie sera terminée, je ne pourrai résister à la tentation de la faire copier (ce qui coûtera mille ou douze cents francs), puis de la faire jouer, et je donnerai à peine un concert. je couvrirai la moitié des frais. Je perdrai ce que je n'ai pas ; le pauvre invalide manquera du nécessaire ; et je ne pourrai payer ni mes dépenses personnelles ni les honoraires de mon fils lorsqu'il montera à bord du navire. j'ai frémi, et j'ai jeté ma plume en disant : « Bah ! demain j'aurai oublié la symphonie. La nuit suivante, j'entendis clairement l'allegro, et il me sembla le voir écrit. J'étais rempli d'une agitation fébrile ; je chantais le thème, j'allais me lever... mais les réflexions de la veille me retinrent ; moi-même contre la tentation, et je me suis accroché à l'idée de l'oublier. Finalement, je m'endormis ; et le lendemain, au réveil, tout souvenir avait effectivement disparu pour toujours. [23]

Cette page fait frémir. Le suicide est moins pénible. Ni Beethoven ni Wagner n'ont subi de telles tortures. Qu'aurait fait Wagner dans une pareille occasion ? Il aurait sans aucun doute écrit la symphonie – et il aurait eu raison. Mais le pauvre Berlioz, qui était assez faible pour sacrifier son devoir d'aimer, l'était, hélas ! aussi assez héroïque pour sacrifier son génie au devoir. [24]

Et malgré toute cette misère matérielle et le chagrin d'être incompris, on parle de la gloire dont il jouit. Que pensaient de lui ses confrères, du moins ceux qui se disaient ainsi ? Il savait que Mendelssohn, qu'il aimait et estimait et qui se disait son « bon ami », le méprisait et ne reconnaissait pas son génie. [25] Schumann au grand cœur, qui était, à l'exception de Liszt, [26] le seul à ressentir intuitivement sa grandeur, avouait qu'il se demandait parfois s'il devait être considéré comme « un génie ou un aventurier musical." [27]

Wagner, qui traitait ses symphonies avec mépris avant même de les avoir lues [28], qui comprenait certainement son génie, et qui l'ignorait délibérément, se jeta dans les bras de Berlioz lorsqu'il le rencontra à Londres en 1855. « Il l'embrassa avec ferveur. , et pleura; et à peine l'avait-il quitté que *Le Monde Musical* publia des passages de son livre *Oper und Drama* , où il met en pièces Berlioz sans pitié. [29] En France, le jeune Gounod, *doli fabricateur Epeus* , comme l'appelait Berlioz, lui prodiguait des paroles flatteuses, mais passait son temps à critiquer ses compositions, [30] ou à tenter de le supplanter au théâtre. A l'Opéra, il fut écarté au profit d'un prince Poniatowski.

Il se présenta trois fois à l'Académie, et fut battu la première fois par Onslow, la deuxième fois par Clapisson, et la troisième fois il vainquit par une majorité d'une voix contre Panseron, Vogel, Leborne et d'autres, y compris, comme toujours. , Gounod. Il mourut avant que la *Damnation de Faust* ne soit appréciée en France, bien qu'il s'agisse de la composition musicale la plus remarquable que la France ait produite. Ils ont sifflé sa performance ? Pas du tout; « ils étaient simplement indifférents », c'est Berlioz qui nous le dit. Cela est passé inaperçu. Il mourut avant d'avoir vu jouer *Les Troyens* dans leur intégralité, alors que c'était une des œuvres les plus nobles du théâtre lyrique français composées depuis la mort de Gluck. [31] Mais il n'y a pas lieu de s'étonner. Pour entendre ces œuvres aujourd'hui, il faut aller en Allemagne. Et bien que l'œuvre dramatique de Berlioz ait trouvé son Bayreuth — grâce à Mottl, à Karlsruhe et Munich — et que le merveilleux *Benvenuto Cellini* ait été joué dans vingt villes allemandes [32] et considéré comme un chef-d'œuvre par Weingartner et Richard Strauss, quel directeur d'un théâtre français songerait à produire de telles œuvres ?

Mais ce n'est pas tout. Quelle était l'amertume de l'échec comparée à la grande angoisse de la mort ? Berlioz a vu mourir les uns après les autres tous ceux qu'il aimait : son père, sa mère, Henrietta Smithson, Marie Recio. Il ne restait alors plus que son fils Louis.

Il était capitaine d'un navire marchand ; un garçon intelligent et bon cœur, mais agité et nerveux, irrésolu et malheureux, comme son père. « Il a le malheur de me ressembler en tout, dit Berlioz ; "et nous nous aimons comme des jumeaux." [33] « Ah ! mon pauvre Louis, lui écrit-il, que ferai-je sans toi ? Quelques mois après, il apprit que Louis était mort dans des mers lointaines.

Il était désormais seul. [34] Il n'y avait plus de voix amicales ; tout ce qu'il entendait, c'était un duo hideux entre solitude et lassitude, chanté à son oreille dans l'agitation du jour et dans le silence de la nuit. [35] Il était dévasté par la maladie. En 1856, à Weimar, à la suite d'une grande fatigue, il fut atteint d'une maladie interne. Cela a commencé par une grande détresse mentale ; il dormait dans la rue. Il souffrait constamment ; il était comme « un arbre sans feuilles, ruisselant de pluie ». À la fin de 1861, la maladie était dans une phase aiguë. Il avait des accès de douleur qui duraient parfois trente heures, pendant lesquelles il se tordait de douleur dans son lit. "Je vis au milieu de ma douleur physique, accablé par la lassitude. La mort est très lente." [36]

Pire encore, au cœur de sa misère, rien ne le réconfortait. Il ne croyait en rien, ni en Dieu ni à l'immortalité.

"Je n'ai pas de foi... Je déteste toute philosophie et tout ce qui lui ressemble, qu'elle soit religieuse ou autre... Je suis aussi incapable de faire une médecine de la foi que d'avoir foi en la médecine." [37]

"Dieu est stupide et cruel dans sa totale indifférence." [38]

Il ne croyait ni à la beauté ni à l'honneur, ni à l'humanité ni à lui-même.

"Tout passe. L'espace et le temps consomment la beauté, la jeunesse, l'amour, la gloire, le génie. La vie humaine n'est rien ; la mort n'est pas meilleure. Les mondes naissent et meurent comme nous. Tout n'est rien. Oui, oui, oui ! Tout n'est rien. ... Aimer ou haïr, jouir ou souffrir, admirer ou se moquer, vivre ou mourir, qu'importe dans la grandeur ou la petitesse, la beauté ou la laideur est indifférente. [39]

"Je suis las de la vie ; et je suis obligé de voir que la croyance aux absurdités est nécessaire à l'esprit humain, et qu'elle naît en eux comme les insectes naissent dans les marécages." [40]

"Vous me faites rire avec vos vieux mots sur une mission à accomplir. Quel missionnaire ! Mais il y a en moi un mécanisme inexplicable qui fonctionne malgré tous les arguments ; et je le laisse fonctionner parce que je ne peux pas l'arrêter. Ce qui me dégoûte le plus c'est la certitude que la beauté n'existe pas pour la majorité de ces singes humains." [41]

« L'énigme insoluble du monde, l'existence du mal et de la douleur, la folie féroce de l'humanité et la stupide cruauté qu'elle inflige d'heure en heure et partout aux êtres les plus inoffensifs et à elle-même, tout cela m'a réduit à l'état de malheureux. et la résignation désespérée d'un scorpion entouré de charbons ardents. Tout ce que je peux faire, c'est de ne pas me blesser avec mon propre dard. [42]

"Je suis dans ma soixante et unième année ; et je n'ai plus d'espoirs, ni d'illusions, ni d'aspirations. Je suis seul ; et mon mépris pour la bêtise et la malhonnêteté des hommes, et ma haine pour leur méchante cruauté, sont à leur comble. heure où je dis à la mort : « Quand tu voudras ! Qu'est-ce qu'il attend ? » [43]

Et pourtant il craint la mort qu'il invite. C'est le sentiment le plus fort, le plus amer, le plus vrai qu'il éprouve. Aucun musicien depuis le vieux Roland de Lassus ne l'a redouté avec cette intensité. Vous souvenez-vous des nuits blanches d'Hérode dans *L'Enfance du Christ*, ou du monologue de Faust, ou de l'angoisse de Cassandre, ou de l'enterrement de Juliette ? — à travers tout cela, vous retrouverez la peur murmurée de l'anéantissement. Le malheureux était hanté par cette crainte, comme le montre une lettre publiée par M. Julien Tiersot :

"Ma promenade préférée, surtout quand il pleut, pleut vraiment à torrents, est le cimetière de Montmartre, qui est près de chez moi. J'y vais souvent ; il y a beaucoup de choses qui m'y attirent. Avant-hier j'ai passé deux heures au cimetière ; j'ai trouvé un siège confortable sur un tombeau coûteux, et je me suis endormi... Paris est pour moi un cimetière et ses trottoirs sont des pierres tombales Partout se trouvent des souvenirs d'amis ou d'ennemis morts... Je ne fais que souffrir d'une douleur incessante et d'une lassitude indicible. Je me demande nuit et jour si je mourrai dans de grandes souffrances ou avec peu de douleur. Je ne suis pas assez stupide pour espérer mourir sans aucune douleur. ?" [44]

Sa musique est comme ces paroles lugubres ; il est peut-être encore plus terrible, plus sombre, car il respire la mort. [45] Quel contraste : une âme avide de vie et en proie à la mort. C'est ce qui fait de sa vie une si horrible tragédie. Lorsque Wagner rencontra Berlioz, il poussa un soupir de soulagement : il avait enfin trouvé un homme plus malheureux que lui. [46]

Au seuil de la mort, il se tourna avec désespoir vers le seul rayon de lumière qui lui restait : *Stella montis* , l'inspiratrice de son amour d'enfant ; Estelle, aujourd'hui âgée, grand-mère, flétrie par l'âge et le chagrin. Il fait un pèlerinage à Meylan, près de Grenoble, pour la voir. Il avait alors soixante et un ans et elle près de soixante-dix. "Le passé ! le passé ! Ô Temps ! Plus jamais ! Plus jamais !" [47]

Néanmoins, il l'aimait et l'aimait désespérément. Comme c'est pathétique. On n'a guère envie de sourire quand on voit le fond de ce cœur désolé. Pensez-vous qu'il n'a pas vu, aussi clairement que vous ou moi, le vieux visage ridé, l'indifférence de l'âge, la « *triste raison* », chez elle qu'il idéalisait ? Rappelez-vous, il était le plus ironique des hommes. Mais il ne souhaitait pas voir ces choses, il souhaitait s'accrocher à un peu d'amour, qui l'aiderait à vivre dans le désert de la vie.

"Il n'y a rien de réel dans ce monde que ce qui vit dans le cœur... Ma vie s'est déroulée dans le petit village obscur où elle vit... La vie n'est supportable que lorsque je me dis : 'Cet automne, je je passerai un mois à ses côtés. Je mourrais dans cet enfer de Paris si elle ne me permettait pas de lui écrire, et si de temps en temps je n'avais pas de lettres d'elle.

Alors il a parlé à Legouvé ; et il s'assit sur une pierre dans une rue de Paris et pleura. Cependant la vieille dame ne comprenait pas cette bêtise ; elle le supportait à peine et cherchait à le détromper.

"Quand on a les cheveux blancs, il faut quitter les rêves, même ceux d'amitié... A quoi sert de nouer des liens qui, s'ils tiennent aujourd'hui, peuvent se rompre demain ?"

Quels étaient ses rêves ? Vivre avec elle ? Non; plutôt mourir à ses côtés ; sentir qu'elle était à ses côtés lorsque la mort viendrait.

"Être à tes pieds, ma tête sur tes genoux, tes deux mains dans les miennes, donc pour finir." [48]

C'était un petit enfant devenu vieux, et il se sentait déconcerté, misérable et effrayé à l'idée de la mort.

Wagner, au même âge, vainqueur, adoré, flatté et, si l'on en croit la légende de Bayreuth, couronné de prospérité ; Wagner, triste et souffrant, doutant de ses réalisations, sentant l'inanité de son combat acharné contre la médiocrité du monde, s'était « enfui loin du monde » [49] et s'était jeté dans la religion ; et lorsqu'un ami le regardait avec surprise alors qu'il disait des grâces à table, il répondit : « Oui, je crois en mon Sauveur. [50]

Pauvres êtres ! Conquérants du monde, conquis et brisés !

Mais des deux morts, combien plus triste est celle de l'artiste qui était sans foi, et qui n'avait ni assez de force ni assez de stoïcisme pour être heureux sans foi ; qui mourut lentement dans cette petite chambre de la rue de Calais, au milieu des bruits dérangeants d'un Paris indifférent et même hostile ; [51] qui s'enfermait dans un silence sauvage ; qui n'a vu aucun visage aimé se pencher sur lui dans ses derniers instants ; qui n'avait pas le réconfort de croire en son travail ; [52] qui ne pouvait penser calmement à ce qu'il avait fait, ni regarder fièrement en arrière le chemin qu'il avait parcouru, ni se contenter de la pensée d'une vie bien vécue ; et qui commençait et terminait ses *Mémoires* par les paroles sombres de Shakespeare, et les répétait en mourant :

"La vie n'est qu'une ombre ambulante, un pauvre acteur
qui se pavane et s'inquiète pendant son heure sur scène
et puis on n'entend plus : c'est une histoire
racontée par un idiot, pleine de bruit et de fureur,
ne signifiant rien." [53]

Tel était le cœur malheureux et indécis qui se trouva uni à l'un des génies les plus audacieux du monde. C'est un exemple frappant de la différence qui peut exister entre génie et grandeur, car les deux mots ne sont pas synonymes. Quand on parle de grandeur, on parle de grandeur d'âme, de noblesse de caractère, de fermeté de volonté et, surtout, d'équilibre d'esprit. Je peux comprendre qu'on nie l'existence de ces qualités chez Berlioz ; mais nier son génie musical, ou ergoter sur son merveilleux pouvoir — et c'est ce qu'on fait quotidiennement à Paris — est lamentable et ridicule. Qu'il en attire ou non, un dé à coudre de quelques-unes de ses œuvres, une seule partie d'une de ses œuvres, un peu de *Fantastique* ou l'ouverture de *Benvenuto* révèlent plus de génie, je n'ai pas peur de le dire, que tout la musique française de son siècle. Je peux comprendre qu'on se dispute à son sujet dans un pays qui a produit Beethoven et Bach ; mais chez nous en France, qui opposer à lui ? Gluck et César Franck étaient des hommes bien plus grands, mais ils n'ont jamais été des génies de sa stature. Si le génie est une force créatrice, je ne trouve pas dans le monde plus de quatre ou cinq génies qui lui soient supérieurs. Quand j'ai nommé Beethoven, Mozart, Bach, Haendel et Wagner, je ne sais pas qui d'autre est supérieur à Berlioz ; Je ne sais même pas qui est son égal.

Il n'est pas seulement musicien, il est la musique elle-même. Il ne commande pas son esprit familier, il en est l'esclave. Ceux qui connaissent ses écrits savent à quel point il était simplement possédé et épuisé par ses émotions musicales. C'étaient en réalité des crises d'extase ou des convulsions. Au début « il y eut une excitation fébrile ; les veines battaient violemment et les larmes coulaient abondamment. Puis vinrent des contractions spasmodiques des muscles, un engourdissement total des pieds et des mains, et une paralysie partielle des nerfs de la vue et de l'ouïe ; il ne vit rien, n'entendit rien. ; il était étourdi et à moitié évanoui. Et pour les musiques qui lui déplaisaient, il souffrait au contraire « d'une sensation douloureuse d'inquiétude corporelle et même de nausées ». [54]

La possession que la musique avait sur sa nature se manifeste clairement dans l'éclatement soudain de son génie. [55] Sa famille s'est opposée à l'idée qu'il devienne musicien ; et jusqu'à l'âge de vingt-deux ou vingt-trois ans, sa faible volonté cédait d'un air maussade à leurs vœux. En obéissance à son père, il commença ses études de médecine à Paris. Un soir, il entendit *Les Danaïdes* de Salieri. Cela lui tomba dessus comme un coup de tonnerre. Il courut à la bibliothèque du Conservatoire et lut les partitions de Gluck.

Il a oublié de manger et de boire ; il était comme un homme en délire. Une représentation d'*Iphigénie en Tauride* l'acheva. Il étudie auprès de Lesueur puis au Conservatoire. L'année suivante, 1827, il compose *Les Francs-Juges* ; deux ans après les *Huit scènes de Faust*, qui furent le noyau de la future *Damnation* ; [56] trois ans après, la *Symphonie fantastique* (commencée en 1830). [57] Et il n'avait pas encore obtenu le *Prix de Rome* ! Ajoutez à cela qu'en 1828 il avait déjà des idées pour *Roméo et Juliette*, et qu'il avait écrit une partie de *Lélio* en 1829. Peut-on trouver ailleurs un début musical plus fulgurant ? Comparez celle de Wagner qui, au même âge, écrivait timidement *Les Fées, Défense d'aimer* et *Rienzi*.

Il les écrivit au même âge, mais dix ans plus tard ; car *Les Fées* parurent en 1833, alors que Berlioz avait déjà écrit la *Fantastique*, les *Huit scènes de Faust, Lelio* et *Harold ; Rienzi* ne fut joué qu'en 1842, après *Benvenuto* (1835), *Le Requiem* (1837), *Roméo* (1839), *La Symphonie funèbre et triomphale* (1840), c'est-à-dire lorsque Berlioz eut achevé toutes ses grandes œuvres, et après qu'il avait accompli sa révolution musicale. Et cette révolution s'est faite seule, sans modèle, sans guide. Qu'a-t-il pu entendre au-delà des opéras de Gluck et Spontini lorsqu'il était au Conservatoire ? A l'époque où il composait l'*Ouverture des Francs-Juges,* même le nom de Weber lui était inconnu, [58] et des compositions de Beethoven, il n'avait entendu qu'un *andante*. [59]

Il s'agit véritablement d'un miracle et du phénomène le plus surprenant de l'histoire de la musique du XIXe siècle. Sa puissance audacieuse domine tout son âge ; et face à un tel génie, qui ne suivrait l'exemple de Paganini et ne le saluerait pas comme l'unique successeur de Beethoven ? [60] Qui ne voit à quel point le jeune Wagner faisait alors mauvaise figure, travaillant dans une médiocrité laborieuse et satisfaite de lui-même ? Mais Wagner rattrape bientôt le terrain perdu ; car il savait ce qu'il voulait, et il le voulait obstinément.

L'apogée du génie de Berlioz est atteint, à l'âge de trente-cinq ans, avec le *Requiem* et *Roméo* . Ce sont ses deux œuvres les plus importantes, et ce sont deux œuvres à propos desquelles on peut ressentir des sentiments très différents. Pour ma part, j'aime beaucoup l'un et je n'aime pas l'autre ; mais tous deux ouvrent deux grandes voies nouvelles dans l'art, et tous deux se placent comme deux arcs gigantesques sur la voie triomphale de la révolution déclenchée par Berlioz. Je reviendrai plus tard sur le sujet de ces travaux.

Mais Berlioz vieillissait déjà. Ses soucis quotidiens et sa vie domestique orageuse, [61] ses déceptions et ses passions, son travail banal et souvent dégradant, l'usèrent bientôt et, finalement, épuisèrent sa puissance. "Le croiriez-vous?" écrivait-il à son ami Ferrand, « ce qui m'excitait autrefois aux transports de la passion musicale me remplit maintenant d'indifférence, voire de dédain. J'ai l'impression de descendre une montagne à toute allure. La vie est si courte ; que les pensées de la fin m'accompagnent depuis quelque temps. En 1848, à quarante-cinq ans, il écrit dans ses *Mémoires* : « Je me trouve si vieux, si fatigué et en manque d'inspiration. A quarante-cinq ans, Wagner avait patiemment élaboré ses théories et sentait sa puissance ; à quarante-cinq ans, il écrivait *Tristan* et *La Musique du futur* . Malmené par la critique, inconnu du public, "il reste calme, persuadé qu'il sera le maître du monde musical dans cinquante ans". [62]

Berlioz était découragé. La vie l'avait conquis. Ce n'était pas qu'il ait perdu une quelconque partie de sa maîtrise artistique ; au contraire, ses compositions devenaient de plus en plus achevées ; et rien dans ses œuvres antérieures n'atteignait la pure beauté de certaines pages de *L'Enfance du Christ* (1850-4) ou des *Troyens* (1855-63). Mais il perdait son pouvoir ; et son sentiment intense, ses idées révolutionnaires et son inspiration (qui dans sa jeunesse avait remplacé la confiance qui lui manquait) lui faisaient défaut. Il vit désormais du passé : les *Huit scènes de Faust* (1828) portent les germes de *La Damnation de Faust* (1846) ; depuis 1833, il pensait à *Béatrice et Bénédict* (1862) ; les idées *des Troyens* étaient inspirées par son culte enfantin de Virgile et l'avaient accompagné toute sa vie. Mais avec quelle difficulté il accomplissait désormais sa tâche ! Il n'avait mis que sept mois pour écrire *Roméo* , et « faute de pouvoir écrire le *Requiem* assez vite, il avait adopté une sorte de sténographie musicale » ; [63] mais il lui fallut sept ou huit ans pour écrire *Les Troyens* , alternant entre des humeurs d'enthousiasme et de dégoût, et des sentiments d'indifférence et de doute à l'égard de son œuvre. Il tâtonnait avec hésitation et instabilité ; il comprenait à peine ce qu'il faisait. Il admirait les pages les plus médiocres de son œuvre : la scène du Laocoon, le finale du dernier acte des *Troyens à Troie* , la dernière scène avec Énée dans *Les Troyens à Carthage* . [64] Les pompes vides de Spontini se mêlent aux conceptions les plus élevées. On pourrait dire que son génie lui est devenu étranger : il était l'œuvre mécanique d'une force inconsciente, comme « des stalactites dans une grotte ruisselante ». Il n'avait aucune impulsion. Ce n'était qu'une question de temps avant que le toit de la grotte ne cède. On est frappé du triste désespoir avec lequel il travaille ; c'est son dernier testament qu'il fait. Et quand il l'aura fini, il aura tout fini. Son œuvre est terminée ; s'il vivait encore cent ans, il n'aurait pas le cœur d' y ajouter quoi que ce soit. La seule chose qui lui reste — et c'est ce qu'il s'apprête à faire — est de s'envelopper dans le silence et de mourir.

Ô triste destin ! Il y a de grands hommes qui ont survécu à leur génie ; mais chez Berlioz le génie a survécu au désir. Son génie était toujours là ; on le sent dans les pages sublimes du troisième acte *des Troyens à Carthage* . Mais Berlioz ne croyait plus à son pouvoir ; il avait perdu confiance en tout. Son génie mourait faute de nourriture ; c'était une flamme au-dessus d'un tombeau vide. A l'heure même de sa vieillesse, l'âme de Wagner soutenait son glorieuse envolée ; et, après avoir tout vaincu, elle remporta une victoire suprême en renonçant à tout pour sa foi. Et les chants divins de Parsifal résonnaient comme dans un temple splendide, et répondaient aux cris d'Amfortas souffrant par les paroles bénies : « *Selig in Glauben ! Selig in Liebe* !

II

L'œuvre de Berlioz ne s'est pas répartie uniformément tout au long de sa vie ; cela a été accompli en quelques années. Ce n'était pas comme le cours d'un grand fleuve, comme chez Wagner et Beethoven ; c'était un éclat de génie, dont les flammes illuminaient pendant un petit moment tout le ciel, puis s'éteignaient peu à peu. [65] Laissez-moi essayer de vous parler de ce merveilleux incendie.

Certaines qualités musicales de Berlioz sont si frappantes qu'il est inutile de s'y attarder ici. Sa coloration instrumentale, si enivrante et passionnante, [66] ses découvertes extraordinaires sur le timbre, ses inventions de nuances nouvelles (comme dans la célèbre combinaison de flûtes et de trombones dans les *Hostias et preces* du *Requiem* , et l'emploi curieux des harmoniques de violons et harpes), et son orchestre immense et nébuleux, tout cela se prête à l'expression la plus subtile de la pensée. [67]

Pensez à l'effet que de telles œuvres ont dû produire à cette époque. Berlioz fut le premier étonné lorsqu'il les entendit pour la première fois. A l' *ouverture des Francs-Juges,* il pleurait, s'arrachait les cheveux et tombait en sanglotant sur les timbales. Lors de la représentation de son *Tuba mirum* , à Berlin, il faillit s'évanouir. Le compositeur qui s'est le plus rapproché de lui est Weber et, comme nous l'avons déjà vu, Berlioz ne l'a connu que tardivement. Mais combien moins riche et complexe est la musique de Weber, malgré son éclat nerveux et sa poésie onirique. Surtout, Weber est beaucoup plus banal et plus classique ; il lui manque la passion révolutionnaire et la force plébéienne de Berlioz ; il est moins expressif et moins grand.

Comment Berlioz a-t-il acquis ce génie de l'orchestration presque dès le début ? Il dit lui-même que ses deux maîtres au Conservatoire ne lui ont rien appris en matière d'instrumentation :

"Lesueur n'avait que des idées très limitées sur cet art. Reicha connaissait les ressources particulières de la plupart des instruments à vent ; mais je pense qu'il n'avait pas des idées très avancées au sujet de leur regroupement."

Berlioz a appris tout seul. Il lisait la partition d'un opéra pendant qu'il était joué.

« C'est ainsi, dit-il [68] , que j'ai commencé à me familiariser avec l'usage de l'orchestre, à connaître son expression et son timbre, ainsi que la tessiture et le mécanisme de la plupart des instruments. En comparant soigneusement l'effet produit avec les moyens employés pour le produire, j'ai appris le lien caché qui unit l'expression musicale à l'art particulier de l'instrumentation mais personne ne m'y a mis en travers. L'étude des méthodes des trois maîtres modernes, Beethoven ; , Weber et Spontini, l'examen impartial des traditions d'instrumentation et des formes et combinaisons peu utilisées, les conversations avec des virtuoses et les effets que je leur ai fait essayer sur leurs différents instruments, ainsi qu'un peu d'instinct, ont fait le reste pour moi. ". [69]

Qu'il ait été l'un des initiateurs de cette voie, personne ne doute. Et personne ne conteste, en règle générale, « son habileté diabolique », comme la qualifiait avec mépris Wagner, ni ne reste insensible à son habileté et à sa maîtrise du mécanisme d'expression, et à sa puissance sur la matière sonore, qui le font, en dehors de sa capacité créatrice. puissance, une sorte de magicien de la musique, un roi du ton et du rythme. Ce don est reconnu même par ses ennemis, par Wagner, qui cherche, avec une certaine injustice, à restreindre son génie dans d'étroites limites et à le réduire à « une structure avec des roues d'une ingéniosité infinie et d'une extrême ruse... une merveille de mécanisme ». [70]

Mais s'il n'est guère personne que Berlioz n'irrite ni n'attire, il frappe toujours par sa fougue impétueuse, son romantisme enflammé et son imagination bouillonnante, qui font et feront encore de son œuvre l'un des miroirs les plus pittoresques de l'histoire. son age. Sa force frénétique d'extase et de désespoir, sa plénitude d'amour et de haine, sa soif perpétuelle de vivre, qui « au cœur de la douleur la plus profonde allume les roues Catherine et les pétards de la joie la plus folle » [71] — telles sont les qualités qui attisent les foules de *Benvenuto* et les armées de la *Damnation* , qui ébranlent la terre, le ciel et l'enfer, et ne s'éteignent jamais, mais restent dévorantes et « passionnées même quand le sujet est très éloigné de la passion, et pourtant expriment aussi des sentiments doux et tendres ». sentiments et le calme le plus profond. [72]

Quoi qu'on puisse penser de cette force volcanique, de ce torrent torrentiel de jeunesse et de passion, il est impossible de les nier ; autant nier le soleil.

Et je ne m'étendrai pas sur l'amour de Berlioz pour la Nature, qui, comme nous le montre M. Prudhomme, est l'âme d'une composition comme la *Damnation* et, pourrait-on dire, de toutes les grandes compositions. Aucun musicien, à l'exception de Beethoven, n'a aimé la nature aussi profondément. Wagner lui-même ne se rendait pas compte de l'intensité de l'émotion qu'elle suscitait chez Berlioz, [73] et comment ce sentiment imprégnait la musique de La *Damnation* , de *Roméo* et des *Troyens* .

Mais ce génie avait d'autres caractères moins connus, mais non moins insolites. Le premier est son sens de la pure beauté. Le romantisme extérieur de Berlioz ne doit pas nous rendre aveugle à cela. Il avait une âme virgilienne ; et si son coloris rappelle celui de Weber, son dessin a souvent une suavité italienne. Wagner n'a jamais eu cet amour de la beauté au sens latin du terme. Qui a compris la nature méridionale, la belle forme et le mouvement harmonieux comme Berlioz ? Qui, depuis Gluck, a si bien reconnu le secret de la beauté classique ? Depuis la composition *d'Orfeo* , personne n'a gravé en musique un bas-relief aussi parfait que l'entrée d'Andromaque au deuxième acte des *Troyens à Troie* . Dans *Les Troyens à Carthage* , le parfum de l'Énéide se répand sur la nuit de l'amour, et l'on voit le ciel lumineux et on entend le murmure de la mer. Certaines de ses mélodies sont comme des statues, ou les lignes pures des frises athéniennes, ou le geste noble des belles filles italiennes, ou le profil onduleux des collines albanaises remplies de rires divins. Il a fait plus que ressentir et traduire en musique la beauté de la Méditerranée : il a créé des êtres dignes d'une tragédie grecque. Sa Cassandre suffirait à elle seule à le ranger parmi les plus grands poètes tragiques que la musique ait jamais connus. Et Cassandre est une digne sœur de la Brünnhilde de Wagner ; mais elle a l'avantage d'être issue d'une race plus noble et d'avoir une haute retenue d'esprit et d'action que Sophocle lui-même aurait aimé.

On n'a pas suffisamment prêté attention à la noblesse classique dont jaillit si spontanément l'art de Berlioz. Il n'est pas entièrement reconnu qu'il fut, de tous les musiciens du XIXe siècle, celui qui possédait au plus haut degré le sens de la beauté plastique. Les gens ne reconnaissent pas non plus toujours qu'il était un auteur de mélodies douces et fluides. Weingartner a exprimé sa surprise lorsque, imprégné des préjugés actuels contre le manque d'invention mélodique de Berlioz, il a ouvert par hasard la partition de l'ouverture de *Benvenuto* et a trouvé dans cette courte composition, qui prend à peine dix minutes à jouer, pas une ou deux, mais quatre ou cinq mélodies d'une richesse et d'une originalité admirables :

"Je me mis à rire, à la fois de plaisir d'avoir découvert un tel trésor, et de mécontentement de constater à quel point le jugement humain est étroit. J'ai compté ici cinq thèmes, tous plastiques et expressifs de la personnalité ; d'une facture admirable, de formes variées, progressant progressivement jusqu'au point culminant, puis finissant avec un fort effet. Et cela de la part d'un compositeur que la critique et le public disaient dépourvu de puissance créatrice. Depuis ce jour, il y a eu pour moi un autre grand citoyen dans la république ! d'art." [74]

Avant cela, Berlioz avait écrit en 1864 :

"Il est assez facile pour les autres de se convaincre que, sans même me limiter à prendre une mélodie très courte comme thème d'une composition - comme l'ont souvent fait les plus grands musiciens - j'ai toujours cherché à mettre une richesse mélodique dans mes compositions. On peut certes contester la valeur de ces mélodies, leur distinction, leur originalité ou leur charme — ce n'est pas à moi de les juger — mais nier leur existence est soit injuste, soit insensé. et une vision musicale immature ou myope peut ne pas distinguer clairement leur forme ; ou encore, elles peuvent être accompagnées de mélodies secondaires qui, pour une vision limitée, peuvent voiler la forme des mélodies principales ; trouvent ces mélodies si différentes des drôles de petites choses qu'ils appellent mélodies, qu'ils ne peuvent se résoudre à donner le même nom aux deux. [75]

Et quelle splendide variété dans ces mélodies : il y a le chant à la manière de Gluck (les airs de Cassandre), le pur *lied allemand* (la chanson de Marguerite, "D'amour l'ardente flamme"), la mélodie italienne, d'après Bellini, en sa forme la plus limpide et la plus joyeuse (l'Ariette d'Arlequin dans *Benvenuto*), la large phrase wagnérienne (le final de *Roméo*), la chanson populaire (le chœur des bergers dans *L'Enfance du Christ*), et le récitatif le plus libre et le plus moderne (les monologues de Faust), qui était l'invention de Berlioz lui-même, avec son développement complet, ses contours souples et ses nuances complexes. [76]

J'ai dit que Berlioz avait un don incomparable pour exprimer la mélancolie tragique, la lassitude de la vie et les affres de la mort. D'une manière générale, on peut dire qu'il fut un grand élégiste en musique. Ambros, qui était un critique très perspicace et impartial, a déclaré : « Berlioz ressent avec un plaisir intérieur et une profonde émotion ce qu'aucun musicien, à l'exception de

Beethoven, n'a ressenti auparavant. » Et Heinrich Heine avait une perception aiguë de l'originalité de Berlioz lorsqu'il l'appelait « un rossignol colossal, une alouette de la taille d'un aigle ». La comparaison est non seulement pittoresque, mais d'une remarquable justesse. Car la force colossale de Berlioz est au service d'un cœur désespéré et tendre ; il n'a rien de l'héroïsme de Beethoven, ni de Haendel, ni de Gluck, ni même de Schubert. Il a tout le charme d'un peintre ombrien, comme le montre *L'Enfance du Christ* , mais aussi la douceur et la tristesse intérieure, le don des larmes et une passion élégiaque.

J'en viens maintenant à la grande originalité de Berlioz, une originalité dont on parle rarement, mais qui fait de lui plus qu'un grand musicien, plus que le successeur de Beethoven, ou, comme certains l'appellent, le précurseur de Wagner. C'est une originalité qui lui permet d'être connu, plus à juste titre que Wagner lui-même, comme le créateur d'un « art du futur », l'apôtre d'une musique nouvelle qui, encore aujourd'hui, ne s'est guère fait sentir.

Berlioz est original dans un double sens. Par l'extraordinaire complexité de son génie, il toucha les deux pôles opposés de son art et nous montra deux aspects tout différents de la musique : celui d'un grand art populaire et celui de la musique libérée.

Nous sommes tous esclaves de la tradition musicale du passé. Depuis des générations, nous sommes tellement habitués à porter ce joug que nous le remarquons à peine. Et en raison du monopole allemand sur la musique depuis la fin du XVIIIe siècle, les traditions musicales – qui avaient été principalement italiennes au cours des deux siècles précédents – sont désormais devenues presque entièrement allemandes. Nous pensons selon des formes allemandes : le plan des phrases, leur développement, leur équilibre, et toute la rhétorique de la musique et la grammaire de la composition nous viennent de la pensée étrangère, lentement élaborée par les maîtres allemands. Cette domination n'a jamais été plus complète ni plus lourde depuis la victoire de Wagner. Alors régna sur le monde cette grande période allemande, monstre écailleux aux mille bras, dont l'emprise était si étendue qu'il englobait dans son étreinte des pages, des scènes, des actes et des drames entiers. On ne peut pas dire que les écrivains français aient jamais essayé d'écrire dans le style de Goethe ou de Schiller ; mais les compositeurs français ont essayé et essaient encore d'écrire de la musique à la manière des musiciens allemands.

Pourquoi s'en étonner ? Soyons clairs sur les choses. En musique, nous n'avons pas, pour ainsi dire, de maîtres du style français. Tous nos plus grands compositeurs sont étrangers. Le fondateur de la première école d'opéra française, Lulli, était florentin ; le fondateur de la deuxième école, Gluck, était allemand ; les deux fondateurs de la troisième école étaient Rossini, un Italien, et Meyerbeer, un Allemand ; les créateurs de *l'opéra-comique* étaient Duni, une Italienne, et Gretry, une Belge ; Franck, qui a révolutionné notre école d'opéra moderne, était également belge. Ces hommes apportaient avec eux un style particulier à leur race ; ou bien ils essayaient de fonder, comme Gluck, un style « international » [77] par lequel ils effaçaient les caractères les plus individuels de l'esprit français. Le plus français de tous ces styles est l'*opéra-comique* , œuvre de deux étrangers, mais qui doit bien plus à l'*opéra-bouffe* qu'on ne l'admet généralement, et qui, en tout cas, ne représente que très insuffisamment la France.

Certains esprits plus rationnels ont tenté de se débarrasser de cette influence italienne et allemande, mais sont pour la plupart parvenus à créer un style germano-italien intermédiaire, dont les opéras d'Auber et d'Ambroise Thomas sont un type.

Avant Berlioz, il n'y a vraiment qu'un seul maître de premier ordre qui ait fait un grand effort pour libérer la musique française : c'est Rameau ; et, malgré son génie, il fut conquis par l'art italien. [78]

Par la force des choses, la musique française se retrouve donc moulée dans des formes musicales étrangères. Et de la même manière que l'Allemagne du XVIIIe siècle essayait d'imiter l'architecture et la littérature françaises, la France du XIXe siècle prit l'habitude de parler allemand dans la musique. Comme la plupart des hommes parlent plus qu'ils ne pensent, la pensée elle-même s'est germanisée ; et il était alors difficile de découvrir, à travers cette insincérité traditionnelle, la forme véritable et spontanée de la pensée musicale française.

Mais le génie de Berlioz l'a trouvé par instinct. Dès le début, il s'est efforcé de libérer la musique française de l'oppression de la tradition étrangère qui l'étouffait. [79]

Il était parfaitement fait pour ce rôle, même par ses défauts et son ignorance. Sa formation classique en musique était incomplète. M. Saint-Saëns nous dit que « le passé n'existait pas pour lui ; il ne comprenait pas les anciens compositeurs, car sa connaissance d'eux se limitait à ce qu'il avait lu sur eux ». Il ne connaissait pas Bach. Heureuse ignorance ! Il a pu écrire des oratorios comme *L'Enfance du Christ* sans se soucier des souvenirs et des traditions des maîtres allemands de l'oratorio. Il y a des hommes comme Brahms qui n'ont été, presque toute leur vie, que des reflets du passé. Berlioz n'a jamais cherché à être autre chose que lui-même. C'est ainsi qu'il créa ce chef-d'œuvre, *La Fuite en Égypte* , né de sa vive sympathie pour le peuple.

Il possédait l'un des esprits les plus libres qui aient jamais existé. La liberté était pour lui une nécessité désespérée. « Liberté du cœur, de l'esprit, de l'âme, de tout... Liberté réelle, absolue et immense ! [80] Et cet amour passionné de la liberté, qui fut son malheur dans la vie, puisqu'il le privait du réconfort de toute foi, lui refusait tout refuge pour ses pensées, lui ôtait la paix, et même le doux oreiller du scepticisme... cette « vraie liberté » formait l'originalité et la grandeur uniques de ses conceptions musicales.

« La musique, écrivait Berlioz à C. Lobé, en 1852, est le plus poétique, le plus puissant, le plus vivant de tous les arts. Elle devrait être la plus libre, mais elle ne l'est pas encore... La musique moderne est comme la classique Andromède, nue et divinement belle. Elle est enchaînée à un rocher au bord d'une vaste mer et attend le victorieux Persée qui brisera ses liens et brisera la chimère appelée Routine.

L'objectif était de libérer la musique de ses rythmes limités et des formes et règles traditionnelles qui l'enfermaient ; [81] et, par-dessus tout, il lui fallait se libérer de la domination de la parole et se libérer de son esclavage humiliant à la poésie. Berlioz écrivait à la princesse de Wittgenstein, en 1856 :

"Je suis pour la musique libre. Oui, je veux que la musique soit fièrement libre, victorieuse, suprême. Je veux qu'elle prenne tout ce qu'elle peut, pour qu'il n'y ait plus d'Alpes ni de Pyrénées pour elle. Mais elle doit remportez ses victoires en combattant en personne, et ne comptez pas sur ses lieutenants. Je voudrais qu'elle ait, si possible, de bons vers rédigés en ordre de bataille, mais, comme Napoléon, elle doit affronter le feu elle-même, et, comme Alexandre ; , marche aux premiers rangs de la phalange. Elle est si puissante que dans certains cas elle vaincrait seule ; car elle a le droit de dire avec Médée : « Moi, je suis assez. »

Berlioz proteste vigoureusement contre la théorie impie de Gluck [82] et contre le « crime » de Wagner qui fait de la musique l'esclave de la parole. La musique est la plus haute poésie et ne connaît aucun maître. [83] Il s'agissait donc pour Berlioz d'augmenter continuellement le pouvoir d'expression dans la musique pure.

Et tandis que Wagner, plus modéré et plus proche de la tradition, cherchait à établir un compromis (peut-être impossible) entre musique et parole et à créer le nouveau drame lyrique, Berlioz, plus révolutionnaire, réalisait la symphonie dramatique. , dont le modèle inégalé aujourd'hui est encore *Roméo et Juliette* .

La symphonie dramatique se heurtait naturellement à toutes les théories formelles. On lui opposa deux arguments : l'un dérivé de Bayreuth, et désormais acte de foi ; l'autre, opinion courante, soutenue par la foule qui parle de musique sans la comprendre.

Le premier argument, soutenu par Wagner, est que la musique ne peut réellement exprimer l'action sans l'aide de la parole et du geste. C'est au nom de cette opinion que tant de gens condamnent *a priori le Roméo* de Berlioz . Ils trouvent enfantin d'essayer de *traduire* l'action en musique. Je suppose qu'ils trouvent moins enfantin d' *illustrer* une action par la musique. Pensent-ils que le geste s'associe très volontiers à la musique ? Si seulement ils essayaient de déraciner cette grande fiction qui nous dérange depuis trois siècles ; si seulement ils pouvaient ouvrir les yeux et voir – ce que de grands hommes comme Rousseau et Tolstoï ont vu si clairement – la bêtise de l'opéra ; si seulement ils voyaient les anomalies du spectacle de Bayreuth. Dans le deuxième acte de *Tristan,* il y a un passage célèbre, où Ysolde, brûlante de désir, attend Tristan ; elle le voit enfin arriver, et de loin elle agite son écharpe au rythme d'une phrase répétée plusieurs fois par l'orchestre. Je ne puis exprimer l'effet produit sur moi par cette *imitation* (car ce n'est rien d'autre) d'une série de sons par une série de gestes ; Je ne peux jamais le voir sans indignation ni sans rire. Ce qui est curieux, c'est que quand on entend ce passage lors d'un concert, on voit le geste. Au théâtre, ou bien on ne le « voit » pas, ou bien cela paraît enfantin. L'action naturelle devient raide lorsqu'elle est revêtue d'une armure musicale, et l'absurdité d'essayer de mettre les deux d'accord s'impose à l'un d'eux. Dans la musique de *Rheingold,* on imagine la stature et la démarche des géants, et on voit la lueur des éclairs et l'arc-en-ciel se refléter sur les nuages. Au théâtre, c'est comme un jeu de marionnettes ; et l'on sent le gouffre infranchissable entre la musique et le geste. La musique est un monde à part. Quand la musique veut peindre le drame, ce n'est pas l'action réelle qui s'y reflète, c'est l'action idéale transfigurée par l'esprit et perceptible seulement à la vision intérieure. La pire folie est de présenter deux visions : une pour les yeux et une pour l'esprit. Presque toujours, ils s'entretuent.

L'autre argument invoqué contre la symphonie avec programme est le prétendu argument classique (il n'est pas vraiment classique du tout). « La musique, disent-ils, n'est pas destinée à exprimer des sujets précis ; elle n'est adaptée qu'à des idées vagues. Plus elle est indéfinie, plus sa puissance est grande et plus elle suggère. » Je demande : Qu'est-ce qu'un art indéfini ? Qu'est-ce qu'un art vague ? Les deux mots ne se contredisent-ils pas ? Cette étrange combinaison peut-elle exister ? Un artiste peut-il écrire quelque chose qu'il ne conçoit pas clairement ? Pense-t-on qu'il compose au hasard, comme son génie le lui murmure ? Il faut au moins dire ceci : une symphonie de Beethoven est une œuvre « définitive » jusque dans ses replis les plus intimes ; et Beethoven avait, sinon une connaissance exacte, du moins une intuition claire de ce qu'il faisait. Ses derniers quatuors sont des symphonies descriptives de son âme, interprétées très différemment des symphonies de Berlioz. Wagner a pu analyser l'un des premiers sous le nom de « Une journée avec Beethoven ». Beethoven a toujours essayé de traduire en musique les profondeurs de son cœur, les subtilités de son esprit, qui ne peuvent pas être expliquées clairement par des mots, mais qui sont aussi définies que des mots, voire plus définies ; car un mot, étant une chose abstraite, résume de nombreuses expériences et comprend de nombreuses significations différentes. La musique est cent fois plus expressive et plus exacte que la parole ; et ce n'est pas seulement son droit d'exprimer des émotions et des sujets particuliers, c'est son devoir. Si ce devoir n'est pas rempli, le résultat n'est pas de la musique, ce n'est rien du tout.

Berlioz est donc le véritable héritier de la pensée de Beethoven. La différence entre une œuvre comme *Roméo* et une symphonie de Beethoven est que la première, semble-t-il, s'efforce d'exprimer des émotions et des sujets objectifs en musique. Je ne vois pas pourquoi la musique ne suivrait pas la poésie pour s'éloigner de l'introspection et tenter de peindre le drame de l'univers. Shakespeare est aussi bon que Dante. D'ailleurs, peut-on ajouter, c'est toujours Berlioz lui-même qui se découvre dans sa musique : c'est son âme affamée d'amour et moquée par les ombres qui se révèle à travers toutes les scènes de *Roméo* .

Je ne prolongerai pas une discussion où tant de choses doivent rester non dites. Mais je suggérerais que nous nous débarrassions une fois pour toutes de ces tentatives absurdes de clôturer l'art. Ne disons pas : la musique peut... La musique ne peut pas exprimer telle ou telle chose. Disons plutôt : Si le génie plaît, tout est possible ; et si la musique le veut, elle pourra peindre et poésie demain. Berlioz l'a bien prouvé dans son *Roméo* .

Ce *Roméo* est une œuvre extraordinaire : "une île merveilleuse, où est érigé un temple de l'art pur". Pour ma part, non seulement je la considère comme l'égale de la plus puissante des créations de Wagner, mais je la crois plus riche dans son enseignement et dans ses ressources pour l'art, ressources et enseignement que l'art français contemporain n'a pas encore pleinement exploités. . On sait que depuis plusieurs années la jeune école française s'efforce de délivrer notre musique des modèles allemands, de créer un langage de récitatif qui appartienne à la France et que le *leitmotiv* n'accablera pas ; un langage plus précis et moins lourd, qui, pour exprimer la liberté de la pensée moderne, n'aura pas besoin de recourir aux formes classiques ou wagnériennes. Il n'y a pas si longtemps, la *Schola Cantorum* a publié un manifeste qui proclamait « la liberté de la déclamation musicale... la liberté d'expression dans la musique libre... le triomphe de la musique naturelle avec le libre mouvement de la parole et le rythme plastique de la danse ancienne » — déclarant ainsi la guerre à l'art métrique des trois derniers siècles. [84]

Eh bien, voici cette musique ; vous ne trouverez nulle part un modèle plus parfait. Il est vrai que beaucoup de ceux qui professent les principes de cette musique répudient le modèle et ne cachent pas leur dédain pour Berlioz. Cela me fait un peu douter, je l'avoue, des résultats de leurs efforts. S'ils ne ressentent pas la merveilleuse liberté de la musique de Berlioz et ne voient pas qu'elle était le voile délicat d'un esprit très vivant, alors je pense qu'il y aura plus d'archaïsme que de vie réelle dans leurs prétentions à une « musique libre ». Étudiez non seulement les pages les plus célèbres de son œuvre, comme la *Scène d'amour* (celle de toutes ses compositions que Berlioz lui-même préférait), [85] *La Tristesse de Roméo* , ou *La Fête des Capulet* (où un esprit comme celui de Wagner déchaîne et dompte à nouveau les tempêtes de passion et de joie), mais prends des pages moins connues, comme le *Scherzetto chanté de la reine Mab* , ou le *Réveil de Juliette* , et la musique décrivant la mort des deux amants. [86] Dans l'un quelle grâce légère, dans l'autre quelle passion vibrante, et dans les deux quelle liberté et quelle juste expression des idées. Le langage est magnifique, d'une clarté et d'une simplicité merveilleuses ; pas un mot de trop, et pas un mot qui ne révèle une plume infaillible. Dans presque toutes les grandes œuvres de Berlioz avant 1845 (c'est-à-dire jusqu'à La *Damnation*), on retrouve cette précision nerveuse et cette liberté radicale. Ensuite, il y a la liberté de ses rythmes. Schumann, qui était le plus proche de Berlioz de tous les musiciens de cette époque et, par conséquent, le mieux à même de le comprendre, en avait été frappé dès la composition de la Symphonique *fantastique* .

"L'époque actuelle n'a certainement pas produit d'œuvre dans laquelle des temps et des rythmes similaires combinés avec des temps et des rythmes différents aient été plus librement utilisés. La deuxième partie d'une phrase correspond rarement à la première, la réponse à la question. Cette anomalie est caractéristique. de Berlioz, et est naturel à son tempérament méridional. »

Loin de s'y opposer, Schumann y voit quelque chose de nécessaire à l'évolution musicale.

" Apparemment, la musique a tendance à revenir à ses débuts, à l'époque où les lois du rythme ne la troublaient pas encore ; il semble qu'elle souhaite se libérer, retrouver une énonciation sans contrainte et s'élever jusqu'au dignité d'une sorte de langage poétique.

Et Schumann cite ces paroles d'Ernest Wagner : « Celui qui secoue la tyrannie du temps et nous en délivre, à ce qu'on voit, rendra la liberté à la musique. » [88]

Remarquez aussi la liberté mélodique de Berlioz. Ses phrases musicales palpitent et coulent comme la vie elle-même. "Certaines phrases prises séparément", dit Schumann, "ont une telle intensité qu'elles ne supportent pas une harmonisation - *comme dans beaucoup de chansons populaires anciennes* - et souvent même un accompagnement gâche leur plénitude." [89] Ces mélodies correspondent tellement aux émotions, qu'elles reproduisent les moindres frissons du corps et de l'esprit par leurs élaborations vigoureuses et leurs reliefs délicats, par de splendides barbaries de modulation et de couleur forte et éclatante, par de douces gradations d'ombre et de lumière ou des ondulations imperceptibles de la pensée, qui coulent sur le corps comme une marée constante. C'est un art d'une sensibilité particulière, plus délicatement expressif que celui de Wagner ; non pas se contenter de la tonalité moderne, mais revenir aux modes anciens, rebelle, comme le remarque M. Saint-Saëns, à la polyphonie qui régissait la musique depuis Bach, et qui est peut-être, après tout, « une hérésie destinée à disparaître." [90]

Combien plus beaux, à mon avis, sont les récitatifs de Berlioz, avec leurs rythmes longs et sinueux, [91] que les déclamations de Wagner, qui, outre le point culminant d'un sujet, où l'air se brise en phrases audacieuses et vigoureuses, dont l'influence ailleurs est souvent faibles, se limitent à la quasi-notation d'inflexions parlées et se heurtent bruyamment aux belles harmonies de l'orchestre. L'orchestration de Berlioz, elle aussi, est d'un caractère plus délicat et a une vie plus libre que celle de Wagner, coulant en un courant impétueux et emportant tout sur son passage ; il est aussi moins uni et moins solide, mais plus souple ; sa nature est ondulante et variée, et les mille impulsions imperceptibles de l'esprit et de l'action s'y reflètent. C'est une merveille de spontanéité et de caprice.

Malgré les apparences, Wagner est un classique comparé à Berlioz ; il poursuit et perfectionne l'œuvre des classiques allemands ; il n'a fait aucune innovation ; il est le summum et la clôture d'une évolution de l'art. Berlioz commença un nouvel art ; et on y retrouve toute l'ardeur audacieuse et gracieuse de la jeunesse. Les lois d'airain qui encadraient l'art de Wagner ne se retrouvent pas dans les premières œuvres de Berlioz, qui donnent l'illusion d'une parfaite liberté. [92]

Dès qu'on a saisi l'originalité profonde de la musique de Berlioz, on comprend pourquoi elle a rencontré, et rencontre encore, tant d'hostilité secrète. Combien de musiciens accomplis, distingués et érudits, qui font honneur à la tradition artistique, sont incapables de comprendre Berlioz parce qu'ils ne supportent pas l'air de liberté que respire sa musique. Ils sont tellement habitués à penser en allemand que le discours de Berlioz les bouleverse et les choque. Je peux bien le croire. C'est la première fois qu'un musicien français ose penser en français ; et c'est la raison pour laquelle je vous ai mis en garde contre le danger d'accepter les idées allemandes trop dociles sur Berlioz. Des hommes comme Weingartner, Richard Strauss et Mottl, musiciens pur-sang, sont sans doute capables d'apprécier le génie de Berlioz mieux et plus vite que nous, musiciens français. Mais je me méfie plutôt du genre d'appréciation qu'ils éprouvent pour un esprit si opposé au leur. Il appartient à la France et aux Français d'apprendre à lire dans ses pensées ; ils leur appartiennent intimement et leur donneront un jour leur salut.

L'autre grande originalité de Berlioz réside dans son talent pour une musique adaptée à l'esprit du peuple, récemment élevé à la souveraineté, et de la jeune démocratie. Malgré son dédain aristocratique, son âme était avec les masses. M. Hippeau lui applique la définition que Taine donne de l'artiste romantique : « le plébéien d'une race nouvelle, richement doué et rempli d'aspirations, qui, ayant atteint pour la première fois les hauteurs du monde, affiche bruyamment le ferment de son esprit et de son cœur. ". Berlioz a grandi au milieu des révolutions et des histoires de réalisations impériales. Il écrit sa cantate pour le *Prix de Rome* en juillet 1830, « au bruit dur et sourd des balles perdues qui sifflaient au-dessus des toits et venaient s'aplatir contre le mur près de sa fenêtre ». [93] Lorsqu'il eut fini cette cantate, il partit, « le pistolet à la main, jouer au canaille à Paris avec la *sainte canaille* ». Il chanta la *Marseillaise* et la fit chanter aussi « tous ceux qui avaient une voix, du cœur et du sang dans les veines » [94] · Lors de son voyage en Italie, il voyagea de Marseille à Livourne avec des conspirateurs mazziniens qui allaient participer à l'insurrection de Modène et de Bologne. Qu'il en soit conscient ou non, il fut le musicien des révolutions ; ses sympathies allaient au peuple. Non seulement il remplit ses scènes de théâtre de foules grouillantes et déchaînées, comme celles du Carnaval romain du deuxième acte de *Benvenuto* (anticipant de trente ans les foules de *Die Meistersinger*), mais il créa une musique de masse et un style colossal. Son modèle ici était Beethoven ; Beethoven de l'Héroïque, du do mineur, du la et surtout de la Neuvième Symphonie. Il fut le disciple de Beethoven dans ce domaine comme dans d'autres, et l'apôtre qui poursuivit son œuvre. [95] Et grâce à sa compréhension des effets matériels et de la matière sonore, il a construit des édifices, comme il le dit, qui étaient « babyloniens et ninivites », [96] « musique d'après Michel-Ange », [97] « à une échelle immense ». [98]

C'était la *Symphonie funèbre et triomphale* pour deux orchestres et un chœur, et le *Te Deum* pour orchestre, orgue et trois chœurs, qu'adorait Berlioz (dont le final *Judex crederis* lui paraissait la chose la plus efficace qu'il ait jamais écrite [99]) , ainsi que l' *Impériale* , pour deux orchestres et deux chœurs, et le célèbre *Requiem* , avec ses « quatre orchestres de cuivres, placés autour de l'orchestre principal et de la masse des voix, mais séparés et se répondant à distance ». Comme le *Requiem* , ces compositions sont souvent de style brut et d'un sentiment plutôt banal, mais leur grandeur est écrasante. Cela ne tient pas seulement à l'immensité des moyens employés, mais aussi à « l'ampleur du style et à la formidable lenteur de certaines progressions — dont on ne peut deviner le but final — qui donne à ces compositions un caractère étrangement gigantesque ». [100] Berlioz a laissé dans ces compositions des exemples frappants de la beauté qui peut se révéler dans une masse brute de musique. Comme les imposantes Alpes, elles émeuvent par leur immensité même. Un critique allemand dit : « Dans ces œuvres cyclopéennes, le compositeur laisse s'exprimer les forces élémentaires et brutes du son et du rythme pur. » [101] Ce n'est guère de la musique, c'est la force de la nature elle-même. Berlioz lui-même qualifie son *Requiem* de « cataclysme musical ». [102]

Ces ouragans sont lâchés pour parler aux gens, pour remuer et réveiller l'océan morne de l'humanité. Le *Requiem* est un Jugement dernier, non pas destiné, comme celui de la Chapelle Sixtine (dont Berlioz ne se souciait pas du tout), aux grandes aristocraties, mais à une foule, une foule déferlée, agitée et un peu sauvage. La *Marche de Rakoczy* est moins une marche hongroise que la musique d'un combat révolutionnaire ; ça sonne la charge ; et Berlioz nous dit qu'il pourrait porter les vers de Virgile pour devise :

"... Furor iraque mentes
Praecipitant, pulchrumque mori succurrit in armis." [103]

Lorsque Wagner entendit la *Symphonique funèbre et triomphale,* il fut forcé d'admettre « l'habileté de Berlioz à écrire des compositions populaires dans le meilleur sens du terme ».

"En écoutant cette symphonie, j'ai eu la vive impression que n'importe quel petit garçon des rues en blouse bleue et bonnet rouge la comprendrait parfaitement. Je n'hésite pas à donner la priorité à cette œuvre sur les autres œuvres de Berlioz; elle est grande et noble du point de vue du de la première note à la dernière ; un patriotisme fin et empressé s'élève de sa première expression de compassion jusqu'à la gloire finale de l'apothéose, et le préserve de toute exagération malsaine. Je veux volontiers exprimer ma conviction que cette symphonie enflammera le courage et la volonté des hommes. vivrons tant qu'une nation portera le nom de France. » [104]

Comment de tels ouvrages en arrivent-ils à être négligés par notre République ? Comment se fait-il qu'ils n'aient pas leur place dans notre vie publique ? Pourquoi ne font-ils pas partie de nos grandes cérémonies ? C'est ce qu'on se demanderait si l'on n'avait pas vu, depuis un siècle, l'indifférence de l'État à l'égard de l'Art. Que n'aurait-il pas fait Berlioz si les moyens lui en avaient donné, ou si ses œuvres avaient trouvé place dans les fêtes de la Révolution ? Malheureusement, il faut ajouter que là encore son caractère était l'ennemi de son génie. De même que cet apôtre de la liberté musicale, dans la seconde partie de sa vie, eut peur de lui-même, recula devant les résultats de ses propres principes et revint au classicisme, de même ce révolutionnaire se mit à dénigrer d'un air maussade le peuple et les révolutions ; et il parle du « choléra républicain », de « la république sale et stupide », de « la république des portiers et des chiffonniers », de « la canaille immonde de l'humanité cent fois plus stupide et animale dans ses tics et ses grimaces révolutionnaires ». que les babouins et les orangs-outangs de Bornéo. » [105] Quelle ingratitude !

Il devait à ces révolutions, à ces tempêtes démocratiques, à ces tempêtes humaines, le meilleur de tout son génie, et il le niait tout entier. Ce musicien d'une nouvelle époque s'est réfugié dans le passé.

Eh bien, qu'importe ? Qu'il le veuille ou non, il a ouvert à l'Art des routes magnifiques. Il a montré à la musique française la voie que doit suivre son génie ; il lui a montré des possibilités dont elle n'avait jamais rêvé auparavant. Il nous a donné une parole musicale à la fois véridique et expressive, libre de traditions étrangères, venant du plus profond de notre être et reflétant notre esprit ; une parole qui répondait à son imagination, à son instinct du pittoresque, à ses impressions fugaces et à ses nuances délicates de sentiment. Il a posé les bases solides d'une musique nationale et populaire pour la plus grande république d'Europe.

Ce sont des qualités brillantes. Si Berlioz avait eu la raison de Wagner et s'il avait utilisé au maximum ses intuitions, s'il avait eu la volonté de Wagner et s'il avait façonné les inspirations de son génie et les avait soudées en un tout solide, j'ose dire qu'il aurait fait une révolution. dans une musique plus grande que celle de Wagner ; car Wagner, quoique plus fort et plus maître de lui-même, était moins original et, au fond, que la clôture d'un passé glorieux.

Cette révolution sera-t-elle encore accomplie ? Peut-être; mais il a subi un demi-siècle de retard. Berlioz calculait amèrement que les gens commenceraient à le comprendre vers 1940. [106]

Après tout, pourquoi s'étonner que sa puissante mission soit trop lourde pour lui ? Il était si seul. [107] À mesure que les gens l'abandonnaient, sa solitude ressortait avec un plus grand soulagement. Il était seul au temps de Wagner, de Liszt, de Schumann et de Franck ; seul, mais contenant tout un monde en lui-même, dont ses ennemis, ses amis, ses admirateurs et lui-même n'étaient pas tout à fait conscients ; seul et torturé par sa solitude. Seul, le mot est répété par la musique de sa jeunesse et de sa vieillesse, par la *Symphonie fantastique* et *Les Troyens* . C'est le mot que je lis dans le portrait devant moi au moment où j'écris ces lignes, le beau portrait des *Mémoires* , où son visage regarde avec un reproche triste et sévère le siècle qui l'a si mal compris.

WAGNER "SIEGFRIED"

Il n'y a rien de plus excitant que les premières impressions. Je me souviens que, enfant, j'entendais pour la première fois des fragments de la musique de Wagner lors d'un concert du vieux Pasdeloup au Cirque d'Hiver. J'y ai été emmené un dimanche après-midi sombre et brumeux ; et alors que nous quittions le brouillard jaune dehors et entrions dans la salle, nous fûmes accueillis par une chaleur accablante, un éclat de lumière éblouissant et la voix murmurante de la foule. Mes yeux étaient aveuglés, je respirais avec difficulté et mes membres devinrent bientôt à l'étroit ; car nous étions assis sur des bancs de bois, écrasés dans un espace étroit entre de solides murs d'êtres humains. Mais dès la première note de la musique, tout était oublié, et l'on tombait dans un état de torpeur douloureuse et délicieuse. Peut-être que le malaise même rendait le plaisir plus vif. Ceux qui connaissent l'ivresse de l'ascension d'une montagne savent aussi combien elle est étroitement liée aux inconforts de l'ascension, à la fatigue et à la lumière aveuglante du soleil, à l'essoufflement et à toutes les autres sensations qui réveillent et stimulent la vie. et faire frémir le corps, pour que le souvenir de tout cela soit gravé de manière indélébile dans l'esprit. Le confort d'une salle de spectacle n'ajoute rien à l'illusion d'une pièce de théâtre ; et c'est peut-être même à l'ensemble des inconvénients des anciennes salles de concert que je dois le souvenir vif de ma première rencontre avec l'œuvre de Wagner.

Comme c'était mystérieux, et quelle étrange agitation cela m'emplissait ! Il y avait de nouveaux effets d'orchestration, de nouveaux timbres, de nouveaux rythmes et de nouveaux sujets ; il contenait la poésie sauvage du Moyen Âge lointain et des vieilles légendes, il palpitait de la fièvre de nos chagrins et de nos désirs cachés. Je ne l'ai pas très bien compris. Comment devrais-je? La musique est tirée d'œuvres qui m'étaient tout à fait inconnues. Il était presque impossible de saisir le lien entre les idées en raison de la mauvaise acoustique de la salle, du mauvais agencement de l'orchestre et des musiciens non qualifiés - tout cela servait à briser la conception musicale et à gâcher l'harmonie de ses couleurs. . Des passages qui auraient dû être mis en évidence ont été flous, et d'autres ont été déformés par un timing erroné ou un manque de précision. Même aujourd'hui, où nos orchestres sont aguerris par des années d'études, je serais souvent incapable de suivre la pensée de Wagner tout au long d'une scène si je n'en connaissais pas la partition, car le contour d'une mélodie est souvent étouffé par l'accompagnement. , et ainsi son sentiment est perdu. Si nous trouvons encore une obscurité de sens dans les œuvres de Wagner, vous pouvez imaginer à quel point la situation était pire à l'époque. Mais qu'est ce qui importait? Je me sentais agité par des passions qui n'étaient pas humaines : une certaine influence magnétique semblait me faire vibrer à la fois de plaisir et de douleur, et je me sentais revigoré et heureux, car cela m'apportait de la force. Il me semblait que mon cœur d'enfant m'était arraché. et le cœur d'un héros remis à sa place.

Je n'étais pas non plus seul dans cette expérience. Sur les visages des gens autour de moi, je voyais le reflet de mes propres émotions. Quelle en était la signification ? Le public était principalement composé de gens pauvres et ordinaires, dont les visages étaient marqués par l'usure d'une vie sans intérêt ni idéal ; leur esprit était terne et lourd, et pourtant ils répondaient ici à l'esprit divin de la musique. Il n'y a pas de spectacle plus impressionnant que celui de milliers de personnes fascinées par une mélodie ; il est tour à tour sublime, grotesque et touchant.

Quelle place dans ma vie ces concerts du dimanche ! Toute la semaine, j'ai vécu ces deux heures ; et quand ils furent finis, j'y pensais jusqu'au dimanche suivant. La fascination de la musique de Wagner pour la jeunesse a souvent troublé les gens ; ils pensent que cela empoisonne les pensées et engourdit les activités. Mais la génération alors enivrée par Wagner ne semble pas avoir montré de signes de démoralisation depuis. Pourquoi les gens ne comprennent-ils pas que si nous avions besoin de cette musique, ce n'était pas parce qu'elle était pour nous la mort, mais la vie. À l'étroit dans l'artificialité d'une ville, loin de l'action, de la nature, de toute vie forte ou réelle, nous nous sommes développés sous l'influence de cette noble musique, une musique qui coulait d'un cœur rempli de compréhension du monde et du souffle de la nature. Dans *Die Meistersinger*, dans *Tristan* et dans *Siegfried*, nous sommes allés chercher la joie, l'amour et la vigueur qui nous manquaient tant.

A l'époque où je ressentais si fortement la séduction de Wagner, il y avait toujours parmi mes aînés des gens moqueurs prêts à assouvir mon admiration et à dire avec un sourire supérieur : "Ce n'est rien. On ne peut pas juger Wagner au concert. Il faut entendre lui à l'Opéra de Bayreuth. Depuis, je suis allé plusieurs fois à Bayreuth ; J'ai vu les œuvres de Wagner jouées à Berlin, à Dresde, à Munich et dans d'autres villes allemandes, mais je n'ai plus jamais ressenti l'ancienne ivresse. On a tort de prétendre qu'une connaissance plus approfondie d'une belle œuvre ajoute au plaisir que l'on en tire. Cela peut éclairer la situation, mais cela étouffe l'imagination et dissipe le mystère. Les fragments déroutants qu'on entend lors des concerts prendront des proportions splendides à cause de tout ce que l'esprit y ajoute. Ce poème épique des *Niebelungen* était autrefois comme une forêt dans nos rêves, où des êtres étranges et terribles défilaient devant notre vision puis disparaissaient. Plus tard, après en avoir exploré tous les sentiers, nous avons découvert que l'ordre et la raison régnaient au milieu de cette apparente jungle ; et quand nous connaissions la moindre ride sur le visage de ses habitants, la confusion et l'émotion des autres jours ne nous remplissaient plus.

Mais cela peut être le résultat du vieillissement ; et si je ne reconnais pas le Wagner d'autrefois, c'est peut-être parce que je ne me reconnais pas moi-même. Une œuvre d'art, et surtout une œuvre d'art musicale, évolue avec nous-mêmes. *Siegfried* , par exemple, n'est plus pour moi plein de mystère. Les qualités qui me frappent aujourd'hui sont sa vigueur joyeuse, la clarté de ses formes, sa force et sa liberté viriles, et l'extraordinaire santé du héros et, bien sûr, de l'œuvre tout entière.

Je pense parfois au pauvre Nietzsche et à sa passion de détruire les choses qu'il aimait, et à la manière dont il recherchait chez les autres la décadence qui était réellement en lui. Il essaya d'incarner cette décadence dans Wagner, et, entraîné par ses envolées et sa manie du paradoxe (qui serait risible si l'on ne se rappelait pas que ses caprices ne naissaient pas dans les heures de bonheur), il refusa à Wagner son plus grand potentiel. des qualités évidentes : sa vigueur, sa détermination, son unité, sa logique et sa puissance de progrès. Il s'amusait à comparer le style de Wagner à celui de Goncourt, à en faire, avec une ironie amusante, un grand peintre miniaturiste, un poète des demi-teintes, un musicien d'affectations et de mélancolie, si délicat et si efféminé que « après lui tout les autres musiciens semblaient trop robustes. [108] Il a peint avec délice Wagner et son époque. Nous apprécions tous ces petits tableaux de la Tétralogie, délicatement dessinés et travaillés à l'aide d'une loupe, tableaux de Wagner, languissant et beau, dans un salon lugubre, et tableaux des rencontres athlétiques des autres musiciens, qui étaient "trop robuste" ! Ce qui est amusant, c'est que cette plaisanterie a été prise au sérieux par certains arbitres de l'élégance, trop heureux de pouvoir aller à l'encontre de toute opinion courante, quelle qu'elle soit.

Je ne dis pas qu'il n'y ait pas chez Wagner un côté décadent, révélateur d'une hypersensibilité ou même d'une hystérie et d'autres affections nerveuses modernes. Et si ce côté-là lui manquait, il ne serait pas représentatif de son époque, et c'est ce que devrait être tout grand artiste. Mais il y a certainement quelque chose de plus en lui que la décadence ; et si les femmes et les jeunes hommes ne peuvent rien voir au-delà, cela prouve seulement leur incapacité à sortir d'eux-mêmes. Il y a longtemps, Wagner lui-même s'est plaint à Liszt que ni le public ni les artistes ne savaient écouter ou comprendre aucun aspect de sa musique si ce n'est son côté efféminé : « Ils n'en saisissent pas la force », disait-il. "Mes prétendus succès", nous dit-il aussi, "sont fondés sur des malentendus. Ma réputation publique ne vaut pas une coquille de noix". Et il est vrai qu'il a été applaudi, patronné et monopolisé depuis un quart de siècle par tous les décadents de l'art et de la littérature. Presque personne n'a vu en lui un musicien vigoureux et un écrivain classique, ni ne l'a reconnu comme le successeur direct de Beethoven, l'héritier de son génie héroïque et pastoral, de ses inspirations épiques et de ses rythmes de champ de bataille, de ses phrases napoléoniennes et de son atmosphère de trompette envoûtante. appels.

Nulle part Wagner n'est-il plus proche de Beethoven que chez *Siegfried* . Dans *La Walkyrie* , certains personnages, certaines phrases de Wotan, de Brünnhilde et surtout de Siegmund entretiennent un rapport étroit avec les symphonies et les sonates de Beethoven. Je ne pourrai jamais jouer le récitatif *con espressione e semplice* de la dix-septième sonate pour piano (Op. 31, n° 2) sans me souvenir des forêts de *La Walkyrie* et du héros fugitif. Mais chez *Siegfried* , je trouve non seulement une ressemblance avec Beethoven dans les détails, mais le même esprit qui traverse l'œuvre – à la fois le poème et la musique. Je ne peux m'empêcher de penser que Beethoven aurait peut-être détesté *Tristan* , mais aurait aimé *Siegfried* ; car celle-ci est une incarnation parfaite de l'esprit de la vieille Allemagne, virginal et grossier, sincère et méchant, plein d'humour et de sentiment, de sentiments profonds, de rêves de batailles sanglantes et joyeuses, d'ombre de grands chênes et de chant des oiseaux.

À mon avis, *Siegfried* est le seul, dans l'esprit et dans la forme, dans l'œuvre de Wagner. Il respire la santé et le bonheur parfaits et déborde de joie. Seul *Die Meistersinger* rivalise avec lui en matière de gaieté, même si, même là, on ne trouve pas un si bel équilibre entre poésie et musique.

Et *Siegfried* suscite d'autant plus l'admiration quand on pense qu'il est le fruit de la maladie et de la souffrance. L'époque à laquelle Wagner l'écrivit fut l'une des plus tristes de sa vie. Cela arrive souvent dans l'art. On se trompe en tentant d'interpréter la vie d'un artiste par son œuvre, car il est exceptionnel de trouver l'un pendant l'autre. Il est plus probable que l'œuvre d'un artiste exprimera le contraire de sa vie : des choses qu'il n'a pas vécues. Le but de l'art est de combler ce qui manque à l'expérience de l'artiste : « L'art commence là où la vie s'arrête », disait Wagner. Un homme d'action se contente rarement d'œuvres d'art stimulantes. Borgia et Sforza ont fréquenté Léonard. Les hommes forts et purs du XVIIe siècle ; la cour apoplectique de Versailles (où la lancette de Fagon joua un rôle si nécessaire) ; les généraux et les ministres qui harcelèrent les protestants et brûlèrent le Palatinat, tous aimaient les pastorales. Napoléon pleurait à la lecture de *Paul et Virginie* et se réjouissait de la musique pâle de Paesiello. Un homme fatigué par une vie trop active cherche le repos dans l'art ; un homme qui mène une vie étroite et banale cherche de l'énergie dans l'art. Un grand artiste écrit une œuvre gaie quand il est triste, et une œuvre triste quand il est gai, presque malgré lui. La symphonie *To Joy* de Beethoven est le fruit de sa misère ; et *les Meistersinger de Wagner* furent composés immédiatement après l'échec de *Tannhäuser* à Paris. On cherche dans *Tristan* la trace de quelque histoire d'amour de Wagner, mais

Wagner lui-même dit : « Comme de toute ma vie je n'ai jamais vraiment goûté au bonheur de l'amour, j'élèverai un monument à un beau rêve de celui-ci : je J'ai en tête l'idée de *Tristan et Isolde* ." Et il en fut de même avec sa création du *Siegfried heureux et insouciant* .

Les premières idées de *Siegfried* étaient contemporaines de la Révolution de 1848, à laquelle Wagner participa avec le même enthousiasme qu'il mettait dans tout le reste. Son biographe reconnu, Herr Houston Stewart Chamberlain — qui, avec M. Henri Lichtenberger, a le mieux réussi à démêler l'âme complexe de Wagner, bien qu'il ne soit pas dénué de certains préjugés — s'est donné beaucoup de mal pour prouver que Wagner a toujours été un patriote et un Allemand. monarchiste. Eh bien, il l'a peut-être été plus tard, mais ce n'était pas, je pense, la dernière phase de son évolution. Ses actions parlent d'elles-mêmes. Le 14 juin 1848, dans un célèbre discours prononcé devant la National Democratic Association, Wagner s'en prend violemment à l'organisation de la société elle-même et exige à la fois l'abolition de l'argent et l'extinction de ce qui reste de l'aristocratie. Dans *Das Kunstwerk der Zukunft* (1849), il montrait qu'au-delà du « nationalisme local », il y avait les signes d'un « universalisme supranational ». Et tout cela n'était pas que du bavardage, car il risquait sa vie pour ses idées. M. Chamberlain cite lui-même le récit d'un témoin qui l'a vu, en mai 1849, distribuer des tracts révolutionnaires aux troupes qui assiégeaient Dresde. C'était un miracle qu'il n'ait pas été arrêté ni abattu. Nous savons qu'après la prise de Dresde, un mandat d'arrêt a été lancé contre lui et il s'est enfui en Suisse, avec un passeport sur lequel était un nom emprunté. S'il est vrai que Wagner déclara plus tard qu'il avait été « impliqué dans des erreurs et entraîné par ses sentiments », cela importe peu pour l'histoire de cette époque. Les erreurs et les enthousiasmes font partie intégrante de la vie, et il ne faut pas les ignorer dans la biographie d'un homme sous prétexte qu'il les a regrettés vingt ou trente ans plus tard, car ils ont néanmoins guidé son action et impressionné son imagination. C'est de la Révolution elle-même que *Siegfried* est directement issu.

En 1848, Wagner ne pensait pas encore à une Tétralogie, mais à un opéra héroïque en trois actes appelé *Tod de Siegfried* , dans lequel la puissance fatale de l'or devait être symbolisée dans le trésor des Niebelungen ; et Siegfried devait représenter « un rédempteur socialiste descendu sur terre pour abolir le règne du Capital ». Au fur et à mesure que l'ébauche se développait, Wagner remonta le cours de la vie de son héros. Il rêvait de son enfance, de sa conquête du trésor, du réveil de Brünnhilde ; et en 1851, il écrivit le poème de *Der Junge Siegfried* . Siegfried et Brünnhilde représentent l'humanité du futur, la nouvelle ère qui devrait se réaliser lorsque la terre sera libérée du joug de l'or. Puis Wagner remonta plus loin encore, jusqu'aux sources mêmes de la légende, et Wotan apparut, le symbole de notre temps, un homme comme vous ou moi, contrairement à Siegfried, l'homme tel qu'il devrait être et le sera un jour. . A ce sujet, Wagner dit dans une lettre à Roeckel : « Regardez bien Wotan ; il est notre ressemblance indubitable et la somme de l'esprit présent, tandis que Siegfried est l'homme que nous attendons et souhaitons – l'homme de l'avenir. que nous ne pouvons pas créer, mais qui se créera lui-même par notre annihilation – l'homme le plus parfait que je puisse imaginer. Finalement, Wagner conçut le Crépuscule des Dieux, la chute du Valhalla – notre système actuel de société – et la naissance d'une humanité régénérée. Wagner écrivit à Uhlig en 1851 que l'œuvre complète devait être jouée après la grande Révolution.

Le public de l'opéra serait probablement très étonné d'apprendre qu'on applaudit dans *Siegfried* une œuvre révolutionnaire, expressément dirigée par Wagner contre ce Capital détesté, dont la chute lui aurait été si chère. Et il ne doutait jamais qu'il exprimait son chagrin dans toutes ces pages de joie éclatante.

Wagner se rend à Zurich après un séjour à Paris, où il ressent « tant de méfiance à l'égard du monde artistique et d'horreur pour la contrainte qu'il était obligé de s'imposer » qu'il fut atteint d'une maladie nerveuse qui faillit le tuer. Il est retourné travailler chez *Der Junge Siegfried* et il dit que cela lui a apporté une grande joie.

"Mais je suis malheureux de ne pouvoir m'appliquer qu'à la musique. Je sais que je me nourris d'une illusion, et que la réalité est la seule chose qui vaille la peine d'être possédée. Ma santé n'est pas bonne et mes nerfs sont en état de faiblesse. faiblesse croissante. Ma vie, vécue entièrement dans l'imagination et sans action suffisante, me fatigue tellement que je ne peux travailler qu'avec des pauses fréquentes et de longs intervalles de repos, sinon j'en paie la peine par des souffrances longues et douloureuses. très seul. Je souhaite souvent la mort.

"Pendant que je travaille, j'oublie mes ennuis; mais dès que je me repose, ils viennent en masse autour de moi, et je suis très malheureux. Quelle belle vie que celle d'un artiste! Regardez-la! Avec quelle bonne volonté je m'en séparerais pour une semaine de véritable vie.

"Je ne comprends pas comment un homme vraiment heureux pourrait penser à servir l'art. Si nous aimions la vie, nous n'aurions pas besoin de l'art. Quand le présent n'a plus rien à nous offrir, nous crions nos besoins au moyen de l'art. retrouver ma jeunesse et ma santé, jouir de la nature, avoir une femme qui m'aimera avec dévouement et de beaux enfants - pour cela j'abandonnerais *tout mon art* . Maintenant je l'ai dit - donnez-moi ce qui me reste.

Ainsi, le poème de la Tétralogie a été écrit avec des doutes, comme il le disait, quant à savoir s'il devait abandonner l'art et tout ce qui s'y rapporte et devenir un homme sain et normal, un fils de la nature. Il commença à composer la musique du poème alors qu'il se trouvait dans un état de souffrance qui devenait chaque jour plus aiguë.

" Mes nuits sont souvent blanches ; je me lève du lit, misérable et épuisé, avec la pensée d'une longue journée devant moi, qui ne m'apportera pas une seule joie. La société des autres me torture, et je l'évite seulement pour la torturer. moi-même. Tout ce que je fais me dégoûte. Cela ne peut pas durer éternellement. Je ne supporte plus une telle vie, je me suiciderai plutôt que de vivre ainsi.... Je ne crois en rien. , et je n'ai qu'un désir : dormir si profondément que la misère humaine n'existera plus pour moi, je devrais pouvoir obtenir un tel sommeil d'une manière ou d'une autre, cela ne devrait pas être vraiment difficile.

Pour se distraire, il alla en Italie ; Turin, Gênes, Spezia et Nice. Mais là, dans un monde étranger, sa solitude lui parut si effrayante qu'il devint très déprimé et retourna en toute hâte à Zurich. C'est là qu'il a écrit la musique joyeuse de *Das Rheingold* . Il commence la partition de *La Walkyrie* à une époque où son état normal était celui de la souffrance. Puis il découvre Schopenhauer, dont la philosophie ne fait que confirmer et cristalliser son pessimisme instinctif. Au printemps 1855, il se rend à Londres pour donner des concerts ; mais il y était malade, et ce nouveau contact avec le monde ne faisait que l'irriter davantage. Il eut quelques difficultés à reprendre *La Walkyrie* ; mais il l'acheva enfin malgré de fréquentes crises d'érysipèle facial, pour lesquelles il dut ensuite subir une cure thermale à Genève. Il commença la partition de *Siegfried* vers la fin de 1856, tandis que la pensée de Tristan bouillonnait en lui. Dans *Tristan,* il a voulu peindre l'amour comme « une angoisse terrible » ; et cette idée l'obsédait si complètement qu'il ne put achever *Siegfried* . Il semblait dévoré par une fièvre brûlante ; et, abandonnant *Siegfried* au milieu du deuxième acte, il se jeta follement sur *Tristan* . « Je veux assouvir mon désir d'amour, dit-il, jusqu'à ce qu'il soit complètement rassasié ; et dans les plis du drapeau noir qui flotte au-dessus de sa consommation, je veux m'envelopper et mourir. [109] *Siegfried* ne fut achevé que le 5 février 1871, à la fin de la guerre franco-prussienne, soit quatorze ans plus tard, après plusieurs interruptions.

Telle est, en quelques mots, l'histoire de cette idylle héroïque. Il convient peut-être de rappeler de temps à autre au public que les heures de distraction dont il bénéficie grâce à l'art peuvent représenter des années de souffrance pour l'artiste.

Connaissez-vous le récit amusant que Tolstoï a fait d'une représentation de *Siegfried* ? Je vais le citer dans son livre *Qu'est-ce que l'Art* ?

« Quand j'arrivai, un acteur en culotte moulante était assis devant un objet censé représenter une enclume. Il portait une perruque et une fausse barbe ; ses mains blanches et manucurées n'avaient rien de l'ouvrier ; et son air facile Son ventre proéminent et ses muscles flasques trahissaient facilement l'acteur. Avec un marteau absurde, il frappa - comme personne d'autre ne frapperait jamais - une lame d'épée d'aspect fantastique. On devinait qu'il était un nain, car lorsqu'il marchait, il pliait les jambes. aux genoux. Il criait beaucoup et ouvrait la bouche d'une manière bizarre. L'orchestre émettait aussi des bruits particuliers comme plusieurs débuts qui n'avaient rien à voir les uns avec les autres. Puis un autre acteur apparut avec un cor à la ceinture, en tête. un homme habillé en ours, qui marchait à quatre pattes. Il lâcha l'ours sur le nain, qui s'enfuit, mais oublia cette fois de plier les genoux. L'acteur à visage humain représentait le héros Siegfried He. » cria longuement, et le nain répondit de la même manière. Puis arriva un voyageur : le dieu Wotan. Il avait aussi une perruque ; et, s'installant avec sa lance, dans une attitude idiote, il raconta à Mimi tout ce qu'il savait déjà, mais que l'assistance ignorait. Alors Siegfried saisit quelques morceaux censés représenter des morceaux d'épée et chanta :

« Héhé, héhé, hoho ! Hoho, hoho, hoho, hoho ! Hohéo, hahé, hahéo, hoho !' Et c'était la fin du premier acte. Tout cela était tellement artificiel et stupide que j'avais beaucoup de mal à m'en passer. Mais mes amis m'ont supplié de rester et m'ont assuré que le deuxième acte serait meilleur.

"La scène suivante représentait une forêt. Wotan réveillait le dragon. Au début, le dragon dit: 'Je veux m'endormir'; mais finalement il sortit de sa grotte. Le dragon était représenté par deux hommes vêtus d'une robe verte. une peau avec des écailles collées autour. À une extrémité de la peau, ils remuaient une queue, et à l'autre extrémité ils ouvraient une gueule de crocodile, d'où sortait le dragon, qui aurait dû être une bête effrayante — et peut-être. il aurait effrayé des enfants d'environ cinq ans - il a dit quelques mots d'une voix grave et si puérile qu'on s'étonnait de voir des adultes présents, même des milliers de personnes soi-disant cultivées regarder et écouter attentivement ; , et s'extasiait. Alors Siegfried arriva avec son cor. Il se coucha pendant une pause, qui est réputée très belle, et tantôt il se parlait tout seul, tantôt il voulait imiter le chant du chant. des oiseaux, il coupa un jonc avec sa corne et en fit une flûte. Mais il jouait mal de la flûte, alors il commença à sonner du cor. La scène est intolérable, et il n'y a pas la moindre trace de musique. J'étais ennuyé de voir autour de moi trois mille personnes écoutant docilement cette absurdité et l'admirant consciencieusement.

« Avec un peu de courage, j'ai réussi à attendre la scène suivante : le combat de Siegfried avec le dragon. Il y avait des rugissements, des flammes de feu et des brandissements d'épée. Mais je n'y pouvais plus ; et je me suis enfui hors du théâtre avec un sentiment de dégoût que je n'ai pas encore oublié."

J'avoue que je ne peux pas lire cette charmante critique sans rire ; et cela ne m'affecte pas douloureusement comme l'ironie pernicieuse et morbide de Nietzsche. C'était pour moi un grand chagrin que deux hommes que j'aimais d'une égale affection et que je vénérais comme les meilleurs esprits de l'Europe, restaient étrangers et hostiles l'un à l'autre. Je ne pouvais supporter l'idée qu'un génie, désespérément incompris de la foule, s'acharnait à rendre sa solitude plus amère et plus étroite en refusant, avec une sorte d'égarement jaloux, de se réconcilier avec ses égaux, ou de leur tendre la main. d'amitié. Mais maintenant, je pense que c'était peut-être mieux ainsi. La première vertu du génie est la sincérité. Si Nietzsche a dû faire des efforts considérables pour *ne pas* comprendre Wagner, il est en revanche naturel que Wagner soit un livre fermé pour Tolstoï ; il serait presque surprenant qu'il en soit autrement. Chacun a son propre rôle à jouer et n'a pas besoin d'en changer. Les rêves merveilleux de Wagner et l'intuition magique de la vie intérieure ne nous valent pas moins que la vérité impitoyable de Tolstoï, dans laquelle il expose la société moderne et arrache le voile d'hypocrisie dont elle se couvre. J'admire donc *Siegfried* et en même temps j'apprécie la satire de Tolstoï ; car j'aime l'humour robuste de ce dernier, qui est l'un des traits les plus frappants de son réalisme et qui, comme il l'a lui-même remarqué, le fait ressembler beaucoup à Rousseau. Tous deux nous montrent une civilisation ultra raffinée, et tous deux sont des apôtres intransigeants d'un retour à la nature.

Les plaisanteries rudes de Tolstoï rappellent les sarcasmes de Rousseau à propos d'un opéra de Rameau. Dans la *Nouvelle Héloïse* , il s'insurge de la même manière contre les représentations tristement fantastiques du théâtre. Il s'agissait déjà alors de monstres, « de dragons animés par un imbécile de Savoyard, qui n'avait pas assez d'entrain pour la bête ».

"Ils m'assurèrent qu'ils avaient énormément de machines pour faire tout ce mouvement, et ils se proposèrent à plusieurs reprises de me le montrer ; mais je n'éprouvai aucune curiosité pour les petits effets obtenus par de grands efforts... Le ciel est représenté par des chiffons bleus suspendus à des bâtons et à des cordes, comme un étalage de linge.... Les chars des dieux et des déesses sont constitués de quatre solives dans une charpente, suspendues par une corde épaisse, comme pourrait l'être une balançoire. Puis une planche est collée. sur les solives, et dessus est assis un dieu. Devant lui est suspendu un morceau de tissu barbouillé, qui sert de nuage sur lequel peut reposer son splendide char.... Le théâtre est meublé de petites trappes carrées qui , s'ouvrant selon les circonstances, montrent que les démons peuvent être lâchés hors des caves. Lorsque les démons doivent voler dans les airs, on les remplace par des mannequins de drap brun, ou parfois de vrais ramoneurs, qui se balancent dans les airs, suspendus par cordes, jusqu'à ce qu'elles se perdent glorieusement dans le ciel de chiffons....

"Mais vous ne pouvez pas vous imaginer les cris et les rugissements effroyables dont résonne le théâtre... Ce qu'il y a de si extraordinaire, c'est que ces hurlements sont presque les seules choses que le public applaudit. A la façon dont ils battent dans leurs mains, on croirait c'était beaucoup de créatures sourdes, qui étaient si ravies d'entendre de temps en temps quelques sons perçants qu'elles voulaient que les acteurs les recommencent. Je suis bien sûr que les gens applaudissent les braillements d'une actrice à l'opéra. ils feraient les prouesses d'un saltimbanque de foire - on souffre pendant qu'ils avancent, mais on est si ravi de les voir finir sans accident qu'on manifeste volontiers son plaisir... Avec ces beaux sons, aussi vrais qu'ils soient. sont doux, ceux de l'orchestre se mélangent très dignement. Imaginez un cliquetis incessant d'instruments sans aucune mélodie ; un gémissement persistant et sans fin parmi les parties de basse et le tout la chose la plus triste et la plus ennuyeuse que j'aie jamais entendue de ma vie ; Je n'ai pas supporté ça pendant une demi-heure sans avoir un violent mal de tête.

« Tout cela forme une sorte de psalmodie, qui n'a ni mélodie ni mesure. Mais si par hasard un air vif est joué, il y a un trépignement général ; l'auditoire se met en mouvement et suit, avec beaucoup de trouble et de bruit. , quelque interprète de l'orchestre, ravis de ressentir pendant quelques instants le rythme qui leur fait tant défaut, ils tourmentent l'oreille, la voix, les bras, les jambes et tout le corps, pour courir après un air toujours prêt à entendre. échappez-leur...."

J'ai cité ce passage assez long pour montrer combien l'impression produite par un des opéras de Rameau sur ses contemporains ressemblait à celle faite par Wagner sur ses ennemis. Ce n'est pas sans raison que Rameau était considéré comme le précurseur de Wagner, comme Rousseau était le précurseur de Tolstoï.

En réalité, ce n'est pas contre *Siegfried* lui-même que les critiques de Tolstoï étaient dirigées ; et Tolstoï était plus proche qu'il ne le pensait de l'esprit de ce drame. Siegfried n'est-il pas l'incarnation héroïque d'un homme libre et sain, directement issu de la Nature ? Dans une esquisse de *Siegfried*, écrite en 1848, Wagner dit :

" Suivre les impulsions de mon cœur est ma loi suprême ; ce que je peux accomplir en obéissant à mes instincts est ce que je dois faire. Cette voix de l'instinct est-elle maudite ou bénie ? Je ne sais pas ; mais je m'y soumets, et jamais me forcer à aller à l'encontre de mon inclination.

Wagner a combattu la civilisation par des méthodes tout autres que celles employées par Tolstoï ; et si les efforts des deux étaient également grands, le résultat pratique serait, il faut bien le dire, aussi pauvre d'un côté que de l'autre.

Ce que visent en réalité les railleries de Tolstoï, ce n'est pas l'œuvre de Wagner, mais la manière dont son œuvre était représentée. Les splendeurs du décor ne cachent pas la puérilité des idées qui les sous-tendent : le dragon Fafna, les béliers de Fricka, l'ours, le serpent et toute la ménagerie du Valhalla ont toujours été ridicules. J'ajouterai seulement que l'incapacité du dragon à être terrifiant n'était pas la faute de Wagner, car il n'a jamais tenté de représenter un dragon terrifiant. Il lui a donné très clairement et de son choix un personnage comique. Le texte comme la musique font de Fafner une sorte d'ogre, une créature simple, mais surtout grotesque.

En outre, je ne peux m'empêcher de penser que la réalité scénique enlève plutôt qu'elle n'ajoute à l'effet de ces grandes féeries philosophiques. Malwida von Meysenbug me raconta qu'au festival de Bayreuth en 1876, alors qu'elle suivait très attentivement avec ses jumelles une des scènes *du Ring*, *on lui posa les deux mains sur les yeux et elle entendit la voix de Wagner dire avec impatience : «Ne regarde tellement ce qui se passe. Écoute !»* C'était un bon conseil. Il y a des dilettanti qui prétendent que lors d'un concert, la meilleure façon d'apprécier les dernières œuvres de Beethoven, dont la sonorité est défectueuse, est de se boucher les oreilles et de lire la partition. On pourrait dire avec moins de paradoxe que la meilleure façon de suivre une représentation des opéras de Wagner est de l'écouter les yeux fermés. La musique est si parfaite, si puissante son emprise sur l'imagination, qu'elle ne laisse rien à désirer ; ce qu'il suggère à l'esprit est infiniment plus fin que ce que les yeux peuvent voir. Je n'ai jamais partagé l'opinion selon laquelle les œuvres de Wagner pourraient être mieux appréciées au théâtre. Ses œuvres sont des symphonies épiques. J'aimerais pour leur cadre des temples ; comme décor, le pays illimité de la pensée ; en tant qu'acteurs, nos rêves.

Le premier acte de *Siegfried* est l'un des plus dramatiques de la Tétralogie. Rien ne m'a plus complètement satisfait à Bayreuth, tant au niveau des acteurs que des effets dramatiques. Les créatures fantastiques comme Alberich et Mimi, qui semblent dépaysées en France, sont profondément ancrées dans l'imaginaire allemand. Les acteurs de Bayreuth se sont surpassés en les rendant étonnamment réalistes, d'un réalisme tremblant et grimaçant. Burgstaller, qui faisait alors ses débuts dans *Siegfried*, jouait avec une maladresse impétueuse qui s'accordait bien avec le rôle. Je me souviens avec quel enthousiasme, qui ne semblait nullement affecté, il jouait le héros forgeron, travaillant comme un véritable ouvrier, soufflant le feu et faisant briller la lame, la trempant dans l'eau fumante et la travaillant sur l'enclume ; puis, dans un élan de gaieté homérique, chanter ce bel hymne de la fin du premier acte, qui sonne comme un air de Bach ou de Haendel.

Mais malgré tout cela, je sentais combien il était préférable de rêver ou d'entendre ce poème d'une âme jeune lors d'un concert. C'est alors que les murmures magiques de la forêt du deuxième acte parlent plus directement au cœur. Aussi beaux que soient les paysages de clairières et de bois, même si la lumière est habilement amenée à changer et à danser parmi les arbres - et elle est désormais manipulée comme un jeu d'orgues - il semble presque faux d'écouter les yeux ouverts une musique qui, sans aide, , peut nous montrer une glorieuse journée d'été, nous faire voir le balancement de la cime des arbres et entendre le frôlement du vent contre les feuilles. Grâce à la musique seule, le bourdonnement et le murmure de mille petites voix nous entourent, le chant glorieux des oiseaux flotte dans les profondeurs d'un ciel bleu ; ou bien vient un silence, vibrant de vie invisible, quand la nature, avec son sourire mystérieux, ouvre les bras et fait taire toutes choses dans un sommeil divin.

Wagner laissa *Siegfried* endormi dans la forêt pour embarquer sur le vaisseau funéraire de *Tristan et Isolde* . Mais il quitta Siegfried avec une certaine angoisse au cœur. En écrivant à Liszt en 1857, il dit :

"J'ai emmené le jeune Siegfried au fond d'une forêt solitaire; là, je l'ai laissé sous un tilleul et je lui ai dit au revoir les larmes aux yeux. Cela m'a déchiré le cœur de l'enterrer vivant, et je J'ai eu un combat dur et douloureux avec moi-même avant de pouvoir le faire... Dois-je un jour revenir vers lui ? Non, tout est fini. N'en parlons plus.

Wagner avait raison d'être triste. Il savait bien qu'il ne retrouverait jamais son jeune Siegfried. Il l'a réveillé dix ans plus tard. Mais tout était changé. Ce splendide troisième acte n'a pas la fraîcheur des deux premiers. Wotan est devenu un personnage important et a apporté avec lui la raison et le pessimisme dans le drame. Les conceptions ultérieures de Wagner étaient peut-être plus élevées et son génie plus maître de lui-même (pensez à la dignité classique de l'éveil de Brünnhilde) ; mais l'ardeur et l'expression heureuse de la jeunesse ont disparu. Je sais que ce n'est pas l'opinion de la plupart des admirateurs de Wagner ; mais, à l'exception de quelques pages d'une beauté sublime, je n'ai jamais vraiment aimé les scènes d'amour de la fin de *Siegfried* et du début du *Götterdämmerung* . Je trouve leur style plutôt pompeux et déclamatoire ; et leur raffinement presque excessif les rapproche de la monotonie. La forme du duo, elle aussi, semble tranchée et sèche, et il y a des signes de lassitude. La lourdeur des dernières pages de *Siegfried* rappelle

Die Meistersinger , qui est aussi de cette époque. Ce n'est plus la même joie ni la même qualité de joie que l'on retrouve dans les actes antérieurs.

Pourtant, cela n'a pas vraiment d'importance, car la joie est néanmoins là ; et la première inspiration de l'œuvre était si splendide que les années n'ont pas atténué son éclat. On aimerait en finir avec *Siegfried* et échapper au sombre *Götterdämmerung* . Pour ceux qui ont des sentiments sensibles, le quatrième jour de la Tétralogie a un effet déprimant. Je me souviens des larmes que j'ai vues couler au bout du *Ring* et des paroles d'un ami, alors que nous quittions le théâtre de Bayreuth et descendions la colline la nuit : « J'ai l'impression de sortir de l'enterrement de quelqu'un. J'ai beaucoup aimé." C'était vraiment un moment de deuil. Il y avait peut-être quelque chose d'incongru à construire une telle structure alors qu'elle avait pour conclusion la mort universelle – ou du moins à faire de l'ensemble un objet de spectacle et d'instruction. *Tristan* parvient au même but avec beaucoup plus de puissance, car l'action est plus rapide. D'ailleurs, la fin de *Tristan* n'est pas sans réconfort, car la vie y est terrible. Mais il n'en est pas de même au *Götterdämmerung* ; car malgré l'absurdité du sortilège qui s'exerce sur l'amour de Siegfried et de Brünnhilde, la vie avec eux est heureuse et désirable, puisqu'ils sont des êtres capables d'aimer, et la mort apparaît comme une catastrophe splendide mais terrible. Et on ne peut pas dire que l' *Anneau* respire un esprit de renoncement et de sacrifice comme *Parsifal* ; le renoncement et le sacrifice ne sont évoqués que dans le *Ring* ; et, malgré les derniers transports qui poussent Brünnhilde vers le bûcher funéraire, ils ne sont ni une inspiration ni un délice. On a l'impression d'un grand gouffre béant à nos pieds, et l'angoisse de voir ceux qu'on aime y tomber.

J'ai souvent regretté que la première conception que Wagner avait de *Siegfried* ait changé au fil des années ; et malgré le magnifique *dénouement* du *Götterdämmerung* (qui est vraiment plus efficace dans une salle de concert, car la véritable tragédie se termine avec la mort de Siegfried), je ne peux m'empêcher de penser avec regret à quel point un poème plus optimiste de ce révolutionnaire de 48 aurait pu être beau. a été. On me dit que cela aurait alors été moins fidèle à la vie. Mais pourquoi serait-il vrai de décrire la vie uniquement comme une mauvaise chose ? La vie n'est ni bonne ni mauvaise, elle est simplement ce que nous la faisons et le résultat de la façon dont nous la regardons. La joie est aussi réelle que le chagrin et une source d'action très fertile. Quelle inspiration dans le rire d'un grand homme ! Saluons donc la gaieté pétillante quoique passagère de *Siegfried* .

Wagner écrit à Malwida von Meysenbug : « Je viens, par hasard, de lire la vie de Timoléon de Plutarque. Cette vie s'est terminée très heureusement, chose rare et inouïe, surtout dans l'histoire. Il fait du bien de penser qu'une telle chose est possible. Cela m'a profondément ému.

Je ressens la même chose quand j'entends *Siegfried* . Il nous est rarement permis de contempler le bonheur dans le grand art tragique ; mais quand nous le pouvons, comme c'est splendide et comme c'est bon pour soi !

"TRISTAN"

Tristan domine comme une montagne tous les autres poèmes d'amour, comme Wagner domine tous les autres artistes de son siècle. C'est le résultat d'une conception sublime, même si l'œuvre dans son ensemble est loin d'être parfaite. Il n'y a aucune œuvre parfaite en ce qui concerne Wagner. L'effort nécessaire à leur création était trop grand pour être soutenu longtemps ; car un seul ouvrage peut signifier des années de labeur. Et les émotions tendues de tout un drame ne peuvent être exprimées par une série d'inspirations soudaines mises en forme dès leur conception. Un travail long et pénible est nécessaire. Ces géants façonnés comme ceux de Michel-Ange, ces tempêtes concentrées de force héroïque et de complexité décadente, ne s'arrêtent pas, comme l'œuvre d'un sculpteur ou d'un peintre, dans un moment de leur action ; ils vivent et continuent à vivre dans un détail infini de sensations. S'attendre à une inspiration soutenue, c'est s'attendre à ce qui n'est pas humain. Le génie peut révéler ce qui est divin ; il peut appeler et apercevoir *die Mütter*, mais il ne peut pas toujours respirer l'air épuisé de ce monde. Ainsi la volonté doit parfois tenir lieu d'inspiration ; mais la volonté est incertaine et trébuche souvent dans sa tâche. C'est pourquoi nous rencontrons des choses qui tremblent dans les plus grandes œuvres : ce sont les marques de la faiblesse humaine. Eh bien, peut-être y a-t-il moins de faiblesse dans *Tristan* que dans les autres drames de Wagner — *Götterdämmerung*, par exemple — car nulle part ailleurs l'effort de son génie n'est plus pénible ni son envol plus vertigineux. Wagner lui-même le savait bien. Ses lettres montrent le désespoir d'une âme aux prises avec son esprit familier, qu'elle s'agrippe et tient, pour ensuite perdre à nouveau. Et nous semblons entendre des cris de douleur et ressentir sa colère et son désespoir.

"Je ne pourrai jamais vous dire à quel point je suis un musicien vraiment misérable. Au plus profond de mon cœur, je sais que je suis un gâchis et un échec absolu. Vous devriez me voir quand je me dis : "Ça devrait y aller maintenant", et vous asseoir. au piano et je fabrique de misérables conneries que je jette à nouveau comme un idiot. Je connais bien le genre de conneries musicales que je produis... Croyez-moi, il ne sert à rien d'attendre de moi que je fasse quelque chose de décent. Je pense vraiment que c'est Reissiger qui m'a inspiré pour écrire *Tannhäuser* et *Lohengrin* ."

C'est ainsi que Wagner écrivit à Liszt alors qu'il achevait cette œuvre d'art étonnante. De la même manière, Michel-Ange écrivait à son père en 1509 : « Je suis à l'agonie. Je n'ai pas osé demander quoi que ce soit au Pape, parce que mon travail ne progresse pas suffisamment pour mériter une quelconque rémunération. Le travail est trop difficile, et en effet ce n'est pas mon métier. Je perds mon temps en vain. Depuis un an, il travaillait au plafond de la chapelle Sixtine.

C'est plus qu'un élan de modestie. Personne n'avait plus de fierté que Michel-Ange ou Wagner ; mais tous deux sentaient les défauts de leur ouvrage comme une blessure aiguë. Et bien que ces défauts n'empêchent pas leurs œuvres d'être la gloire de l'esprit humain, elles n'en sont pas moins là.

Je ne veux pas m'étendre sur les imperfections inhérentes aux drames de Wagner ; ce sont en réalité des symphonies dramatiques ou épiques, impossibles à jouer et qui ne gagnent rien à la représentation. Cela est particulièrement vrai pour *Tristan* , où la disparité entre la tempête de sentiments dépeinte et la froide convention et la timidité forcée de l'action sur scène est telle qu'à certains moments - dans le deuxième acte, par exemple - cela fait mal et choque. , et semble presque grotesque.

Mais tout en admettant que *Tristan* est une symphonie impropre à la représentation, on reconnaît aussi ses défauts et surtout ses inégalités. L'orchestration du premier acte est souvent assez maigre et l'intrigue manque de solidité. Il y a des lacunes et des trous inexplicables, et des lignes mélodieuses laissées suspendues dans l'espace. Du début à la fin, les éclats mélodiques lyriques sont entrecoupés de déclamations ou, ce qui est pire, de dissertations. Des tourbillons de passion frénétiques s'arrêtent brusquement pour laisser place à des récitatifs d'explication ou d'argumentation. Et quoique ces récitatifs soient presque toujours d'un grand soulagement, quoique ces rêveries métaphysiques aient un caractère de ruse barbare qu'on savoure, pourtant la beauté supérieure des mouvements de poésie pure, d'émotion et de musique est si évidente, que ce drame musical et philosophique sert à donner un dégoût pour la philosophie, le théâtre et tout ce qui restreint et enferme la musique.

Mais la partie musicale de *Tristan* n'est pas non plus exempte des défauts de l'œuvre dans son ensemble, car elle manque elle aussi d'unité. La musique de Wagner est composée de styles très divers : on y trouve des Italianismes et des Germanismes et même des Gallicismes de toutes sortes ; il y en a qui sont sublimes, d'autres qui sont banals ; et parfois on sent la maladresse de leur union et les imperfections de leur forme. Là encore, peut-être que deux idées d'égale originalité se rencontrent et se gâtent en faisant un contraste trop fort. La belle lamentation du roi Marc, cette personnification d'un chevalier du Graal, est traitée avec une telle modération et avec un si noble mépris des apparences, que sa lumière pure et froide se perd entièrement après le feu ardent du duo.

L'œuvre souffre partout d'un manque d'équilibre. C'est un défaut presque inévitable, découlant de sa grandeur même. Une œuvre médiocre peut très facilement être parfaite en son genre ; mais il est rare qu'une œuvre dont le but est élevé atteigne la perfection. Un paysage de petits vallons et de prairies souriantes s'harmonise plus facilement qu'un paysage d'Alpes éblouissantes, de torrents, de glaciers et de tempêtes ; car les hauteurs peuvent parfois submerger le tableau et gâcher l'effet. Ainsi en est-il de certaines grandes pages de *Tristan* . On peut prendre pour exemple les vers qui parlent d'une attente atroce : au deuxième acte, l'attente d'Isolde dans la nuit remplie de désir ; et, au troisième acte, l'attente de Tristan, blessé et en délire, attendant le vaisseau qui amène Isolde et la mort - ou bien prenons le Prélude, cette expression du désir éternel qui est comme une mer agitée qui gémit et bat sans cesse. lui-même sur le rivage.

La qualité qui me touche le plus chez *Tristan* est la preuve d'honnêteté et de sincérité chez un homme qui a été traité par ses ennemis comme un charlatan qui a utilisé des moyens superficiels et grossièrement matériels pour arrêter et étonner le public. Quel drame est plus sobre ou plus dédaigneux des effets extérieurs que *Tristan* ? Sa retenue est presque poussée à l'excès. Wagner a rejeté tout épisode pittoresque sans rapport avec son sujet. L'homme qui portait toute la nature dans son imagination, qui faisait à sa guise faire rage les tempêtes de la *Walkyrie* ou faire briller la douce lumière du Vendredi Saint, ne représenterait même pas un peu de mer autour du navire dans le premier acte. Croyez-moi, cela devait être un sacrifice, même s'il le souhaitait. Il lui plaisait d'enfermer ce terrible drame entre les quatre murs d'une chambre tragique. Il n'y a pratiquement pas de chœurs ; rien ne détourne l'attention du mystère des âmes humaines ; il n'y a que deux parties réelles : celles des amants ; et s'il y en a un troisième, il appartient au Destin, entre les mains duquel les victimes sont livrées. Quel beau sérieux il y a dans ce jeu d'amour. Sa passion reste sombre et sévère ; il n'y a pas de rire là-dedans, seulement une croyance presque religieuse, plus religieuse peut-être dans sa sincérité que celle de *Parsifal* .

C'est une leçon pour les dramaturges de voir un homme supprimer tous les épisodes frivoles, futiles et vides de sens, pour concentrer entièrement son sujet sur la vie intérieure de deux âmes vivantes. En cela Wagner est notre maître, un maître meilleur, plus fort et plus profitable à suivre, malgré ses erreurs, que tous les autres auteurs littéraires et dramatiques de son temps.

Je vois que la critique a tenu dans ces notes une place plus grande que je ne l'avais prévu. Mais malgré ça, j'aime *Tristan* ; pour moi et pour d'autres de mon époque, cela a longtemps été une boisson enivrante. Et il n'a jamais rien perdu de sa grandeur ; les années ont laissé sa beauté intacte, et c'est pour moi le point culminant de l'art atteint par quiconque depuis la mort de Beethoven.

Mais en l'écoutant l'autre soir, je ne pouvais m'empêcher de penser : Ah, Wagner, tu iras un jour aussi rejoindre Gluck et Bach et Monteverde et Palestrina et toutes les grandes âmes dont les noms vivent encore parmi les hommes, mais dont les pensées ne sont ressenties que par une poignée d'initiés, qui tentent en vain de faire revivre le passé. Toi aussi, tu es déjà du passé, bien que tu fus la lumière constante de notre jeunesse, la source puissante de vie et de mort, de désir et de renoncement, d'où nous puisions notre force morale et notre pouvoir de résistance contre le monde. Et le monde, toujours avide de sensations nouvelles, continue son chemin au milieu du flux et du reflux incessant de ses désirs. Ses idées ont déjà changé et de nouveaux musiciens créent de nouvelles chansons pour l'avenir. Mais c'est la voix d'un siècle de tempête qui passe avec vous.

CAMILLE SAINT-SAËNS

M. Saint-Saëns a eu le rare honneur de devenir un classique de son vivant.
Son nom, bien qu'il fut longtemps méconnu, impose désormais le respect
universel, non moins par la valeur de son caractère que par la perfection de
son art. Aucun artiste ne s'est aussi peu soucié du public, ni n'a été plus
indifférent aux critiques, qu'elles soient populaires ou expertes. Enfant, il
éprouvait une sorte de répulsion physique à l'égard du succès extérieur :

"De l'applaudissement
J'entends encor le bruit qui, choisi assez étrangement,
Pour ma pudeur d'enfant était comme une fange
Dont le flot me venait toucher; je redoutais
Son contact, et parfois, malin, je l'évitais,
Affectant le raideur." [110]

Plus tard, il obtint le succès grâce à un long et douloureux combat, dans
lequel il dut lutter contre le genre de critiques stupides qui le condamnaient
« à écouter une des symphonies de Beethoven comme une pénitence
susceptible de lui donner le supplice le plus atroce ». [111] Et pourtant après
cela, et après son admission à l'Académie, après *Henri VIII* et la *Symphonie avec
orgue* , il resta encore à l'écart de l'éloge ou du blâme, et jugea ses triomphes
avec une triste sévérité :

"Turas connaît les yeux menteurs, l'hypocrisie
Des serrements de mains,
Le masque d'amitié cachant la jalousie,
Les pâles lendemains

"De ces jours de triomphe où le troupeau vulgaire
Qui pèse au même poids
L'histrion ridicule et le génie austère
Vous mets sur le pavois." [112]

M. Saint-Saëns a vieilli, sa renommée s'est répandue, mais il n'a pas capitulé.
Il n'y a pas si longtemps, il écrivait à un journaliste allemand : « Je fais très
peu attention aux éloges ou aux censures, non pas parce que j'ai une idée
exaltée de mes propres mérites (ce qui serait insensé), mais parce qu'en faisant
mon travail et en l'accomplissant la fonction de ma nature, comme un
pommier produit des pommes, je n'ai pas besoin de me préoccuper des
opinions des autres. » [113]

Une telle indépendance est rare à tout moment ; mais c'est très rare de nos
jours, où le pouvoir de l'opinion publique est tyrannique ; et c'est le plus rare

de tous en France, où les artistes sont peut-être plus sociables que dans d'autres pays. De toutes les qualités d'un artiste, c'est la plus précieuse ; car elle constitue le fondement de son caractère et est la garantie de sa conscience et de sa force innée. Il ne faut donc pas le cacher sous le boisseau.

L'importance de M. Saint-Saëns dans l'art est double, car il faut le juger de l'intérieur aussi bien que de l'extérieur de la France. Il représente quelque chose d'exceptionnel dans la musique française, quelque chose qui était presque unique jusqu'à récemment : c'est-à-dire un grand esprit classique et une belle diversité de culture musicale - la culture allemande, devons-nous dire, puisque le fondement de tout art moderne repose sur la Classiques allemands. La musique française du XIXe siècle est riche d'artistes intelligents, d'écrivains mélodiques imaginatifs et de dramaturges habiles ; mais il manque de vrais musiciens et de bons et solides ouvrages. A deux ou trois belles exceptions près, nos compositeurs ont trop le caractère d'amateurs doués qui composent la musique comme un passe-temps et la considèrent, non comme une forme particulière de pensée, mais comme une sorte d'habit pour les idées littéraires. Notre éducation musicale est superficielle : elle peut s'acquérir en quelques années, de manière formelle, dans un Conservatoire, mais elle n'est pas à la portée de tous ; l'enfant ne respire pas la musique comme, en quelque sorte, il respire l'atmosphère de la littérature et de l'art oratoire ; et bien que presque tout le monde en France ait un sens instinctif pour la belle écriture, très peu de gens s'intéressent à la belle musique. De là naissent les défauts et les échecs courants de notre musique. C'est resté un art luxueux ; elle n'est pas devenue, comme la musique allemande, l'expression poétique de la pensée populaire.

Pour y parvenir, il faudrait une combinaison de conditions très rares en France ; bien que de telles conditions aient été nécessaires à la réalisation de Camille Saint-Saëns. Il avait non seulement un talent naturel remarquable, mais il était issu d'une famille de musiciens ardents, qui se consacrèrent à son éducation. A cinq ans, il se nourrissait de la partition orchestrale de *Don Juan* ; [114] quand j'étais petit garçon

«De dix ans, délicat, frêle, le teint jaunet,
Mais confiant, naïf, plein d'ardeur et de joie», [115]

il « se mesurait à Beethoven et à Mozart » en jouant dans un concert public ; à seize ans, il écrit sa *Première Symphonie* . En grandissant, il s'imprégna de la musique de Bach et de Haendel et fut capable de composer à volonté à la manière de Rossini, Verdi, Schumann et Wagner. [116] Il a écrit une excellente musique dans tous les styles : le style grec et celui des XVIe, XVIIe et XVIIIe siècles. Ses compositions sont de toutes sortes : messes, grands opéras,

opéras légers, cantates, symphonies, poèmes symphoniques ; musique pour orchestre, orgue, piano, voix et musique de chambre. Il est le savant rédacteur de Gluck et Rameau ; et n'est donc pas seulement un artiste, mais un artiste qui peut parler de son art. C'est une figure peu commune en France, on aurait cru qu'il préférait vivre en Allemagne.

Mais en Allemagne, on ne s'y trompe pas. Là, le nom de Camille Saint-Saëns représente l'esprit classique français et est considéré comme le plus digne de nous représenter dans la musique depuis l'époque de Berlioz jusqu'à l'apparition de la jeune école de César Franck - bien que Franck lui-même soit encore peu connu dans Allemagne. M. Saint-Saëns possède en effet quelques-unes des meilleures qualités d'un artiste français, et parmi elles la plus importante de toutes : une parfaite clarté de conception. Il est remarquable de constater combien ce savant artiste se soucie peu de son savoir et combien il est affranchi de tout pédantisme. Le pédantisme est le fléau de l'art allemand, et les plus grands hommes n'y ont pas échappé. Je ne parle pas de Brahms, qui en fut ravagé, mais de génies délicieux comme Schumann, ou de génies puissants comme Bach. "Cet art contre nature fatigue comme le salon moralisateur d'une petite ville de province; il étouffe, il suffit de tuer." [117] « Saint-Saëns n'est pas un pédant », écrit Gounod ; "il est resté trop enfant et est devenu trop intelligent pour cela." D'ailleurs, il a toujours été trop Français.

Parfois Saint-Saëns me fait penser à un de nos écrivains du XVIIIe siècle. Non pas un écrivain de l' *Encyclopédie* , ni du camp de Rousseau, mais plutôt de l'école de Voltaire. Il a une clarté de pensée, une élégance et une précision d'expression, et une qualité d'esprit qui rendent sa musique « non seulement noble, mais très noble, car issue d'une belle race et d'une famille distinguée ». [118]

Il a également un excellent discernement, sans émotion ; et il est « calme d'esprit, retenu dans son imagination et garde sa maîtrise de soi même au milieu des émotions les plus troublantes ». [119] Ce discernement est l'ennemi de tout ce qui s'approche de l'obscurité de la pensée ou du mysticisme ; et il en résulte ce curieux livre, *Problèmes et Mystères* — titre trompeur, car l'esprit de raison y règne et lance un appel à la jeunesse pour protéger « la lumière d'un monde menacé » contre « les brumes du Nord, dieux scandinaves ». , divinités indiennes, miracles catholiques, Lourdes, spiritualisme, occultisme et obscurantisme. [120]

Son amour et son besoin de liberté sont aussi du XVIIIe siècle. On peut dire que la liberté est sa seule passion. "J'aime passionnément la liberté", écrit-il. [121]

Et il l'a prouvé par l'intrépidité absolue de ses jugements sur l'art ; car non seulement il a raisonné contre Wagner, mais il a osé critiquer les faiblesses de

Gluck et de Mozart, les erreurs de Weber et de Berlioz et les opinions acceptées sur Gounod ; et ce classiciste, nourri de Bach, va jusqu'à dire : « L'interprétation des œuvres de Bach et de Haendel est aujourd'hui un vain divertissement », et que ceux qui veulent faire revivre leur art sont comme « des gens qui voudraient faire revivre leur art ». vivre dans un vieux manoir inhabité depuis des siècles. [122] Il est allé encore plus loin ; il critiquait son propre travail et contredisait ses propres opinions. Son amour de la liberté lui faisait former, à différentes époques, des opinions différentes sur la même œuvre. Il pensait que les gens avaient le droit de changer d'opinion, car parfois ils se trompaient eux-mêmes. Il lui semblait préférable d'admettre hardiment une erreur plutôt que d'être l'esclave de la cohérence. Et ce même sentiment se manifestait dans d'autres domaines que l'art : dans l'éthique, comme le montrent quelques vers qu'il adressa à un jeune ami, l'invitant à ne pas se laisser enchaîner par une austérité trop rigide :

"Je sens qu'une triste chimère
A toujours assombri ton âme: la Vertu...." [123]

et en métaphysique aussi, où il juge les religions, la foi et les Évangiles avec une tranquille liberté de pensée, cherchant dans la nature seule le fondement de la morale et de la société.

Voici quelques-uns de ses avis, tirés au hasard de *Problèmes et Mystères* :

"À mesure que la science avance, Dieu recule."

"L'âme n'est qu'un moyen d'expression de la pensée."

"Le découragement du travail, l'affaiblissement du caractère, le partage des biens sous peine de mort, tel est l'enseignement évangélique sur le fondement de la société."

"Les vertus chrétiennes ne sont pas des vertus sociales."

"La nature est sans but : elle est un cercle sans fin et ne nous mène nulle part."

Ses pensées sont libres et pleines d'amour pour l'humanité et de sens de la responsabilité de l'individu. Il a appelé Beethoven « le plus grand, le seul vraiment grand artiste », parce qu'il défendait l'idée de fraternité universelle. Son esprit est si vaste qu'il a écrit des livres sur la philosophie, sur le théâtre, sur la peinture classique, [124] ainsi que des essais scientifiques, [125] des volumes de vers et même des pièces de théâtre. [126]

Il a su aborder toutes sortes de choses, je ne dirai pas avec une égale habileté, mais avec un discernement et une capacité indéniable. Il fait preuve d'un type d'esprit rare chez les artistes et surtout chez les musiciens. Les deux principes qu'il énonce et qu'il suit lui-même sont : « Gardez-vous libre de toute exagération » et « Préservez la santé de votre esprit ». [127] Ce ne sont certainement pas les principes d'un Beethoven ou d'un Wagner, et il serait assez difficile de trouver un musicien réputé du siècle dernier qui les aurait appliqués. Ils nous disent, sans besoin de commentaire, ce qu'il y a de distinctif chez M. Saint-Saëns et ce qu'il y a de défectueux chez lui. Il n'est troublé par aucune sorte de passion. Rien ne trouble la clarté de sa raison. « Il n'a pas de préjugés ; il ne prend aucun parti » [128] — pourrait-on ajouter, même pas le sien, puisqu'il ne craint pas de changer d'avis — « il ne se pose en réformateur de rien » ; il est tout à fait indépendant, peut-être presque trop. Il semble parfois qu'il ne sait que faire de sa liberté. Goethe aurait dit, je pense, qu'il avait besoin d'un peu plus de diable en lui.

Son trait mental le plus caractéristique semble être une mélancolie langoureuse, qui prend sa source dans un sentiment assez amer de la futilité de la vie ; [129] et cela s'accompagne d'accès de lassitude qui ne sont pas tout à fait sains, suivis d'humeurs capricieuses et de gaieté nerveuse, et d'un penchant bizarre pour le burlesque et le mimétisme. C'est son esprit avide et inquiet qui le fait parcourir le monde en écrivant des rhapsodies bretonnes et auvergnates, des chansons persanes, des suites algériennes, des barcarolles portugaises, des caprices danois, russes ou arabes, des souvenirs d'Italie, des fantaisies africaines et des concertos égyptiens ; et, de la même manière, il parcourt les âges, écrivant des tragédies grecques, des musiques de danse des XVIe et XVIIe siècles, des préludes et des fugues du XVIIIe. Mais dans tous ces reflets exotiques et archaïques des époques et des pays où erre son imagination, on reconnaît la physionomie gaie et intelligente d'un Français en voyage, qui suit paresseusement ses inclinations et ne prend pas la peine d'entrer très profondément dans l'esprit de son voyage. les gens qu'il rencontre, mais il glane tout ce qu'il peut, puis le reproduit avec un teint français, à la manière de Montaigne en Italie, qui comparait Vérone à Poitiers et Padoue à Bordeaux, et qui, lorsqu'il était à Florence, payait beaucoup moins d'attention à Michel-Ange qu'à « un mouton de forme très étrange et un animal de la taille d'un grand dogue, en forme de chat et rayé de noir et blanc, qu'ils appelaient un tigre ».

Au point de vue purement musical, il existe une certaine ressemblance entre M. Saint-Saëns et Mendelssohn. On retrouve chez tous deux la même retenue intellectuelle, le même équilibre préservé entre les éléments hétérogènes de leur œuvre. Ces éléments ne sont pas communs à tous deux, car l'époque, le pays et le milieu dans lesquels ils ont vécu ne sont pas les mêmes ; et il y a aussi une grande différence dans leurs caractères. Mendelssohn est plus naïf et plus religieux ; M. Saint-Saëns est plutôt dilettante et plus sensuel. Ce ne sont pas tant des âmes sœurs par leur science qu'une bonne compagnie par une pureté commune de goût, un sens du rythme et un génie de la méthode, qui donnent à tout ce qu'ils ont écrit un caractère néo-classique.

Quant aux choses qui influencèrent directement M. Saint-Saëns, elles sont si nombreuses qu'il me serait difficile et assez audacieux de prétendre pouvoir les repérer. Sa remarquable capacité d'assimilation l'a souvent poussé à écrire dans le style de Wagner ou de Berlioz, de Händel ou de Rameau, de Lulli ou de Charpentier, ou encore de quelque claveciniste ou clavicordiste anglais du XVIe siècle, comme William Byrd, dont les airs sont introduit tout naturellement dans la musique d' *Henri VIII* ; mais il faut se rappeler que ce sont des imitations délibérées, des amusements de virtuose, sur lesquels M. Saint-Saëns ne se trompe jamais. Sa mémoire lui sert à sa guise, mais elle ne le trouble jamais.

Autant qu'on puisse en juger, les idées musicales de M. Saint-Saëns sont imprégnées de l'esprit des grands classiques de la fin du XVIIIe siècle, bien plus, quoi qu'on en dise, de l'esprit de Beethoven, Haydn et Mozart, qu'avec l'esprit de Bach. La séduction de Schumann l'a également marqué, et il a ressenti l'influence de Gounod, Bizet et Wagner. Mais une influence plus forte fut celle de Berlioz, son ami et maître, [130] et, surtout, celle de Liszt. Il faut s'arrêter à ce patronyme.

M. Saint-Saëns a de bonnes raisons d'aimer Liszt, car Liszt était aussi un amoureux de la liberté, il s'était débarrassé des traditions et du pédantisme, et méprisait la routine allemande ; et il l'aimait aussi parce que sa musique était une réaction de l'école rigide de Brahms. Il était enthousiasmé par l'œuvre de Liszt et fut l'un des premiers et des plus ardents défenseurs de cette nouvelle musique dont Liszt était l'esprit principal - de cette musique « à programme » que le triomphe de Wagner semblait avoir étouffée dans l'œuf, mais qui a soudainement et glorieusement refait surface dans les œuvres de Richard Strauss. « Liszt est un des grands compositeurs de notre temps », écrivait M. Saint-Saëns ; "il a osé plus que Weber, que Mendelssohn, Schubert ou Schumann. Il a créé le poème symphonique. Il est le libérateur de la musique instrumentale... Il a proclamé le règne de la musique libre." [132] Cela n'a pas été dit impulsivement dans un moment d'enthousiasme ; M. Saint-Saëns a toujours eu cette opinion. Toute sa vie, il est resté fidèle à son admiration pour Liszt : depuis 1858, où il dédia un *Veni Creator* à « l'abbé Liszt », jusqu'en 1886, où, quelques mois après la mort de Liszt, il dédia son chef-d'œuvre, la *Symphonique avec orgue.* , "À la mémoire de Franz Liszt." [133]

"On n'a pas hésité à se moquer de ce qu'ils appellent ma faiblesse pour les œuvres de Liszt. Mais même si les sentiments d'affection et de gratitude qu'il m'a inspirés sont venus comme un prisme et s'interposer entre mes yeux et son visage, je ne vois pas il n'y avait rien de fort à regretter [134] Je n'avais pas encore ressenti le charme de sa fascination personnelle, je ne l'avais ni entendu ni vu, et je ne lui devais rien du tout, lorsque mon intérêt s'est pris en lisant son premier. des poèmes symphoniques ; et quand plus tard ils indiquèrent la voie qui devait conduire à *La Danse macabre* , *au Rouet d'Omphale* et à d'autres œuvres de même nature, je suis sûr que mon jugement n'était biaisé par aucun préjugé en sa faveur, et que j'étais seul responsable de ce que j'avais fait." [135]

Cette influence me semble expliquer certains travaux de M. Saint-Saëns. Non seulement cette influence est évidente dans ses poèmes symphoniques – parmi ses meilleures œuvres – mais elle se retrouve dans ses suites pour orchestre, ses fantaisies et ses rhapsodies, où l'élément descriptif et narratif est fort. « La musique doit charmer d'elle-même, disait M. Saint-Saëns ; " mais son effet est bien plus subtil lorsque nous utilisons notre imagination et la laissons couler dans un canal particulier, imaginant ainsi la musique. C'est alors que toutes les facultés de l'âme sont mises en jeu dans le même but. Ce que l'art en retire Il n'y a pas une plus grande beauté, mais un champ d'application plus large, c'est-à-dire une plus grande variété de formes et une plus grande liberté. » [136]

Nous constatons ainsi que M. Saint-Saëns a participé à la tentative vigoureuse des auteurs symphoniques allemands modernes d'introduire dans la musique une partie de la puissance des autres arts : poésie, peinture, philosophie, romance, drame, toute la vie. Mais quel gouffre les sépare, eux et lui ! Un gouffre fait non seulement de diversités de styles, mais de différence entre deux races et deux mondes. A côté des effusions frénétiques de Richard Strauss, qui patauge incertain entre boue, débris et génie, l'art latin de Saint-Saëns surgit calme et ironique. Sa délicatesse de toucher, sa soigneuse modération, sa grâce heureuse, « qui entre dans l'âme par mille petits sentiers » [137], apportent avec elles les plaisirs d'une belle parole et d'une pensée honnête ; et nous ne pouvons que ressentir leur charme. Comparée à l'art agité et troublé d'aujourd'hui, sa musique nous frappe par son calme, ses harmonies tranquilles, ses modulations veloutées, sa clarté cristalline, son style doux et fluide, et une élégance qui ne peut être décrite. Même sa froideur classique nous fait du bien par sa réaction contre les exagérations, aussi sincères soient-elles, de la nouvelle école. On se sent parfois ramené à Mendelssohn, voire à Spontini et à l'école de Gluck. On a l'impression de voyager dans un pays qu'on connaît et qu'on aime ; et pourtant, dans les œuvres de M. Saint-Saëns, on ne trouve aucune ressemblance directe avec les œuvres d'autres compositeurs ; car chez personne les souvenirs ne sont plus rares que chez ce maître qui porte tous les maîtres anciens dans son esprit : c'est son esprit qui est semblable au leur. Et c'est le secret de sa personnalité et de sa valeur pour nous ; il apporte à notre trouble artistique un peu de la lumière et de la douceur d'autrefois. Ses compositions sont comme des fragments d'un autre monde.

« De temps en temps, dit-il en parlant de *Don Giovanni* , nous trouvons dans la terre sacrée des Hellènes un fragment, un bras, les débris d'un torse, égratignés et endommagés par les ravages du temps ; ce n'est que le ombre du dieu que le ciseau du sculpteur a créé autrefois ; mais le charme est toujours là, le style sublime rayonne malgré tout." [138]

Et ainsi de suite avec cette musique. Il est parfois un peu pâle, un peu trop retenu ; mais dans une phrase, dans quelques harmonies, resplendira une vision claire du passé.

VINCENT D'INDY

"Je considère que la critique est inutile, je dirais même qu'elle est nuisible... La critique désigne généralement l'opinion qu'un homme ou une autre a sur l'œuvre d'autrui. Comment cette opinion peut-elle contribuer au développement de l'art ? Il est intéressant de connaître les idées, même erronées, des génies et des hommes de grand talent, comme Goethe, Schumann, Wagner, Sainte-Beuve et Michelet, quand ils veulent se livrer à la critique, mais cela n'a aucun intérêt de savoir ; si M. Untel aime ou n'aime pas telle ou telle œuvre dramatique ou musicale. [139]

Ainsi écrit M. Vincent d'Indy.

Après une telle expression d'opinion, on imagine qu'un critique devrait éprouver quelque embarras à écrire sur M. Vincent d'Indy. Et je devrais moi-même m'en inquiéter davantage, car dans le numéro de la revue où ce qui précède a été écrit, les seules autres opinions exprimées avec une égale conviction appartenaient à l'auteur de ce livre. Il n'y a qu'une chose à faire : copier l'exemple de M. d'Indy ; car cet ennemi juré de la critique est lui-même un fervent critique.

Ce n'est pas tout à fait sur les dons musicaux de M. d'Indy que je veux m'arrêter. On sait qu'il est aujourd'hui en Europe l'un des maîtres de l'expression musicale dramatique, de la coloration orchestrale et de la science du style. Mais ce n'est pas la fin de ses réalisations ; il a une originalité artistique qui jaillit de quelque chose de plus profond encore. Lorsqu'un artiste a une certaine valeur, vous la trouverez non seulement dans son œuvre mais dans son être. Nous allons donc nous efforcer d'explorer l'être de M. d'Indy.

La personnalité de M. d'Indy n'est pas mystérieuse. Au contraire, elle est ouverte et claire comme la lumière du jour ; et nous le voyons dans son œuvre musicale, dans ses activités artistiques et dans ses écrits. A ses propres écrits, on peut appliquer l'exception de sa règle sur la critique en faveur d'un petit nombre d'hommes dont les pensées sont intéressantes même lorsqu'elles sont erronées. Il serait bien dommage de ne pas connaître les pensées de M. d'Indy, même les plus erronées ; car ils nous laissent entrevoir, non seulement les idées d'un artiste éminent, mais certains traits surprenants de la pensée de notre temps. M. d'Indy a étudié de près l'histoire de son art ; mais l'intérêt principal de ses écrits réside plutôt dans l'expression inconsciente de l'esprit de l'art moderne que dans ce qu'ils nous racontent du passé.

M. d'Indy n'est pas un homme enfermé dans les limites de son art ; son esprit est ouvert et bien fécondé. Les musiciens d'aujourd'hui ne sont plus entièrement absorbés par leurs notes, mais laissent leur esprit se tourner vers d'autres intérêts. Et ce n'est pas un des phénomènes les moins intéressants de la musique française d'aujourd'hui que nous donne ces compositeurs savants et réfléchis, conscients de ce qu'ils créent et apportant à leur art une fine faculté critique, comme celle de M. Saint-Pierre. Saëns, M. Dukas ou M. d'Indy. Nous avons eu de M. d'Indy des éditions savantes de Rameau, Destouches et Salomon de Rossi. Même en pleine répétition de *L'Étranger* à Bruxelles, il travaillait à une reconstitution de *l'Orfeo de Monteverde* . Il a publié des sélections de chansons folkloriques accompagnées de notes critiques, des essais sur les prédécesseurs de Beethoven, une histoire de la composition musicale, ainsi que des débats et des conférences. Cette belle culture intellectuelle n'est cependant pas le caractère le plus remarquable de M. d'Indy, quoiqu'elle ait pu être le plus remarquable. D'autres musiciens partagent cette culture avec lui ; et sa véritable distinction réside dans ses qualités morales et presque religieuses, et c'est ce côté de lui qui lui donne un intérêt inhabituel pour nous parmi d'autres artistes contemporains.

"Maneant in vobis Fides, Spes, Caritas.
Tria haec: major autem horum est Caritas.

« Un artiste doit avoir au moins la Foi, la foi en Dieu et la foi en son art ; car c'est la Foi qui le dispose à *apprendre* , et par son apprentissage à s'élever de plus en plus haut sur l'échelle de l'Être, jusqu'à son but, qui c'est Dieu.

"Un artiste doit pratiquer l'Espérance ; car il ne peut rien attendre du présent ; il sait que sa mission est de *servir* et de donner son œuvre pour la vie et l'enseignement des générations qui lui succéderont.

« Un artiste doit être inspiré par une splendide charité – « la plus grande d'entre elles ». Aimer devrait être son but dans la vie ; car le principe moteur de toute création est *l'* Amour divin et charitable. »

Qui parle ainsi ? Est-ce le moine Denys dans sa cellule du Mont Athos ? Ou Cennini, qui a diffusé le pieux enseignement des Giotteschi ? Ou un des vieux peintres de Sienne, qui dans leur profession de foi se disaient « par la grâce de Dieu, ceux qui manifestent des choses merveilleuses aux hommes ordinaires et analphabètes, en vertu de la sainte foi et à sa gloire » ?

Non; c'était le directeur de la *Schola Cantorum* , s'adressant aux étudiants dans un discours inaugural ou leur donnant une conférence sur la composition.
[140]

Il faut considérer un peu ce livre singulier, où se mêlent étroitement une science vivante et un esprit gothique (j'utilise le mot « gothique » dans son meilleur sens ; je sais que c'est le plus grand éloge qu'on puisse faire à M.

d'Indy). Ce travail n'a pas reçu l'attention qu'il mérite. C'est un témoignage de l'esprit de l'art contemporain ; et s'il se démarque plutôt des autres écrits, il ne faut pas le laisser passer inaperçu pour cette raison.

Dans ce livre, la foi apparaît comme étant tout : le début et la fin. On apprend comment elle attise la flamme du génie, nourrit la pensée, dirige le travail et gouverne jusqu'aux modulations et au style d'un musicien. Il y a là un passage qu'on croirait du XIIIe siècle ; c'est curieux, mais non sans dignité :

"Il faut avoir un but dans la marche progressive des modulations, comme on le fait dans les différentes étapes de la vie. La raison, les instincts et la foi qui guident un homme dans les troubles de sa vie guident aussi le musicien dans le choix de ses modulations. Ainsi des modulations inutiles et contradictoires, un équilibre indécis entre l'ombre et la lumière, produisent sur l'auditeur une impression douloureuse et confuse, comparable à celle qu'inspire un pauvre être humain lorsqu'il est faible et inconsistant, ballotté entre l'Orient et l'Occident au cours de son parcours. de sa vie malheureuse, sans but et sans croyance. » [141]

Ce livre semble être du Moyen Âge en raison d'une sorte d'esprit scolastique d'abstraction et de classification.

"Dans la création artistique, sept facultés sont mises en jeu par l'âme : l'Imagination, les Affections, la Compréhension, l'Intelligence, la Mémoire, la Volonté et la Conscience." [142]

Et encore une fois, son esprit médiéval se manifeste par un symbolisme extraordinaire, qui découvre en toute chose (autant que je le comprends) l'empreinte des mystères divins et la marque de Dieu en Trois Personnes dans des choses telles que les battements du cœur et les rythmes ternaires. — « une admirable application du principe de l'Unité de la Trinité » ! [143]

De ces temps reculés vient aussi la méthode de M. d'Indy pour écrire l'histoire, non en remontant les faits aux lois, mais en déduisant au contraire les faits de certaines grandes idées générales, autrefois admises, mais non prouvées par de fréquents récurrence, comme : « L'origine de l'art est dans la religion » [144] — ce qui est tout sauf certain. De ce raisonnement il résulte que les chants populaires dérivent des chants grégoriens, et non les chants grégoriens des chants populaires, comme je préférerais le croire. L'histoire de l'art peut ainsi devenir une sorte d'histoire du monde en réalisation morale. On pourrait le diviser en deux parties : le monde avant l'arrivée de l'Orgueil et celui après.

« Soumise par la foi chrétienne, ce redoutable ennemi de l'homme, l'orgueil, se montrait rarement dans l'âme d'un artiste au Moyen Âge. Mais avec l'affaiblissement de la croyance religieuse, avec l'esprit de la Réforme s'appliquant presque en même temps dans chaque branche du savoir humain, nous voyons la fierté réapparaître et assistons à sa véritable Renaissance. » [145]

Enfin, cet esprit gothique se manifeste — d'une manière moins originale, il est vrai — dans les antipathies religieuses de M. d'Indy, qui, malgré la bonté de cœur et la grande tolérance personnelle de l'auteur, éclatent sans cesse contre les deux confessions qui le composent. sont des rivaux des siens ; et il leur attribue tous les défauts de l'art et tous les vices de l'humanité. Chacun a son offense. Le protestantisme est rendu responsable des extrêmes de l'individualisme ; [146] et le judaïsme, pour les absurdités de ses coutumes et la faiblesse de son sens moral. [147] Je ne sais lequel des deux est le plus sérieusement travaillé ; le second a le privilège de l'être, non seulement en écrit, mais en images. [148] Le pis est que ces antipathies sont susceptibles de gâter la justesse du jugement artistique de M. d'Indy. Il va sans dire que les musiciens juifs sont traités avec peu de considération ; et même les grands musiciens protestants, géants dans leur art, n'échappent pas aux reproches. Si Goudimel est mentionné, c'est parce qu'il fut le maître de Palestrina, et sa réussite de « transformer les psaumes calvinistes en chorals » est considérée comme de peu d'importance. [149]

Les oratorios de Haendel sont qualifiés de « glaçants et, franchement, fastidieux ». [150] Bach lui-même s'en sort avec cette qualification : « S'il est grand, ce n'est pas à cause, mais malgré l'esprit dogmatique et desséché de la Réforme. [151]

Je n'essaierai pas de jouer le rôle de juge ; car un homme est suffisamment jugé par ses propres écrits. Et après tout, c'est plutôt intéressant de rencontrer des gens sincères et qui n'ont pas peur de dire ce qu'ils pensent. J'avoue que j'apprécie plutôt, un peu perversement peut-être, certaines de ces opinions extrêmes, où la personnalité de l'écrivain se révèle fortement.

Ainsi, le vieil esprit gothique vit toujours parmi nous et imprègne l'esprit de l'un de nos artistes les plus connus, ainsi que, sans aucun doute, l'esprit de centaines de ceux qui l'écoutent et l'admirent. M. Louis Laloy a montré la persistance de certaines formes de plain-chant dans *le Pelléas de M. Debussy* ; et dans un vague sentiment de parenté lointaine, il trouve la cause du charme mystérieux qu'une telle musique détient pour certains d'entre nous. [152] Ce savant paradoxe est possible. Pourquoi pas? Les mélanges de races et les vicissitudes de l'histoire nous ont donné une âme si pleine et si complexe qu'on peut très bien y trouver ses débuts, s'il nous plaît, — ou les débuts de bien autres choses. Il n'y a pas de fin aux commencements ; le choix est assez embarrassant, et j'imagine que l'inclination de chacun a autant à voir avec la question que le tempérament.

Quoi qu'il en soit, M. d'Indy est originaire du Moyen Âge, et non de l'Antiquité (qui n'existe pas pour lui [153]), ni de la Renaissance, qu'il confond avec la Réforme (bien que les deux sœurs soient ennemies).) afin de mieux l'écraser. [154] « Prenons pour modèles, dit-il, les beaux ouvriers de l'art du moyen âge ». [155]

Dans ce retour à l'esprit gothique, dans cet éveil de la foi, il y a un nom, moderne cette fois, qu'on aime à citer à la *Schola* ; c'est celui de César Franck, sous la direction duquel fut placé le petit Conservatoire de la rue Saint-Jacques. Et en effet, ils ne pouvaient pas citer de meilleur nom que celui de cet homme au cœur simple. Presque tous ceux qui le côtoyaient ressentaient son charme irrésistible, charme qui a peut-être beaucoup à voir avec l'influence que ses œuvres exercent encore aujourd'hui sur la musique française. Nul n'a mieux ressenti la puissance de Franck, tant moralement que musicalement, que M. Vincent d'Indy ; et personne n'a un respect plus profond pour l'homme dont il fut si longtemps l'élève.

La première fois que j'ai vu M. d'Indy, c'était à un concert de la *Société nationale* , à la salle Pleyel, en 1888. On jouait plusieurs œuvres de Franck ; entre autres, pour la première fois, son admirable *Thème, fugue et variation* , pour harmonium et pianoforte, composition où l'esprit de Bach se mêle avec une tendresse toute moderne. Franck dirigeait, et M. d'Indy était au piano. Je me souviendrai toujours de ses manières respectueuses envers le vieux musicien et de la façon dont il prenait soin de suivre ses instructions ; on eût dit que c'était un élève assidu et obéissant. C'était un hommage touchant de la part de celui qui s'était déjà montré maître avec des œuvres comme *Le Chant de la cloche* , *Wallenstein* , *La Symphonie sur un thème montagnard* , et qui était peut-être à cette époque plus connu et plus populaire que César Franck lui-même. Depuis, vingt ans se sont écoulés, et je vois encore M. d'Indy tel que je l'ai vu ce soir-là ; et, quoi qu'il arrive dans l'avenir, son souvenir sera pour moi toujours associé à celui du grand vieil artiste, présidant de son sourire paternel la petite assemblée des fidèles.

De toutes les caractéristiques de la belle nature morale de Franck, la plus remarquable était sa foi religieuse. Cela a dû étonner les artistes de son temps, qui en étaient encore plus démunis qu'aujourd'hui. Elle se fit sentir chez certains de ses disciples, surtout chez ceux qui étaient proches du cœur du maître, comme M. d'Indy. La pensée religieuse de ce dernier reflète en quelque sorte la pensée de son maître ; bien que la forme de cette pensée ait pu subir une altération inconsciente. Je ne sais pas si Franck correspond tout à fait à la conception qu'on se fait de lui aujourd'hui. Je ne veux pas introduire ici des souvenirs personnels de lui. Je le connaissais assez pour l'aimer et pour entrevoir la beauté et la sincérité de son âme ; mais je ne le connaissais pas assez pour découvrir les secrets de son esprit. Ceux qui ont eu le bonheur d'être ses amis intimes semblent toujours le représenter comme un mystique qui s'est fermé à l'esprit de son temps. J'espère qu'un jour un de ses amis publiera quelques-unes des conversations qu'il a eues avec lui et dont j'ai entendu parler. Mais cet homme qui avait une foi si forte était aussi très indépendant. Dans sa religion, il n'avait aucun doute : c'était le ressort de sa vie ; bien que la foi pour lui soit bien plus une question de sentiment qu'une question de doctrine. Mais chez Franck, tout était sentiment, et la raison ne lui plaisait guère. Sa foi religieuse ne troublait pas son esprit, car il ne mesurait pas les hommes et leurs œuvres à ses règles ; et il aurait été incapable de constituer une histoire de l'art selon la Bible. Ce grand catholique avait parfois une âme très païenne ; et il pouvait jouir sans état d'âme du dilettantisme musical de Renan et du nihilisme sonore de Leconte de Lisle. Il n'y avait aucune limite à ses vastes sympathies. Il n'essayait pas de critiquer ce qu'il aimait : la compréhension était déjà dans son cœur. Peut-être avait-il raison ; et peut-être y avait-il plus de troubles au fond de son cœur que la vaillante sérénité de sa surface ne nous ferait croire.

Sa foi aussi... Je sais combien il est dangereux d'interpréter les sentiments d'un musicien par sa musique ; mais comment faire autrement quand les adeptes de Franck nous disent que l'expression de l'âme est la seule fin et le seul but de la musique ? Trouvons-nous sa foi, telle qu'elle s'exprime à travers sa musique, toujours pleine de paix et de calme ? [156] Je demande à ceux qui aiment cette musique parce qu'ils y trouvent un reflet de leur propre tristesse. Qui n'a pas ressenti les tragédies secrètes que renferment certains de ses passages musicaux, ces phrases courtes et typiquement abruptes qui semblent s'élever en supplication vers Dieu et retombent souvent dans la tristesse et les larmes ? Tout n'est pas léger dans cette âme ; mais la lumière qui est là ne nous affecte pas moins car elle brille de loin,

"Dans un écartement de nuages, qui laisse
Voir au-dessus des mers la céleste allégresse..." [157]

Franck me semble donc différent de M. d'Indy en ce qu'il n'a pas le besoin pressant de clarté de ce dernier.

La clarté est la qualité distinctive de l'esprit de M. d'Indy. Il n'y a aucune ombre autour de lui. Ses idées et son art sont aussi clairs que le regard qui donne tant de jeunesse à son visage. Pour lui, examiner, arranger, classer, combiner est une nécessité. Personne n'est plus français d'esprit. On lui a parfois reproché le wagnérisme, et il est vrai qu'il a ressenti très fortement l'influence de Wagner. Mais même lorsque cette influence est la plus apparente, elle n'est que superficielle : son véritable esprit est éloigné de celui de Wagner. Vous trouverez peut-être à *Fervaal* quelques arbres comme ceux de la forêt *de Siegfried* ; mais la forêt elle-même n'est pas la même ; de larges avenues y ont été creusées, et le jour remplit les cavernes des Niebelungs.

Cet amour de la clarté est le facteur déterminant de la nature artistique de M. d'Indy. Et cela est d'autant plus remarquable que sa nature est loin d'être simple. Par sa large formation musicale et sa soif constante de connaissances il a acquis un apprentissage très varié et presque contradictoire. Il faut se rappeler que M. d'Indy est un musicien familier avec la musique d'autres pays et d'autres époques ; toutes sortes de formes musicales flottent dans son esprit ; et il semble parfois hésiter entre eux. Il a classé ces formes en trois classes principales, qui lui semblent être des modèles d'art musical : l'art décoratif des chanteurs de plain-chant, l'art architectural de Palestrina et de ses disciples, et l'art expressif des grands Italiens de le XVIIe siècle. [158] Mais ce faisant, son éclectisme ne cherche-t-il pas à réconcilier des arts naturellement désunis ? Encore une fois, il faut rappeler que M. d'Indy a eu des contacts directs ou indirects avec certaines des plus grandes personnalités musicales de notre époque : avec Wagner, Liszt, Brahms et César Franck.

Et il a été facilement attiré par eux ; car il n'est pas un de ces génies égoïstes dont les pensées sont fixées sur leurs propres intérêts, ni un de ces esprits carnivores qui ne voient rien, ne cherchent rien et ne savourent rien, à moins que cela puisse lui être utile ensuite. Ses sympathies vont volontiers aux autres, il est heureux de rendre hommage à leur grandeur et prompt à apprécier leur charme. Il parle quelque part du « besoin irrésistible de transformation » qu'éprouve tout artiste. [159] Mais pour ne pas se laisser submerger par des éléments et des intérêts contradictoires, il faut avoir une grande force de sentiment ou de volonté, afin de pouvoir éliminer ce qui n'est pas nécessaire, et choisir et transformer ce qui est. M. d'Indy n'élimine presque rien ; il s'en sert. Dans sa musique, il exerce les qualités d'un général d'armée : compréhension de son dessein et patience pour l'atteindre, parfaite connaissance des moyens dont il dispose, esprit d'ordre, maîtrise de son travail et de lui-même. Malgré la variété des matériaux qu'il emploie, l'ensemble est toujours clair. On pourrait presque lui reprocher d'être trop clair ; il semble trop simplifier.

Rien ne permet plus de saisir l'essence de la personnalité de M. d'Indy que sa dernière œuvre dramatique. Sa personnalité se manifeste clairement dans toutes ses compositions, mais elle n'est nulle part plus évidente que dans *L'Étranger* . [160]

La scène de *L'Étranger* se déroule en France, au bord de la mer, dont on entend le murmure calme dans une introduction symphonique. Les pêcheurs rentrent au port ; la pêche a été mauvaise. Mais l'un d'entre eux, « un homme d'une quarantaine d'années, à l'air triste et digne », a eu plus de chance que les autres. Les pêcheurs l'envient et le soupçonnent vaguement de sorcellerie.

Il tente d'engager une conversation amicale avec eux et offre sa prise à une famille pauvre. Mais en vain; ses avances sont repoussées et sa générosité est regardée avec méfiance. C'est un étranger, l'Étranger. [161] Le soir tombe et l'angélus sonne. Des ouvrières sortent en masse de leur atelier en chantant une joyeuse chanson populaire. [162] Une des jeunes filles, Vita, s'approche de l'Étranger et lui parle, car elle seule, de tout le village, est son amie. Les deux se sentent rapprochés par une secrète sympathie. Vita se confie naïvement à l'inconnu ; ils s'aiment même s'ils ne l'admettent pas. L'Étranger essaie de réprimer ses sentiments ; car Vita est jeune et déjà fiancée, et il pense qu'il n'a pas le droit de la réclamer. Mais Vita, offensée par sa froideur, cherche à le blesser et y parvient. A la fin, il se trahit. "Oui, il l'aime, et elle le savait bien. Mais maintenant qu'il le lui a dit, il ne la reverra plus; et il lui dit au revoir."

C'est le premier acte. Jusqu'ici, nous semblons assister à un drame très humain et réaliste : l'histoire ordinaire de l'homme qui essaie de faire le bien et reçoit l'ingratitude, et la triste tragédie de la vieillesse qui frappe un cœur encore jeune et incapable de se résigner. à vieillir. Mais la musique nous met en garde. Nous avions entendu son ton religieux lorsque l'Étranger parlait, et il nous semblait reconnaître une mélodie liturgique dans le thème principal. Quel secret nous est-il caché ? On n'est pas en France ? Pourtant, malgré le chant populaire et le souffle passager de la mer, l'atmosphère de l'Église et de César Franck est évidente. Qui est cet étranger ?

Il nous le raconte au deuxième acte.

"Mon nom ? Je n'en ai pas. Je suis Celui qui rêve ; je suis Celui qui aime. J'ai traversé de nombreux pays et navigué sur de nombreuses mers, aimant les pauvres et les nécessiteux, rêvant du bonheur de la fraternité des hommes."

"Où t'ai-je vu ? Car je te connais."

"Où ? demandez-vous. Mais partout : sous le chaud soleil de l'Est, au bord des océans blancs du Pôle... Je t'ai trouvé partout, car tu es la Beauté elle-même, tu es l'Amour immortel !"

La musique n'est pas dénuée d'une certaine noblesse et porte l'empreinte d'un esprit de conviction calme et fort. Mais j'étais désolé que l'histoire ne parle que d'une simple entité alors que je m'intéressais à un homme. Je ne pourrai jamais comprendre l'attrait de ce genre de symbolisme. A moins qu'il ne s'allie à des pouvoirs de création sublimes en métaphysique ou en morale, tels que ceux que possèdent un Goethe ou un Ibsen, je ne vois pas ce qu'un tel symbolisme peut ajouter à la vie, même si je vois très bien ce qu'il lui enlève. Mais c'est après tout une question de goût ; et d'ailleurs il n'y a rien dans cette histoire qui puisse nous étonner beaucoup. Ce passage du réalisme au symbolisme est quelque chose dans l'opéra que nous ne connaissons que trop bien depuis l'époque de Wagner.

Mais l'histoire ne s'arrête pas là ; car nous quittons les abstractions symboliques pour entrer dans un domaine encore plus extraordinaire, encore plus éloigné des réalités.

On avait parlé au début d'une émeraude qui scintillait dans le bonnet de l'Étranger ; et cette émeraude prend maintenant son tour dans l'action de la pièce. « Elle avait étincelé autrefois à la proue du bateau qui transportait le corps de Lazare, l'ami de notre Maître Jésus ; et le bateau était arrivé sain et sauf au port des Phocéens, sans gouvernail, ni voiles, ni rames. Car par ce miraculeux pierre, un cœur pur et droit pourrait commander à la mer et aux vents. » Mais maintenant que l'Étranger a mal agi, en devenant victime de la passion, son pouvoir a disparu ; alors il le donne à Vita.

Suit alors une véritable scène au pays des fées. Vita se tient devant la mer et l'invoque dans une incantation pleine de musique vocale étrange et belle : "Ô mer ! Mer sinistre avec ton charme colérique, mer douce avec ton baiser de mort, écoute-moi !" Et la mer répond dans une chanson. Les voix se mêlent à l'orchestre dans une symphonie de colère croissante. Vita jure qu'elle ne se donnera à personne d'autre qu'à l'Étranger. Elle lève l'émeraude au-dessus de sa tête et elle brille d'une lumière sinistre. "'Reçois, ô mer, en gage de mon serment, la pierre sacrée, la sainte émeraude ! Alors que sa puissance ne soit plus invoquée, et que nul ne connaisse plus sa vertu protectrice. Mer jalouse, reprends la tienne, la dernière offrande d'une fiancée ! D'un geste impressionnant, elle jette l'émeraude dans les vagues, et une lumière vert foncé brille soudain sur le ciel noir. Cette lumière surnaturelle se propage lentement sur l'eau jusqu'à atteindre l'horizon, et la mer commence à rouler à grandes vagues. Alors la mer reprend son chant sur un ton plus colérique ; l'orchestre tonne et l'orage éclate.

Les bateaux regagnent précipitamment la terre ferme, et l'un d'eux risque de s'écraser sur le rivage. Tout le village se rassemble pour assister au désastre ; mais les hommes refusent de risquer leur vie pour venir en aide à l'équipage naufragé. Ensuite, l'Étranger monte dans un bateau et Vita saute après lui. La rafale redouble de violence. Une vague d'une hauteur énorme déferle sur la jetée, inondant la scène d'une lumière verte éblouissante. La foule recule de peur. Il y a un silence ; et un vieux pêcheur ôte son bonnet de laine et entonne le *De Profundis*. Les villageois reprennent le chant....

On voit par ce bref exposé à quel point il s'agit d'une œuvre hétérogène. Deux ou trois mondes bien différents s'y mêlent : le réalisme des personnages bourgeois de la mère et de l'amant de Vita se mêle aux symbolismes du christianisme, représenté par l'Étranger, et au conte de fées de l'émeraude magique et des voix de l'Étranger. océan. Cette complexité, qui est assez évidente dans le poème, est encore plus évidente dans la musique, où l'on tente une union de différents arts et de différentes idées. On y retrouve l'art de la chanson populaire, l'art religieux, l'art de Wagner, l'art de Franck, ainsi qu'une note de réalisme familier (qui s'apparente à l' *opéra-bouffe italien*) et des descriptions de sensations tout à fait différentes. personnel. Comme il n'y a que deux actes courts, la rapidité de l'action ne fait qu'accentuer cette impression. Les changements sont très brusques : nous sommes précipités d'un monde d'êtres humains vers un monde d'idées abstraites, puis d'une atmosphère de religion vers un pays de fées. L'œuvre est cependant assez claire d'un point de vue musical. Plus les éléments que M. d'Indy rassemble autour de lui sont complexes, plus il est soucieux de les mettre en harmonie. C'est une tâche difficile, et elle n'est possible que lorsque les différents éléments sont réduits à leur plus simple expression et ramenés à leurs qualités fondamentales, les privant ainsi du piment de leur individualité. M. d'Indy met sur l'enclume différents styles et idées, puis les forge avec vigueur. Il est naturel que l'on voie ici et là la marque du marteau, l'empreinte de sa détermination ; mais c'est seulement par sa détermination qu'il a soudé l'œuvre en un tout solide.

C'est peut-être la détermination qui amène de temps à autre l'unité dans l'esprit de M. d'Indy. A ce propos, je m'arrêterai sur un seul point, car il est curieux et me semble d'un intérêt artistique général. M. d'Indy écrit ses propres poèmes pour ses « *actions musicales* » : l'exemple de Wagner est, semble-t-il, frappant. Nous avons vu combien l'harmonie d'une œuvre peut souffrir du double don de son auteur ; bien qu'il ait peut-être pensé à perfectionner sa composition en écrivant à la fois des paroles et de la musique. Mais les dons poétiques et musicaux d'un artiste ne sont pas forcément du même ordre. Un homme n'a pas toujours le même genre de talent dans les autres arts que dans l'art qu'il a fait sien ; je ne parle pas seulement de son habileté technique, mais aussi de son tempérament. Delacroix appartenait à l'école romantique en peinture, mais en littérature, son style était classique. Nous avons tous connu des artistes révolutionnaires dans leur propre domaine, mais conservateurs et en retard dans leurs opinions sur les autres branches de l'art. Le double don de poésie et de musique est chez M. d'Indy jusqu'à un certain point. Mais sa raison est-elle toujours en accord avec son cœur ? [163]

Bien sûr, sa nature est trop digne pour laisser la querelle se manifester ouvertement. Son cœur obéit aux ordres de sa raison, ou transige avec elle, et, en paraissant respectueux de l'autorité, sauve les apparences. Sa raison, représentée ici par le poète, aime l'action simple, réaliste et pertinente, accompagnée d'un enseignement moral, voire religieux. Son cœur, représenté par le musicien, est romantique ; et s'il le suivait jusqu'au bout, il s'égarerait vers n'importe quel sujet qui lui permettrait de s'adonner à son amour du pittoresque, comme la symphonie descriptive, ou même l'opéra ancien.

Pour ma part, je sympathise avec son cœur ; et je trouve que son cœur a raison et sa raison a tort. Il n'y a rien que M. d'Indy se soit plus approprié que l'art de peindre des paysages en musique. Il y a une page dans *Fervaal* au début de l'acte II qui évoque des sommets brumeux couverts de forêts de pins ; il y a une autre page de *L'Étranger* où l'on voit d'étranges lumières scintiller sur la mer tandis qu'une tempête couve. [164] J'aimerais voir M. d'Indy s'abandonner librement, malgré toutes les théories, à ce lyrisme descriptif, dans lequel il excelle tant ; ou je voudrais du moins qu'il s'inspire d'un sujet où ses convictions religieuses et son imagination pourraient trouver satisfaction : un sujet comme l'un des beaux épisodes de la Légende dorée, ou celui que rappelle *L'Étranger* lui-même, le romantique voyage de la Madeleine en Provence. Mais il est insensé de vouloir qu'un artiste fasse autre chose que ce qu'il aime ; il est le meilleur juge de ce qui lui plaît.

Dans ce portrait sommaire, je ne dois pas oublier l'un des plus beaux dons de ce compositeur : son talent de professeur de musique. Tout convenait à M. d'Indy pour ce rôle. Par ses connaissances et son esprit précis et ordonné, il doit être un parfait professeur de composition. Si je soumets à son analyse une question d'harmonie ou de phrasé mélodique, le résultat est l'essence d'un raisonnement clair et logique ; et si le raisonnement est un peu sec et simplifie presque trop la chose, il n'en reste pas moins très éclairant et de la main d'un maître de la prose française. Et en cela, je le trouve exerçant le même instinct constant de bon sens et de sincérité, le même art du développement, les mêmes principes de rhétorique classique des XVIIe et XVIIIe siècles qu'il applique à sa musique. En vérité, M. d'Indy pourrait écrire un *Discours musical sur le style*, s'il le voulait.

Mais il est surtout doué des qualités morales d'un enseignant : la vocation d'enseigner avant tout. Il croit fermement au devoir absolu de l'enseignement des arts et, ce qui est plus rare encore, à la vertu efficace de cet enseignement. Il partage volontiers le mépris de Tolstoï, qu'il cite parfois, à l'égard de la folie de l'art pour l'art.

« Au fond de l'art se trouve cette condition essentielle : l'enseignement. Le but de l'art n'est ni le gain ni la gloire ; le véritable but de l'art est d'enseigner, d'élever progressivement l'esprit de l'humanité ; en un mot, de servir au sens le plus élevé. — « *dienen* », comme le dit Wagner par la bouche du repentant Kundry, au troisième acte de Parsifal. [165]

Il y a là un mélange d'humilité chrétienne et d'orgueil aristocratique. M. d'Indy désire sincèrement le bien de l'humanité et il aime le peuple ; mais il les traite avec une bonté affectueuse, à la fois protectrice et tolérante ; il les considère comme des enfants qu'il faut conduire. [166]

L'art populaire qu'il prône n'est pas un art appartenant au peuple, mais celui d'une aristocratie intéressée par le peuple. Il veut les éclairer, les façonner, les diriger, par le moyen de l'art. L'art est la source de la vie ; c'est l'esprit de progrès ; il donne à l'âme le bien le plus précieux : la liberté. Et personne ne jouit plus de cette liberté que l'artiste. Dans une conférence à la *Schola* , il a déclaré :

" Ce qui fait la beauté du nom d'artiste, c'est que l'artiste est libre, absolument libre. Regardez autour de vous et dites-moi si, à ce point de vue, il y a une carrière plus belle que celle d'un artiste conscient de sa mission. ? L'armée ? La loi ? La politique ?

S'ensuit alors une appréciation assez froide de ces différents métiers.

"Il n'est pas nécessaire de mentionner la bureaucratie excessive et le officialisme qui sont le mal criant de ce pays. On retrouve partout la soumission aux règles et la servitude à l'État. Mais quel gouvernement, pape, empereur ou président pourrait obliger un artiste à penser et à écrire contre sa volonté ? La liberté, qui est la vraie richesse et l'héritage le plus précieux de l'artiste, la liberté de penser et la liberté que personne n'a le pouvoir de nous enlever, celle de faire notre travail selon les diktats. de notre conscience. »

Qui ne ressent pas la chaleur et la beauté contagieuses de ces paroles pleines d'entrain ? Comme cette force d'enthousiasme et de sincérité doit saisir tous les cœurs jeunes et avides. « Il y a deux qualités, dit M. d'Indy, à la dernière page du *Cours de composition* , qu'un maître doit tâcher d'encourager et de développer dans l'esprit de l'élève, car sans elles la science est inutile ; ces qualités sont un amour désintéressé de l'art et un enthousiasme pour le bon travail. Et ces deux vertus rayonnent de la personnalité de M. d'Indy comme de ses écrits ; c'est son pouvoir.

Mais le meilleur de son enseignement réside dans sa vie. On ne saurait trop vanter son dévouement désintéressé au bien de l'art. Comme s'il ne suffisait pas de mettre toutes ses forces dans ses propres créations, M. d'Indy donne sans compter son temps et le résultat de ses études aux autres. Franck donnait des cours pour pouvoir vivre ; M. d'Indy les donne pour le plaisir d'instruire, et pour servir son art et aider les artistes. Il dirige les écoles, accepte et recherche presque les enseignements les plus ingrats, quoique les plus nécessaires. Ou bien il s'appliquera avec dévotion à l'étude du passé et à la réanimation de quelque vieux maître. Et il semble prendre tellement de plaisir à entraîner de jeunes esprits à apprécier la musique, ou à réparer les injustices de l'histoire envers un musicien remarquable mais oublié, qu'il s'oublie presque lui-même. A quelle œuvre ou à quel ouvrier, digne d'intérêt ou paraissant l'être, a-t-il jamais refusé ses conseils et son aide ? J'ai personnellement connu sa gentillesse et je lui en serai toujours sincèrement reconnaissant.

Son dévouement et sa foi n'ont pas été vains. Le nom de M. d'Indy sera associé dans l'histoire, non seulement aux belles œuvres, mais aux grandes œuvres : à la *Société Nationale de Musique* , dont il est président ; avec la *Schola Cantorum* , qu'il a fondée avec Charles Bordes, et qu'il dirige ; avec la jeune école de musique française, un groupe d'artistes et d'innovateurs habiles, dont il est une sorte de frère aîné, les encourageant par son exemple et les aidant à traverser les premières années difficiles de lutte ; et enfin avec un réveil de la musique en Europe, avec un mouvement qui, après la mort de Wagner et de Franck, attira l'intérêt du monde par sa renaissance de l'art du Moyen Âge et de la Renaissance. M. d'Indy a été le principal représentant de toute cette évolution artistique en France. Par ses actes, par son exemple et par son esprit, il fut parmi les premiers à susciter aujourd'hui l'intérêt pour l'éducation musicale de la France. Il a fait plus pour le progrès de notre musique que l'ensemble de l'enseignement officiel des Conservatoires. Un jour viendra où, par la force des choses et malgré toutes les résistances, un tel homme prendra la place qui lui appartient à la tête de l'organisation de la musique en France.

J'ai essayé de découvrir les traits les plus forts de M. d'Indy, et je crois les avoir trouvés dans sa foi et dans son activité, je ne connais que trop les embûches qui m'ont assailli dans cette tentative ; il est toujours difficile de critiquer la personnalité d'un homme, et c'est encore plus difficile lorsqu'il est vivant et encore en pleine évolution. Chaque homme est un mystère, non seulement pour les autres, mais pour lui-même. Il y a quelque chose de très présomptueux à prétendre connaître quelqu'un qui ne se connaît pas bien lui-même. Et pourtant on ne peut pas vivre sans se faire une opinion ; c'est une nécessité de la vie. Les gens que nous voyons et connaissons (ou disons que nous connaissons), nos amis et ceux que nous aimons ne sont jamais ce que nous pensons. Souvent, ils ne ressemblent pas du tout au portrait que nous évoquons ; car nous marchons parmi les fantômes de nos cœurs. Mais il faut quand même continuer à avoir des opinions, continuer à construire et à créer des choses, si l'on ne veut pas devenir impuissant par inertie. L'erreur vaut mieux que le doute, à condition que nous nous trompions de bonne foi ; et l'essentiel est d'exprimer ce que l'on ressent et croit réellement. J'espère que M. d'Indy me pardonnera si je me suis beaucoup trompé, et qu'il verra dans ces pages un effort sincère pour le comprendre et une vive sympathie pour lui-même et même pour ses idées, que je ne partage pas toujours. eux. Mais j'ai toujours pensé que dans la vie, les opinions d'un homme comptent très peu et que la seule chose qui compte, c'est l'homme lui-même. La liberté d'esprit est le plus grand bonheur qu'on puisse connaître ; il faut regretter ceux qui ne l'ont pas. Et il y a un plaisir secret à rendre hommage à la splendide croyance d'autrui, même si c'est une croyance que nous ne professons pas nous-mêmes.

RICHARD STRAUSS

Le compositeur de *Heldenleben* n'est plus un inconnu des Parisiens. Chaque année, chez Colonne ou Chevillard, on voit réapparaître sa silhouette haute et mince dans le pupitre du chef d'orchestre. Le voilà avec ses gestes brusques et impérieux, son visage pâle et anxieux, ses yeux merveilleusement clairs, agités et pénétrants à la fois, sa bouche en forme d'enfant, sa moustache si blonde qu'elle en est presque blanche et ses cheveux bouclés qui poussent. comme une couronne au-dessus de son front haut et rond.

Je voudrais essayer de dessiner ici la personnalité étrange et saisissante de celui qui, en Allemagne, est considéré comme l'héritier du génie de Wagner, celui qui a eu l'audace d'écrire, après Beethoven, une Symphonie héroïque et de s'imaginer le héros. .

Richard Strauss a trente-quatre ans. [167] Il est né à Munich le 11 juin 1864. Son père, virtuose bien connu, était premier cor de l'orchestre royal et sa mère était une fille du brasseur Pschorr. Il a grandi dans un environnement musical. À quatre ans, il jouait du piano, et à six ans, il composait de petites danses, *des Lieder*, des sonates et même des ouvertures pour l'orchestre. Peut-être cette extrême précocité artistique a-t-elle eu quelque chose à voir avec le caractère fébrile de ses talents, en maintenant ses nerfs en tension et en excitant indûment son esprit. À l'école, il composa des chœurs pour certaines tragédies de Sophocle. En 1881, Hermann Levi fait interpréter par son orchestre une des symphonies du jeune collégien. À l'université, il consacrait son temps à l'écriture de musique instrumentale. Puis Bülow et Radecke le firent jouer à Berlin ; et Bülow, qui l'aimait beaucoup, le fit amener à Meiningen comme *directeur musical*. De 1886 à 1889, il occupe le même poste au *Hoftheater* de Munich. De 1889 à 1894, il fut *Kapellmeister* au *Hoftheater* de Weimar. Il retourna à Munich en 1894 en tant que *Hofkapellmeister* et succéda à Hermann Levi en 1897. Finalement, il quitte Munich pour Berlin, où il dirige actuellement l'orchestre de l'Opéra Royal.

Deux choses sont particulièrement à noter dans sa vie : l'influence d'Alexander Ritter — à qui il témoigne beaucoup de gratitude — et ses voyages dans le sud de l'Europe. Il fit la connaissance de Ritter en 1885. Ce musicien était le neveu de Wagner et est décédé il y a quelques années. Sa musique est pratiquement inconnue en France, bien qu'il ait écrit deux opéras célèbres, *Fauler Hans* et *Wem die Krone* ? et fut le premier compositeur, selon Strauss, à introduire les méthodes wagnériennes dans le *Lied*. Il est souvent évoqué dans les lettres de Bülow et de Liszt. "Avant de le rencontrer", dit Strauss, "j'avais été élevé selon des principes strictement classiques ; je vivais entièrement de Haydn, Mozart et Beethoven, et je venais d'étudier

Mendelssohn, Chopin, Schumann et Brahms. C'est pour C'est à Ritter seul que je dois ma connaissance de Liszt et de Wagner ; c'est lui qui m'a montré l'importance des écrits et des œuvres de ces deux maîtres dans l'histoire de l'art. C'est lui qui, par des années de leçons et de bons conseils, a fait de moi un. musicien du futur (*Zukunftsmusiker*), et j'ai mis les pieds sur un chemin où je peux désormais marcher sans aide et seul. C'est lui aussi qui m'a initié à la philosophie de Schopenhauer.

La seconde influence, celle du Sud, date d'avril 1886 et semble avoir laissé sur Strauss une impression indélébile. Il visite Rome et Naples pour la première fois et revient avec une fantaisie symphonique intitulée *Aus Italien* . Au printemps 1892, après une grave crise de pneumonie, il voyagea pendant un an et demi en Grèce, en Égypte et en Sicile. La tranquillité de ces pays favorisés lui inspirait un regret sans fin. Le Nord le déprime depuis, « la grisaille éternelle du Nord et ses ombres fantômes sans soleil ». [168] Quand je l'ai vu à Charlottenburg, par une froide journée d'avril, il m'a dit avec un soupir qu'il ne pouvait rien composer en hiver et qu'il aspirait à la chaleur et à la lumière de l'Italie. Sa musique est infectée par ce désir ; et on sent combien son esprit souffre dans les ténèbres de l'Allemagne et aspire toujours aux couleurs, aux rires et à la joie du Sud.

Comme le musicien dont rêvait Nietzsche [169] , il semble « entendre résonner à ses oreilles le prélude d'une musique plus profonde et plus forte, peut-être une musique plus capricieuse et plus mystérieuse ; une musique sur-allemande qui, contrairement à d'autres musiques », , ne mourrait pas, ne pâlirait pas, ne s'émousserait pas à côté de la mer bleue et dévergondée et du ciel clair de la Méditerranée ; une musique super-européenne, qui résisterait même aux sombres couchers de soleil du désert, une musique dont l'âme est semblable ; aux palmiers ; une musique qui sait vivre et se déplacer parmi de grandes bêtes de proie, belles et solitaires ; une musique dont le charme suprême est son ignorance du bien et du mal. Seulement de temps en temps peut-être survolerait-elle le désir. du marin pour foyer, ombres dorées et douces faiblesses ; et vers lui viendraient de loin les mille teintes du décor d'un monde moral que les hommes ne comprenaient plus et à ces fugitifs attardés il étendrait son hospitalité et sa sympathie ; " Mais c'est toujours le Nord, la mélancolie du Nord, et « toute la tristesse des hommes », l'angoisse mentale, la pensée de la mort et la tyrannie de la vie, qui viennent alourdir de nouveau son esprit avide de lumière et de force. cela en spéculations fébriles et en disputes amères. C'est peut-être mieux ainsi.

Richard Strauss est à la fois poète et musicien. Ces deux natures vivent ensemble en lui, et chacune s'efforce de prendre le dessus sur l'autre. L'équilibre n'est pas toujours bien maintenu ; mais quand il réussit à le conserver par la seule force de sa volonté, l'union de ces deux talents, dirigés vers le même but, produit un effet plus puissant qu'aucun autre connu depuis l'époque de Wagner. Les deux natures prennent leur source dans un esprit rempli de pensées héroïques – une possession plus rare, à mon avis, que le talent pour la musique ou la poésie. Il y a d'autres grands musiciens en Europe ; mais Strauss est bien plus qu'un grand musicien, car il est capable de créer un héros.

Quand on parle de héros, on pense au drame. L'art dramatique est omniprésent dans la musique de Strauss, même dans les œuvres qui lui semblent les moins adaptées, comme ses *Lieder* et ses compositions de musique pure. Cela est particulièrement évident dans ses poèmes symphoniques, qui constituent la partie la plus importante de son œuvre. Ces poèmes sont : *Wanderers Sturmlied* (1885), *Aus Italien* (1886), *Macbeth* (1887), *Don Juan* (1888), *Tod und Verklärung* (1889), *Guntram* (1892-93), *Till Eulenspiegel* (1894), *Also sprach Zarathustra* (1895), *Don Quichotte* (1897) et *Heldenleben* (1898). [170]

Je ne dirai pas grand-chose des quatre premières œuvres, où se dessinent l'esprit et la manière de l'artiste. Les *Vagabonds Sturmlied* (chant d'un voyageur pendant une tempête, op. 14) est un sextette vocal avec accompagnement orchestral, dont le sujet est tiré d'un poème de Goethe. Il a été écrit avant que Strauss ne rencontre Ritter, et sa construction est à la manière de Brahms et montre une pensée et un style plutôt affectés. *Aus Italien* (op. 16) est une image exubérante des impressions de sa tournée en Italie, des ruines de Rome, du bord de mer de Sorrente et de la vie du peuple italien. *Macbeth* (op. 23) nous offre une série plutôt banale d'interprétations musicales de sujets poétiques. *Don Juan* (op. 20) est beaucoup plus beau et traduit le poème de Lenau en musique avec une vigueur grandiloquente, nous montrant le héros qui rêve de saisir toute la joie du monde, et comment il échoue et meurt après avoir perdu foi en tout. .

Tod und Verklärung (« Mort et transfiguration », op. 24 [171]) marque un progrès considérable dans la pensée et le style de Strauss. C'est toujours l'une des œuvres les plus émouvantes de Strauss, et celle qui est conçue avec la plus parfaite unité. Il s'inspire d'un poème d'Alexander Ritter et je vais vous donner une idée de son sujet.

Dans une chambre misérable, éclairée uniquement par une veilleuse, un malade est alité. La mort s'approche de lui au milieu d'un silence effrayant. Le malheureux semble parfois errer dans son esprit et trouver du réconfort dans ses souvenirs passés. Sa vie défile sous ses yeux : son enfance innocente, sa jeunesse heureuse, les luttes de l'âge mûr et ses efforts pour atteindre le but splendide de ses désirs, qui lui échappe toujours. Il avait lutté toute sa vie vers ce but, et il croyait enfin qu'il était à sa portée, lorsque la Mort, d'une voix de tonnerre, crie tout à coup : « Stop ! Et même maintenant, dans son agonie, il lutte désespérément, déterminé à réaliser son rêve ; mais la main de la Mort écrase la vie de son corps, et la nuit avance. Alors retentit dans les cieux la promesse de ce bonheur qu'il avait vainement cherché sur terre : la Rédemption et la Transfiguration.

Les amis de Richard Strauss protestèrent vigoureusement contre cette fin orthodoxe ; et Seidl, [171a] Jorisenne, [171b] et Wilhelm Mauke [171c] prétendaient que le sujet était quelque chose de plus élevé, qu'il s'agissait de la lutte éternelle de l'âme contre son moi inférieur et de sa délivrance au moyen de l'art. Je n'entrerai pas dans cette discussion, même si je pense qu'un symbolisme aussi froid et banal est bien moins intéressant que la lutte contre la mort, que l'on ressent dans chaque note de la composition. C'est une œuvre classique, comparativement parlant ; large et majestueux et presque comme celui de Beethoven dans son style. Le réalisme du sujet dans les hallucinations du mourant, les frissons de la fièvre, les battements des veines et l'agonie désespérée, est transfiguré par la pureté de la forme dans laquelle il est moulé. C'est du réalisme à la manière de la symphonie en do mineur, où Beethoven discute avec le Destin. Même si toute suggestion de programme est supprimée, la symphonie reste néanmoins intelligible et impressionnante par l'expression harmonieuse de ses sentiments.

De nombreux musiciens allemands pensent que Strauss a atteint le point culminant de son œuvre dans *Tod und Verklärung* . Mais je suis loin d'être d'accord avec eux, et je crois moi-même que son art s'en est énormément développé. Il est vrai que c'est le sommet d'une période de sa vie, contenant l'essence de tout ce qu'elle a de meilleur ; mais *Heldenleben* marque la seconde période et en est la pierre angulaire. Comme la force et la plénitude de ses sentiments ont grandi depuis cette première période ! Mais il n'a jamais retrouvé la pureté d'âme délicate et mélodieuse et la grâce juvénile de son œuvre antérieure, qui brillent encore dans *Guntram* , puis s'effacent.

Strauss met en scène les drames de Wagner à Weimar depuis 1889. Tout en respirant leur atmosphère, il se tourne vers le théâtre et écrit le livret de son opéra *Guntram* . La maladie interrompit son travail et il se trouvait en Égypte lorsqu'il le reprit. La musique du premier acte a été écrite entre décembre 1892 et février 1893, lors d'un voyage entre le Caire et Louxor ; le deuxième acte fut achevé en juin 1893, en Sicile ; et le troisième acte au début de septembre 1893, en Bavière. Il n'y a cependant aucune trace d'ambiance orientale dans cette musique. On retrouve plutôt les mélodies de l'Italie, le reflet d'une lumière douce, et un calme résigné. J'y sens l'esprit alangui du convalescent, presque le cœur d'une jeune fille dont les larmes sont prêtes à couler, même si elle sourit un peu à ses propres rêves tristes. Il me semble que Strauss doit avoir une affection secrète pour cette œuvre, qui doit son inspiration aux impressions indéfinissables de la convalescence. Sa fièvre s'y endormit, et certains passages sont pleins de la caresse de la nature et rappellent *Les Troyens de Berlioz* . Mais trop souvent, la musique est superficielle et conventionnelle, et la tyrannie de Wagner se fait sentir – un phénomène assez rare dans les autres œuvres de Strauss. Le poème est intéressant ; Strauss y a investi une grande partie de lui-même, et l'on est conscient de la crise qui a ébranlé ses idées larges, mais souvent satisfaites d'elles-mêmes et incohérentes.

Strauss avait lu une étude historique sur un ordre de *Minnesänger* et de mystiques, fondé en Autriche au Moyen Âge pour lutter contre la corruption de l'art et pour sauver les âmes par la beauté du chant. Ils s'appelaient eux-mêmes *Streiter der Liebe* (« Guerriers de l'Amour »). Strauss, qui était alors imprégné des idées néo-chrétiennes et de l'influence de Wagner et de Tolstoï, se laissa emporter par le sujet et prit Guntram du *Streiter der Liebe* et en fit son héros.

L'action se déroule au XIIIe siècle, en Allemagne. Le premier acte nous donne une clairière près d'un petit lac. Les gens des campagnes se révoltent contre les nobles et viennent d'être repoussés. Guntram et son maître Friedhold distribuent l'aumône entre eux, et la bande d'hommes vaincus s'enfuit alors dans les bois. Resté seul, Guntram commence à méditer sur les délices du printemps et l'éveil innocent de la nature. Mais la pensée de la misère que cache sa beauté lui pèse. Il pense au mal des hommes, à la souffrance humaine et à la guerre civile. Il rend grâce au Christ de l'avoir conduit dans ce malheureux pays, embrasse la croix et décide d'aller à la cour du tyran qui est la cause de tous les ennuis, et de lui faire connaître la révélation divine. À ce moment-là, Freihild apparaît. Elle est l'épouse du duc Robert, qui est le plus cruel de tous les nobles, et elle est horrifiée par tout ce qui se passe autour d'elle ; la vie lui semble odieuse et elle souhaite se noyer. Mais Guntram l'en empêche ; et la pitié que sa beauté et ses ennuis avaient d'abord suscitée se transforme inconsciemment en amour lorsqu'il la reconnaît comme la princesse bien-aimée et l'unique bienfaitrice du malheureux peuple. Il lui dit que Dieu l'a envoyé vers elle pour son salut. Puis il se rend au château, où il se croit envoyé avec la double mission de sauver le peuple — et Freihild.

Au deuxième acte, les princes célèbrent leur victoire au château du duc. Après quelques propos pompeux de la part du *Minnesänger officiel* , Guntram est invité à chanter. Découragé d'avance par la méchanceté de son public, et sentant qu'il ne peut chanter en vain, il hésite et s'apprête à les quitter. Mais la tristesse de Freihild le retient et il chante pour elle. Son chant est d'abord calme et mesuré, et exprime la mélancolie qui l'habite au milieu d'une fête qui célèbre le pouvoir triomphant. Il se perd alors dans ses rêves et voit la douce figure de la Paix se déplacer parmi la compagnie. Il la décrit avec amour et avec une tendresse juvénile, qui frôle l'extase lorsqu'il dresse le tableau de la vie idéale de l'humanité libérée. Puis il peint la guerre et la mort, ainsi que le désordre et les ténèbres qu'elles répandent sur le monde. Il s'adresse directement au Prince ; il lui montre son devoir, et comment l'amour de son peuple serait sa récompense ; il le menace de la haine des malheureux poussés au désespoir ; et enfin il engage les nobles à reconstruire les villes, à libérer leurs prisonniers et à venir en aide à leurs sujets. Sa chanson se termine dans la profonde émotion de son public. Le duc Robert, sentant le danger de ces paroles franches, ordonne à ses hommes de s'emparer du chanteur ; mais les vassaux se rangent du côté de Guntram. C'est alors qu'on apprend que les paysans ont repris l'attaque. Robert appelle ses hommes aux armes, mais Guntram, qui sent qu'il sera soutenu par son entourage, ordonne l'arrestation de Robert. Le duc tire son épée, mais Guntram le tue. Puis un changement soudain se produit dans l'esprit de Guntram, qui est expliqué dans le troisième acte. Dans la scène qui suit, il ne dit rien, son épée lui tombe des mains et il laisse ses ennemis reprendre leur autorité sur la foule ; il se laisse lier et conduire en prison, tandis que la bande des nobles se disperse bruyamment pour lutter contre les rebelles. Mais Freihild est pleine d'une joie simple et presque sauvage à l'idée d'être délivrée par l'épée de Guntram. L'amour pour Guntram remplit son cœur et son seul désir est de le sauver.

Le troisième acte se déroule dans la prison du château ; et c'est un acte surprenant, incertain et très curieux. Ce n'est pas le résultat logique de l'action qui l'a précédé. On sent un brusque bouleversement dans les idées du poète, une crise de sentiment qui l'a troublé au moment même où il écrivait, et une difficulté qu'il n'a pas réussi à résoudre. La lumière nouvelle vers laquelle il commençait à se diriger apparaît très clairement. Strauss était trop avancé dans la composition de son œuvre pour échapper au renoncement néo-chrétien qui devait achever le drame ; il n'aurait pu éviter cela qu'en remodelant complètement ses personnages. Guntram rejette donc l'amour de Freihild. Il voit qu'il est tombé, comme les autres, sous la malédiction du péché. Il avait prêché la charité aux autres alors que lui-même était plein d'égoïsme ; il avait tué Robert plutôt pour satisfaire sa jalousie instinctive et animale que pour délivrer le peuple d'un tyran. Il renonce donc à ses désirs et expie le péché d'être en vie en se retirant du monde. Mais l'intérêt de l'acte ne réside pas dans ce *dénouement anticipé*, devenu assez courant depuis *Parsifal* ; il réside dans une autre scène, qui a évidemment été insérée au dernier moment, et qui est inconfortablement en désaccord avec l'action, quoique d'une manière singulièrement grandiose. Cette scène nous donne un dialogue entre Guntram et son ancien compagnon, Friedhold. [172]

Friedhold l'avait initié autrefois, et il vient maintenant lui reprocher son crime et le traduire devant l'Ordre qui le jugera. Dans la version originale du poème,

Guntram s'exécute et sacrifie sa passion à son vœu. Mais alors que Strauss voyageait en Orient, il avait conçu une soudaine horreur de cet anéantissement chrétien de la volonté, et Guntram se révolte avec lui et refuse de se soumettre aux règles de son Ordre. Il brise son luth, symbole d'un faux espoir dans la rédemption de l'humanité par la foi, et se réveille des rêves glorieux auxquels il croyait, car il voit que ce sont des ombres dispersées par la lumière de la vie réelle. Il n'abjure pas ses anciens vœux ; mais il n'est plus le même homme qu'il était lorsqu'il les a fabriqués. Même si son expérience était immature, il était capable de croire qu'un homme devait se soumettre à des règles et que la vie devait être régie par des lois. Une seule heure l'a éclairé. Il est désormais libre et seul, seul avec son esprit. "Moi seul peux alléger ma souffrance ; moi seul peux expier mon crime. Par moi seul Dieu me parle ; à moi seul Dieu parle. *Ewig einsam*." C'est le réveil fier de l'individualisme, le pessimisme puissant du Surhomme. Une telle expression du sentiment donne le caractère d'action au renoncement et même à la négation elle-même, car elle est une forte affirmation de la volonté.

Je me suis assez longuement attardé sur ce drame en raison de la valeur réelle de sa pensée et surtout en raison de ce qu'on peut appeler son intérêt autobiographique. C'est à cette époque que l'esprit de Strauss commença à prendre une forme plus précise. Son expérience ultérieure développera encore davantage cette forme, mais sans y apporter de changement important.

Guntram fut la cause d'une amère déception pour son auteur. Il ne réussit pas à la faire produire à Munich, car l'orchestre et les chanteurs déclarèrent que la musique ne pouvait pas être interprétée. On raconte même qu'ils firent rédiger par un éminent critique un document formel, qu'ils envoyèrent à Strauss, certifiant que *Guntram* n'était pas destiné à être chanté. La principale difficulté était la longueur de la partie principale, qui occupait à elle seule, dans ses réflexions et ses discours, l'équivalent d'un acte et demi. Certains de ses monologues, comme la chanson du deuxième acte, durent une demi-heure entière. *Guntram fut* néanmoins joué à Weimar le 16 mai 1894. Peu de temps après, Strauss épousa la chanteuse qui jouait Freihild, Pauline de Ahna, qui avait également créé Elizabeth dans *Tannhäuser* à Bayreuth et qui se consacre depuis à l'interprétation de son œuvre. *les Lieder* du mari .

Mais la rancune de son échec au théâtre demeurait chez Strauss, et il tourna de nouveau son attention vers le poème symphonique, dans lequel il montra des tendances dramatiques de plus en plus marquées et une âme de plus en plus fière et méprisante. Il faut l'entendre parler avec un froid dédain du public du théâtre — « cette assemblée de banquiers, de commerçants et de misérables chercheurs de plaisir » — pour connaître la plaie que cache cet artiste triomphant. Car non seulement le théâtre lui fut longtemps fermé, mais, par une ironie supplémentaire, il fut obligé de diriger des bêtises musicales à l'opéra de Berlin, à cause du mauvais goût pour la musique – en réalité d'origine royale – qui y régnait.

La première grande symphonie de cette nouvelle période fut *la Lustige Streiche de Till Eulenspiegel, nach alter Schelmenweise, en Rondeauform* (« Les joyeuses farces d'Eulenspiegel , selon une vieille légende, en forme de rondeau »), op. 28. [173] Ici, son dédain ne s'exprime encore que par des plaisanteries pleines d'esprit, qui se moquent des conventions du monde. Cette figure de Till, ce diable de farceur, héros légendaire de l'Allemagne et des Flandres, est peu connue chez nous en France. Ainsi, la musique de Strauss perd beaucoup de son intérêt, car elle prétend rappeler une série d'aventures dont nous ne savons rien : jusqu'à traverser la place du marché et frapper de son fouet les bonnes femmes qui s'y trouvent ; Jusqu'à ce qu'en tenue sacerdotale, il prononce un sermon chaleureux ; Jusqu'à faire l'amour avec une jeune femme qui le rebute ; Jusqu'à ridiculiser les pédants ; Jusqu'à ce que j'aie essayé et accroché. Le goût de Strauss de présenter, par des images musicales, tantôt un personnage, tantôt un dialogue, ou une situation, ou un paysage, ou une idée, c'est-à-dire les impressions les plus volatiles et les plus variées de son esprit capricieux, est ici très marqué. Il est vrai qu'il s'appuie sur plusieurs sujets populaires, dont le sens serait très facilement saisi en Allemagne ; et qu'il les développe, non pas tout à fait sous la forme stricte d'un rondeau, comme il le prétend, mais néanmoins avec une certaine méthode, de sorte qu'à part quelques ébats inintelligibles sans programme, l'ensemble a une véritable unité musicale. Cette symphonie, très appréciée en Allemagne, me paraît moins originale que certaines de ses autres compositions. Cela ressemble plutôt à un morceau raffiné de Mendelssohn, avec des harmonies curieuses et une instrumentation très compliquée.

Il y a beaucoup plus de grandeur et d'originalité dans son *Also sprach Zarathustra, Tondichtung frei, nach Nietzsche* (« Ainsi parla Zarathoustra, un poème tonique libre, d'après Nietzsche »), op. 30. [174] Ses sentiments sont plus largement humains, et le programme suivi par Strauss ne se perd jamais dans des détails pittoresques ou anecdotiques, mais est planifié selon des lignes expressives et nobles. Strauss proteste contre sa propre liberté face à celle de Nietzsche. Il souhaite représenter les différentes étapes de développement que traverse un esprit libre pour arriver à celui de Super-homme. Ces idées sont purement personnelles et ne font pas partie d'un système philosophique. Les sous-titres de l'ouvrage sont : *Von den Hinterweltern* ("Des idées religieuses"), *Von der grossen Sehnsucht* ("De l'aspiration suprême"), *Von den Freuden und Leidenschaften* ("Des joies et des passions"), *Das Grablied* ("Des joies et des passions"). La chanson grave"), *Von der Wissenschaft* ("De la connaissance"), *Der Genesende* ("Le convalescent"

- l'âme délivrée de ses désirs), *Das Tanzlied* ("Chanson dansante"), *Nachtlied* ("Chanson de la nuit"). On nous montre un homme qui, épuisé à force de tenter de résoudre l'énigme de l'univers, cherche refuge dans la religion. Alors il se révolte contre les idées ascétiques, et se livre follement à ses passions. Mais il est vite rassasié et dégoûté et, las à mort, il s'essaye à la science, mais la rejette à nouveau, et parvient à se débarrasser du malaise que lui apporte sa connaissance par le rire, maître de l'univers, et la joyeuse danse, cette danse des l'univers où tous les sentiments humains entrent main dans la main : croyances religieuses, désirs insatisfaits, passions, dégoût et joie. "Élevez votre cœur très haut, mes frères ! Plus haut encore ! Et n'oubliez pas vos jambes ! J'ai canonisé le rire. Vous surhommes, apprenez à rire !" [175] Et la danse s'éteint et se perd dans les régions éthérées, et Zarathoustra se perd de vue en dansant dans des mondes lointains. Mais s'il a résolu l'énigme de l'univers pour lui-même, il ne l'a pas résolu pour les autres hommes ; et ainsi, contrairement à la connaissance confiante qui imprègne la musique, nous obtenons la triste note d'interrogation à la fin.

Rares sont les sujets qui offrent un matériau plus riche pour l'expression musicale. Strauss l'a traité avec puissance et dextérité ; il a conservé l'unité dans ce chaos des passions, en opposant le *Sehnsucht* de l'homme à la force impassible de la Nature. Quant à l'audace de ses conceptions, je n'ai guère besoin de rappeler à ceux qui ont entendu le poème du Cirque d'été la complexe « Fugue du savoir », les trilles du vent des bois et les trompettes qui expriment le rire de Zarathoustra, la danse des l'univers, et l'audace de la conclusion qui, dans la tonalité de si majeur, se termine par une note d'interrogation, en do naturel, répétée trois fois.

Je suis loin de penser que la symphonie soit irréprochable. Les thèmes sont de valeur inégale : certains sont assez banals ; et, d'une manière générale, l'élaboration de la composition est supérieure à la pensée qui la sous-tend. Je reviendrai plus tard sur certains défauts de la musique de Strauss ; ici je veux seulement considérer la vie débordante et la joie fiévreuse qui font tourner ces mondes.

Zarathoustra montre les progrès de l'individualisme méprisant chez Strauss : « l'esprit qui hait les chiens du peuple et toute cette race avortée et sombre ; l'esprit du rire sauvage qui danse comme une tempête aussi gaiement sur les marais et la tristesse que dans les champs ». " [176] Cet esprit se moque de lui-même et de son idéalisme dans le *Don Quichotte* de 1897, *fantastische Variationen uber ein Thema ritterlichen Charakters* (« Don Quichotte, variations fantastiques sur un thème de caractère chevaleresque »), op. 35 ; et cette symphonie marque, je pense, le point extrême jusqu'où peut être poussée la musique à programme. Dans aucun autre ouvrage, Strauss ne donne une meilleure preuve de son habileté, de son intelligence et de son esprit prodigieux ; et je dis sincèrement qu'il n'y a pas d'ouvrage où tant de force soit dépensée avec une si grande perte pour un jeu et une plaisanterie musicale qui dure quarante-cinq minutes et qui a donné à l'auteur, aux exécutants et au public beaucoup de travail fatiguant. Ces poèmes symphoniques sont des plus difficiles à jouer à cause de la complexité, de l'indépendance et des caprices fantastiques des différentes parties. Jugez par vous-même de ce que l'auteur espère tirer de la musique par ces quelques extraits du programme :

L'introduction représente Don Quichotte enfoui dans des livres de romance chevaleresque ; et il faut voir dans la musique, comme dans les petits tableaux flamands et hollandais, non seulement les traits de Don Quichotte, mais les paroles des livres qu'il lit. Parfois c'est l'histoire d'un chevalier qui redresse un géant, parfois les aventures d'un chevalier errant qui s'est consacré aux services d'une dame, parfois c'est un noble qui a donné sa vie pour accomplir son vœu d'expiation. pour ses péchés. L'esprit de Don Quichotte devient confus (et le nôtre avec lui) à cause de toutes ces histoires ; il est assez distrait. Il quitte la maison en compagnie de son écuyer. Les deux personnages sont dessinés avec beaucoup d'esprit ; l'un est un vieil Espagnol raide, languissant, méfiant, un peu poète, un peu indécis dans ses opinions mais obstiné une fois sa décision prise ; l'autre est un gros paysan jovial, un garçon rusé, habitué à se répéter de façon farfelue et à citer des proverbes drôles, traduits en musique par des phrases courtes qui reviennent toujours au point de départ. Les aventures commencent. Voici les moulins à vent (trilles des violons et vent de bois) et l'armée bêlante du grand empereur Alifanfaron (trémolos du vent de bois) ; et voici, dans la troisième variante, un dialogue entre le chevalier et son écuyer, d'où l'on devine que Sancho interroge son maître sur les avantages d'une vie chevaleresque, car ils lui semblent douteux. Don Quichotte lui parle de gloire et d'honneur ; mais Sancho n'y pense pas. En réponse à ces grands mots, il insiste sur la supériorité des profits sûrs, des repas copieux et de l'argent solide. Puis les aventures recommencent. Les deux compagnons volent dans les airs sur des chevaux de bois ; et l'illusion de ce voyage vertigineux est donnée par des passages chromatiques aux flûtes, aux harpes, aux timbales et à une « machine à vent », tandis que « le trémolo des contrebasses sur la tonique montre que les chevaux n'ont jamais quitté la terre ». [177]

Mais je dois arrêter. J'en ai dit assez pour montrer à quel point l'auteur s'amuse. Lorsqu'on entend l'œuvre, on ne peut s'empêcher d'admirer les connaissances techniques du compositeur, son talent d'orchestration et son sens de l'humour. Et on est d'autant plus surpris qu'il se borne à l'illustration de textes [178] alors qu'il est si capable de créer du comique et du dramatique sans cela. Bien que *Don Quichotte* soit une merveille d'habileté et une œuvre très merveilleuse, dans laquelle Strauss a développé un style plus souple et plus riche, cela marque, à mon avis, un progrès dans sa technique et un recul dans son esprit, car il semble avoir adopta les conceptions décadentes d'un art adapté aux jouets et aux bibelots pour plaire à une société frivole et affectée.

Dans *Heldenleben* (« La vie d'un héros »), op. 40, [179] il se reprend, et d'un coup d'ailes atteint les sommets. Ici, il n'y a pas de texte étranger à étudier, à illustrer ou à transcrire pour la musique. Au lieu de cela, il y a une passion élevée et une volonté héroïque qui se développe progressivement et brise tous les obstacles. Strauss avait sans doute un programme en tête, mais il me dit lui-même : « Vous n'avez pas besoin de le lire. Il suffit de savoir que le héros est là en train de lutter contre ses ennemis. Je ne sais pas dans quelle mesure cela est vrai, ni si des parties de la symphonie ne seraient pas assez obscures pour quiconque la suivrait sans le texte ; mais ce discours semble prouver qu'il a compris les dangers de la symphonie littéraire et qu'il aspire à la musique pure.

Heldenleben est divisé en six chapitres : Le héros, Les adversaires du héros, Le compagnon du héros, Le champ de bataille, Les travaux paisibles du héros, La retraite du héros du monde et la réalisation de son idéal. C'est une œuvre extraordinaire, ivre d'héroïsme, colossale, à moitié barbare, triviale et sublime. Un héros homérique se débat parmi les ricanements d'une foule stupide, un troupeau de nigauds bagarreurs et boitillants. Un solo de violon, dans une sorte de concerto, décrit les séductions, la coquetterie et la méchanceté dégradée de la femme. Puis des coups de trompette stridents sonnent l'attaque ; et il m'est impossible de donner une idée de la terrible charge de cavalerie qui s'ensuit, qui fait trembler la terre et faire bondir nos cœurs ; je ne peux pas non plus décrire comment une détermination de fer conduit à la prise des villes, et à tout le vacarme et le tumulte tumultueux de la bataille – la bataille la plus splendide qui ait jamais été peinte en musique. Lors de sa première représentation en Allemagne, j'ai vu les gens trembler en l'écoutant, et certains se sont levés brusquement et ont fait des gestes violents tout à fait inconsciemment. J'éprouvais moi-même un étrange vertige, comme si un océan se soulevait, et je pensais que, pour la première fois depuis trente ans, l'Allemagne avait trouvé un poète de la Victoire.

Heldenleben serait en tout point un des chefs-d'œuvre de la composition musicale si une erreur littéraire n'avait brusquement interrompu l'envolée de ses pages les plus passionnées, au point suprême d'intérêt du mouvement, pour en suivre le programme ; mais à côté de cela, une certaine froideur, peut-être une certaine lassitude, s'installe vers la fin. Le héros victorieux s'aperçoit qu'il a vaincu en vain : la bassesse et la bêtise des hommes sont restées inchangées. Il étouffe sa colère et accepte la situation avec mépris. Puis il cherche refuge dans le calme de la Nature. La force créatrice en lui s'exprime dans des œuvres imaginatives ; et ici Richard Strauss, avec une audace que seul son génie justifie, représente ces œuvres par des réminiscences de ses propres compositions, et *Don Juan, Macbeth, Tod und*

Verklärung, Till, Zarathustra, Don Quichotte, Guntram et même ses *Lieder* s'y associent. avec le héros dont il raconte l'histoire. Parfois une tempête rappellera à ce héros ses combats ; mais il se souvient aussi de ses moments d'amour et de bonheur, et son âme est apaisée. Puis la musique se déroule sereinement, et s'élève avec une force calme jusqu'à l'accord final du triomphe, qui se pose comme une couronne de gloire sur la tête du héros.

Il ne fait aucun doute que les idées de Beethoven ont souvent inspiré, stimulé et guidé les propres idées de Strauss. On sent un reflet indescriptible du premier *Héroïque* et de l' *Ode à la joie* dans le ton de la première partie (mi bémol) ; et la dernière partie rappelle, avec plus de force encore, certains *Lieder* de Beethoven . Mais les héros des deux compositeurs sont très différents : le héros de Beethoven est plus classique et plus rebelle ; et le héros de Strauss s'intéresse davantage au monde extérieur et à ses ennemis, ses conquêtes se font plus difficilement et son triomphe en est par conséquent plus sauvage. Si ce bon Oulibicheff feignait de voir l'incendie de Moscou dans une discorde dans le premier *Héroïque* , que trouverait-il ici ? Quelles scènes de villes incendiées, quels champs de bataille ! En outre, il y a chez *Heldenleben* un mépris cinglant et un rire malicieux qu'on n'entend jamais chez Beethoven. Il y a, en fait, peu de gentillesse dans l'œuvre de Strauss ; c'est l'œuvre d'un héros dédaigneux.

En considérant la musique de Strauss dans son ensemble, on est d'abord frappé par la diversité de son style. Le Nord et le Sud se mélangent ; et dans ses mélodies on sent l'attraction du soleil. Quelque chose d'italien s'était glissé chez *Tristan* ; mais combien plus d'Italie y a-t-il dans l'œuvre de ce disciple de Nietzsche. Les phrases sont souvent italiennes et leurs harmonies ultra-germaniques. L'un des plus grands charmes de l'art de Strauss réside peut-être dans le fait que nous pouvons observer la déchirure dans les nuages sombres de la polyphonie allemande et voir briller à travers elle la ligne souriante d'une côte italienne et les danseurs gais sur son rivage. Il ne s'agit pas là d'une simple analogie. Il serait facile, même s'il était inutile, de remarquer des réminiscences indubitables de la France et de l'Italie, même dans les œuvres les plus avancées de Strauss, comme *Zarathoustra* et *Heldenleben* . Mendelssohn, Gounod, Wagner, Rossini et Mascagni se donnent des coups de coude étranges. Mais ces éléments disparates ont un contour plus doux lorsque l'œuvre est prise dans son ensemble, car ils ont été absorbés et contrôlés par l'imagination du compositeur.

Son orchestre n'en est pas moins composite. Ce n'est pas une masse compacte et serrée comme les phalanges macédoniennes de Wagner ; il est morcelé et aussi divisé que possible. Chaque partie vise l'indépendance et travaille comme elle l'entend, sans apparemment se soucier des autres parties.

Il semble parfois, comme lors de la lecture de Berlioz, que l'exécution doit aboutir à une incohérence et affaiblir l'effet. Mais d'une manière ou d'une autre, le résultat est très satisfaisant. "Maintenant, ça ne sonne pas bien ?" me dit Strauss en souriant, juste après avoir fini de diriger *Heldenleben* . [180]

Mais c'est surtout dans les sujets de Strauss que semblent régner le caprice et une imagination désordonnée, ennemie de toute raison. Nous avons vu que ces poèmes tentent d'exprimer tour à tour, voire simultanément, des textes littéraires, des images, des anecdotes, des idées philosophiques et les sentiments personnels du compositeur. Quelle unité y a-t-il dans les aventures de Don Quichotte ou de Till Eulenspiegel ? Et pourtant l'unité est là, non pas dans les sujets, mais dans l'esprit qui les traite. Et ces symphonies descriptives, à la vie littéraire très diffuse, se justifient par leur vie musicale, beaucoup plus logique et concentrée. Les caprices du poète sont maîtrisés par le musicien. Le fantasque Till s'amuse « selon l'ancienne forme du rondeau », et la folie de Don Quichotte est racontée en « dix variations sur un thème chevaleresque, avec une introduction et un final ». Ainsi, l'art de Strauss, l'un des plus littéraires et des plus descriptifs qui existent, se distingue fortement des autres du même genre par la solidarité de son tissu musical, dans lequel on sent le vrai musicien, un musicien élevé auprès des grands maîtres. , et un classique malgré tout.

Ainsi, à travers cette musique, une forte unité se fait sentir parmi les éléments indisciplinés et souvent incongrus. C'est le reflet, me semble-t-il, de l'âme du compositeur. Son unité n'est pas une question de ce qu'il ressent, mais une question de ce qu'il souhaite. Son émotion l'intéresse beaucoup moins que sa volonté, elle est moins intense et souvent tout à fait dépourvue de tout caractère personnel. Son inquiétude semble venir de Schumann, son sentiment religieux de Mendelssohn, sa volupté de Gounod ou des maîtres italiens, sa passion de Wagner. [181] Mais sa volonté est héroïque, dominante, avide et puissante à un degré sublime. Et c'est pourquoi Richard Strauss est noble et, à l'heure actuelle, tout à fait unique. On sent en lui une force qui domine les hommes.

C'est par ce côté héroïque qu'il peut être considéré comme un héritier d'une partie de la pensée de Beethoven et de Wagner. C'est ce côté héroïque qui fait de lui un poète – l'un des plus grands peut-être de l'Allemagne moderne, qui se voit reflété en lui et dans son héros. Considérons ce héros.

C'est un idéaliste avec une foi illimitée dans le pouvoir de l'esprit et dans la vertu libératrice de l'art. Cet idéalisme est d'abord religieux, comme dans *Tod und Verklärung* , et tendre et compatissant en tant que femme, et plein d'illusions juvéniles, comme dans *Guntram* . Puis il s'irrite et s'indigne de la bassesse du monde et des difficultés qu'il rencontre. Son mépris augmente et devient sarcastique *(Till Eulenspiegel)* ; il s'exaspère après des années de conflit et, dans une amertume croissante, se transforme en un héroïsme méprisant. Comme le rire de Strauss nous fouette et nous pique à *Zarathoustra* ! Comme sa volonté nous meurtrit et nous coupe à *Heldenleben* ! Maintenant qu'il a prouvé sa puissance par la victoire, son orgueil ne connaît plus de limites ; il est ravi et est incapable de voir que ses nobles visions sont devenues des réalités. Mais les gens dont il reflète l'esprit le voient. Il y a aujourd'hui en Allemagne des germes de morbidité, un frénésie d'orgueil, une confiance en soi et un mépris des autres qui rappelle la France du XVIIe siècle. " *Dem Deutschen gehört die Welt* " (" L'Allemagne possède le monde ") disent calmement les gravures exposées dans les vitrines de Berlin. Mais quand on arrive à ce point, l'esprit devient délirant. Tout génie est fou à ce point ; mais la folie de Beethoven se concentrait sur lui-même et imaginait des choses pour son propre plaisir. Le génie de nombreux artistes allemands contemporains est agressif et se caractérise par son antagonisme destructeur. L'idéaliste qui « possède le monde » est sujet au vertige. Il a été amené à régner sur un monde intérieur. La splendeur des images extérieures qu'il est appelé à gouverner l'éblouit ; et, comme César, il s'égare. A peine l'Allemagne avait-elle atteint la position d'empire du monde qu'elle retrouva la voix de Nietzsche et celle des artistes trompés du *Deutsches Theater* et de la *Sécession* . Il y a maintenant la musique grandiose de Richard Strauss.

A quoi mène toute cette fureur ? À quoi aspire cet héroïsme ? Cette force de volonté, amère et tendue, s'affaiblit lorsqu'elle a atteint son but, voire avant. Il ne sait que faire de sa victoire. Il le dédaigne, n'y croit pas ou s'en lasse. [182]

Comme *la Victoire de Michel-Ange* , elle a mis le genou sur le dos du captif et semble prête à l'envoyer. Mais tout à coup il s'arrête, hésite, regarde autour de lui avec des yeux incertains, et son expression est celle d'un dégoût langoureux, comme si la lassitude l'avait saisi.

Et c'est ainsi que m'apparaît jusqu'à présent l'œuvre de Richard Strauss. Guntram tue le duc Robert et laisse immédiatement tomber son épée. Le rire forcené de Zarathoustra se termine par un aveu d'impuissance découragée. La passion délirante de Don Juan s'éteint dans le néant. Don Quichotte, en mourant, renonce à ses illusions. Même le Héros lui-même admet la futilité de son œuvre et cherche l'oubli dans une Nature indifférente. Nietzsche, parlant des artistes de notre temps, se moque de « ces Tantales de la volonté, rebelles et ennemis des lois, qui viennent, brisés d'esprit, et tombent au pied de la croix du Christ ». Que ce soit au nom de la Croix ou du Néant, ces héros renoncent à leurs victoires avec dégoût et désespoir, ou avec une résignation plus triste encore. Ce n'est pas ainsi que Beethoven surmonta ses chagrins. Des adagios tristes font leur lamentation au milieu de ses symphonies, mais une note de joie et de triomphe résonne toujours à la fin. Son œuvre est le triomphe d'un héros conquis ; celle de Strauss est la défaite d'un héros conquérant. Cette irrésolution de la volonté se voit encore plus clairement dans la littérature allemande contemporaine, et en particulier chez l'auteur de *Die versunkene Glocke* . Mais c'est plus frappant chez Strauss, parce qu'il est plus héroïque. Et ainsi nous obtenons toute cette démonstration de volonté surhumaine, et la fin est seulement "Mon désir est parti!"

C'est là que réside le ver éternel de la pensée allemande – je parle de la pensée de quelques privilégiés qui éclairent le présent et anticipent l'avenir. Je vois un peuple héroïque, enivré par ses triomphes, par ses grandes richesses, par son nombre, par sa force, qui serre le monde dans ses grands bras et le soumet, puis s'arrête, fatigué de sa conquête, et demande : « Pourquoi ai-je vaincu ?"

HUGO LOUP

Plus on apprend l'histoire des grands artistes, plus on est frappé par l'immense tristesse que renferme leur vie. Non seulement ils sont soumis aux épreuves et aux déceptions de la vie ordinaire – qui les affectent plus cruellement en raison de leur plus grande sensibilité – mais leur environnement est comme un désert, car ils ont vingt, trente, cinquante ou même centaines d'années d'avance sur leur vie. contemporains; et ils sont souvent condamnés à des efforts désespérés, non pour conquérir le monde, mais pour vivre.

Ces natures tendues sont rarement capables de soutenir très longtemps cette lutte incessante ; et le plus grand génie devra peut-être compter avec la maladie, la misère et même une mort prématurée. Et pourtant, il y avait des gens comme Mozart, Schumann et Weber qui étaient heureux malgré tout, parce qu'ils avaient su garder jusqu'au bout la santé de leur âme et la joie de la création ; et bien que leurs corps fussent épuisés par la fatigue et les privations, une lumière restait allumée qui envoyait ses rayons loin dans l'obscurité de leur nuit. Il y a des destins pires ; et Beethoven, quoique pauvre, renfermé sur lui-même et trompé dans ses affections, était loin d'être le plus malheureux des hommes. Dans son cas, il ne possédait que lui-même ; mais il se possédait vraiment et régnait sur le monde qui était en lui ; et aucun autre empire ne pourra jamais être comparé à celui de sa vaste imagination, qui s'étendait comme une grande étendue de ciel, où faisaient rage les tempêtes. Jusqu'à son dernier jour, le vieux Prométhée en lui, bien qu'enchaîné par un corps misérable, conserva intacte sa force de fer. En mourant pendant une tempête, son dernier geste fut un geste de révolte ; et dans son agonie, il se souleva sur son lit et leva le poing vers le ciel. Et c'est ainsi qu'il tomba, terrassé d'un seul coup, au plus fort du combat.

Mais que dire de ceux qui meurent peu à peu, qui survivent à eux-mêmes et voient leur âme se dégrader lentement ?

Tel fut le sort d'Hugo Wolf, dont le destin tragique lui a assuré une place à part dans l'enfer des grands musiciens. [183]

Il est né à Windischgratz en Styrie, le 13 mars 1860. Il était le quatrième fils d'un currier, un currier-musicien, comme le vieux Veit Bach, le boulanger-musicien, et le père de Haydn, le charron-musicien. Philipp Wolf jouait du violon, de la guitare et du piano et organisait chez lui de petites soirées en quintette, dans lesquelles il jouait du premier violon, Hugo du deuxième violon, le frère de Hugo du violoncelle, un oncle du cor et un ami. le violon ténor. Le goût musical du pays n'était pas proprement allemand. Wolf était catholique ; et son goût n'était pas formé, comme celui de la plupart des musiciens allemands, par les livres de chorals. En outre, en Styrie, on aimait jouer les vieux opéras italiens de Rossini, Bellini et Donizetti. Plus tard, Wolf aimait à penser qu'il avait quelques gouttes de sang latin dans les veines ; et toute sa vie il eut une prédilection pour les grands musiciens français.

Son apprentissage ne fut marqué par rien de brillant. Il allait d'une école à l'autre sans être retenu longtemps nulle part. Et pourtant, ce n'était pas un garçon sans valeur ; mais il fut toujours très réservé, peu soucieux d'être intime avec les autres et passionnément dévoué à la musique. Son père ne voulait naturellement pas qu'il fasse de la musique un métier ; et il a eu les mêmes luttes que Berlioz. Finalement, il réussit à obtenir de sa famille l'autorisation d'aller à Vienne et il y entra au Conservatoire en 1875. Mais il n'en fut pas plus heureux et, au bout de deux ans, il fut renvoyé pour indiscipline.

Que fallait-il faire ? Sa famille était ruinée, car un incendie avait détruit leurs petits biens. Il sentait déjà peser sur lui les reproches silencieux de son père, car il l'aimait tendrement et se souvenait des sacrifices qu'il avait faits pour lui. Il ne souhaitait pas retourner dans sa propre province ; en fait, il ne pouvait pas revenir : cela aurait été la mort. Il fallait que ce garçon de dix-sept ans trouve un moyen de gagner sa vie et puisse en même temps s'instruire. Après son expulsion du Conservatoire, il ne fréquenta aucune autre école ; il a appris tout seul. Et il a appris merveilleusement tout seul ; mais à quel prix ! Les souffrances qu'il a endurées depuis cette époque jusqu'à l'âge de trente ans, l'énorme quantité d'énergie qu'il a dû dépenser pour vivre et cultiver le bel esprit de poésie qui était en lui, tous ces efforts et ces labeurs ont sans aucun doute été la cause de sa malheureuse mort. Il avait une soif brûlante de connaissances et une fièvre du travail qui lui faisaient parfois oublier la nécessité de manger et de boire.

Il avait une grande admiration pour Goethe et était épris d'Heinrich von Kleist, auquel il ressemble assez tant par ses dons que par sa vie ; il était un passionné de Grillparzer et de Hebbel à une époque où ils étaient peu appréciés ; et il fut l'un des premiers Allemands à découvrir la valeur de Mörike, qu'il rendit plus tard populaire en Allemagne. En outre, il lisait des écrivains anglais et français. Il aimait Rabelais et avait un faible pour Claude Tillier, le romancier français de province, dont *l'oncle Benjamin* a fait plaisir à tant de familles de province allemandes, en leur présentant, comme disait Wolf, la vision de leur petit monde, et les aidant par sa bonne humeur joviale à supporter leurs ennuis avec un visage souriant. C'est ainsi que le petit Loup, ayant à peine à manger, trouva le moyen d'apprendre le français et l'anglais, afin de mieux apprécier la pensée des artistes étrangers.

En musique, il apprit beaucoup de son ami Schalk, [184] professeur au Conservatoire de Vienne ; mais, comme Berlioz, il a fait l'essentiel de son éducation dans les bibliothèques et a passé des mois à lire les partitions des grands maîtres. N'ayant pas de piano, il transportait les sonates de Beethoven au parc du Prater à Vienne et les étudiait sur un banc en plein air. Il s'est imprégné des classiques – Bach et Beethoven, et des maîtres allemands du *Lied* – Schubert et Schumann. Il faisait partie de ces jeunes Allemands qui aimaient passionnément Berlioz ; et c'est grâce à Wolf que la France fut ensuite honorée de la possession de ce grand artiste, que les critiques français, qu'ils soient de l'école de Meyerbeer, de Wagner, de Franck ou de Debussy, n'ont jamais compris. Il fut aussi de bonne heure un ami du vieil Anton Bruckner, dont on ne connaît pas la musique en France, ni ses huit symphonies, ni son *Te Deum* , ni ses messes, ni ses cantates, ni rien d'autre de son œuvre féconde. Bruckner avait un caractère doux et modeste, et une personnalité attachante, quoique plutôt enfantine. Il fut plutôt écrasé toute sa vie par le parti de Brahms ; mais, comme Franck en France, il rassemble autour de lui des talents nouveaux et originaux pour combattre l'art académique de son temps.

Mais de toutes ces influences, la plus forte fut celle de Wagner. Wagner vint à Vienne en 1875 pour diriger *Tannhäuser* et *Lohengrin* . Il y eut alors parmi les jeunes une fièvre d'enthousiasme semblable à celle que *Werther* avait provoquée un siècle auparavant. Wolf a vu Wagner. Il nous en parle dans ses lettres à ses parents. Je citerai ses propres paroles, et même si elles font sourire, on aime le dévouement impulsif de sa jeunesse ; et ils font sentir aussi qu'un homme qui inspire une telle affection et qui peut faire tant de bien avec un peu de sympathie est coupable lorsqu'il ne se lie pas d'amitié avec les autres - surtout s'il a souffert, comme Wagner, de la solitude et le besoin d'un coup de main. Il faut se rappeler que cette lettre a été écrite par un garçon de quinze ans.

"Je suis allé chez... devinez qui ?... chez le maître Richard Wagner ! Maintenant, je vais tout vous raconter, exactement comme cela s'est passé. Je recopierai les mots exactement tels que je les ai écrits dans mon carnet.

« Le jeudi 9 décembre, à dix heures et demie, j'ai vu pour la deuxième fois Richard Wagner à l'Hôtel Impérial, où je suis resté une demi-heure dans l'escalier, en attendant son arrivée (je savais que ce jour-là il dirigerait la dernière répétition de son *Lohengrin*). Enfin le maître descendit du deuxième étage, et je le saluai très respectueusement alors qu'il était encore à quelque distance de moi. Il me remercia d'une manière très amicale. Alors qu'il s'approchait de la porte, je je me suis précipité et je l'ai ouvert pour lui, après quoi il m'a regardé fixement pendant quelques secondes, puis il s'est rendu à la répétition de l'Opéra. J'ai couru aussi vite que j'ai pu et suis arrivé à l'Opéra plus tôt que Richard Wagner. je l'ai fait dans son fiacre. Je l'ai encore salué et j'ai voulu lui ouvrir la porte de son fiacre ; mais comme je n'arrivais pas à l'ouvrir, le cocher a sauté de son siège et l'a fait pour moi. le cocher, je crois qu'il s'agissait de moi. Je voulais le suivre au théâtre, mais on ne m'a pas laissé passer.

" Je l'attendais souvent à l'hôtel Impérial ; et à cette occasion je fis la connaissance du directeur de l'hôtel, qui me promit qu'il s'intéresserait à moi. Qui fut plus ravi que moi lorsqu'il me dit que le samedi après-midi suivant, 11 décembre, je devais venir le trouver pour qu'il me présente la femme de chambre de Mme Cosima et le valet de chambre de Richard Wagner. J'arrivai à l'heure dite. La visite chez la femme de chambre fut très courte. On m'a conseillé de venir le lendemain, dimanche 12 décembre, à deux heures. J'arrive à la bonne heure, mais je trouve la femme de chambre, le valet et le gérant toujours à table.... Puis je pars avec la femme de chambre. Je me rendis dans les appartements du maître, où j'attendis son arrivée pendant environ un quart d'heure. Enfin, Wagner apparut en compagnie de Cosima et Goldmark. Je salua Cosima avec beaucoup de respect, mais elle ne jugea évidemment pas la peine de m'honorer. Wagner entrait dans sa chambre sans faire attention à moi, lorsque la bonne lui dit d'une voix suppliante : « Ah, Herr Wagner, c'est un jeune musicien qui veut vous parler ; il vous attend depuis longtemps.

"Il est alors sorti de sa chambre, m'a regardé et m'a dit : 'Je t'ai déjà vu, je pense. Tu es...'

"Il voulait probablement dire : 'Tu es un imbécile.'

"Il s'avança devant moi et ouvrit la porte de la salle de réception, qui était meublée dans un style vraiment royal. Au milieu de la pièce se trouvait un canapé recouvert de velours et de soie. Wagner lui-même était enveloppé dans un long manteau de velours. bordé de fourrure.

"Quand j'étais dans la pièce, il m'a demandé ce que je voulais."

Ici Hugo Wolf, pour exciter la curiosité de ses parents, a interrompu son histoire et a mis "A suivre dans mon prochain". Dans sa lettre suivante, il poursuit :

"Je lui ai dit : 'Très honoré maître, depuis longtemps je voulais avoir un avis sur mes compositions, et ce serait...'

" Ici, le maître m'a interrompu et m'a dit : " Mon cher enfant, je ne peux pas te donner une opinion sur tes compositions ; j'ai beaucoup trop peu de temps ; je n'arrive même pas à faire écrire mes propres lettres. Je ne comprends rien du tout à la musique *(Ich verstehe gar nichts von der Musik)*.'

"J'ai demandé au maître si je serais un jour capable de vraiment faire quelque chose, et il m'a dit : 'Quand j'avais ton âge et que je composais de la musique, personne ne pouvait me dire alors si je devrais un jour faire quelque chose de grand. Tu pouvais tout au plus joue-moi tes compositions au piano ; mais je n'ai pas le temps de les entendre quand tu seras plus grand, et quand tu auras composé de plus grandes œuvres, et si par hasard je reviens à Vienne, tu me montreras ce que tu as fait. cela ne sert à rien maintenant ; je ne peux pas encore vous en donner une opinion.

"Quand j'ai dit au maître que je prenais les classiques comme modèles, il m'a dit : 'Bien, bien. On ne peut pas être original au début.' Et il rit, puis dit : « Je te souhaite, cher ami, beaucoup de bonheur dans ta carrière. Continue à travailler régulièrement, et si je reviens à Vienne, montre-moi tes compositions.

" Là-dessus, je quittai le maître, profondément ému et impressionné. "

Wolf et Wagner ne se revirent plus. Mais Wolf combattit sans relâche en faveur de Wagner. Il se rendit plusieurs fois à Bayreuth, sans toutefois avoir de relations personnelles avec la famille Wagner ; mais il rencontra Liszt, qui, avec sa bonté habituelle, lui écrivit une lettre aimable sur une composition qu'il lui avait envoyée, et lui montra les modifications à y apporter.

Mottl et le compositeur Adalbert de Goldschmidt furent les premiers amis à l'aider dans ses années de misère, en lui trouvant des élèves en musique. Il enseignait la musique aux petits enfants de sept et huit ans ; mais il était un mauvais professeur et il trouvait que donner des leçons était un martyre. L'argent qu'il gagnait lui servait à peine à le nourrir, et il ne mangeait qu'une fois par jour, Dieu sait comment. Pour se réconforter, il lut la Vie de Hebbel ; et pendant un temps, il songea à aller en Amérique. En 1881, Goldschmidt lui obtient le poste de deuxième *maître de chapelle* au théâtre de Salzbourg. C'était son affaire de répéter les chœurs des opérettes de Strauss et Millöcker. Il faisait son travail consciencieusement, mais avec une lassitude mortelle ; et il lui manquait le pouvoir nécessaire pour faire sentir son autorité. Il ne resta pas longtemps à ce poste et revint à Vienne.

Depuis 1875, il écrivait de la musique : *Lieder*, sonates, symphonies, quatuors, etc., et déjà ses *Lieder* tenaient la place la plus importante. Il compose également en 1883 un poème symphonique sur la *Penthésilée* de son ami Kleist.

En 1884, il réussit à obtenir un poste de critique musical. Mais sur quel papier ! Il s'agissait du *Salonblatt*, un journal banal rempli d'articles sur l'actualité du sport et de la mode. On aurait dit que ce petit barbare avait été mis là pour un pari. Ses articles de 1884 à 1887 sont pleins de vie et d'humour. Il y défend les grands maîtres classiques : Gluck, Mozart, Beethoven et... Wagner ; il défend Berlioz ; il fouette les Italiens modernes, dont le succès à Vienne fut tout simplement scandaleux ; il brise les lances pour Bruckner et commence une campagne audacieuse contre Brahms. Ce n'était pas qu'il n'aimait pas

Brahms ou qu'il avait des préjugés à son égard ; il prenait plaisir à certaines de ses œuvres, notamment sa musique de chambre, mais il trouvait à redire à ses symphonies et était choqué par la négligence de la déclamation de ses *Lieder* et, en général, ne supportait pas son manque d'originalité et de puissance, et l'a trouvé dépourvu de joie et de plénitude de vie. Il le considérait surtout comme le chef d'un parti farouchement opposé à Wagner, à Bruckner et à tous les novateurs. Car tout ce qu'il y avait de rétrograde dans la musique à Vienne, tout ce qui était ennemi de la liberté et du progrès de l'art et de la critique, c'était de donner à Brahms son détestable soutien en se rassemblant autour de lui et en répandant sa renommée au dehors ; et bien que Brahms fût vraiment bien au-dessus de son parti en tant qu'artiste et homme, il n'eut pas le courage de s'en détacher.

Brahms lisait les articles de Wolf, mais ses attaques ne semblaient pas attiser son apathie. Les « Brahmines », cependant, n'ont jamais pardonné à Wolf. L'un de ses ennemis les plus acharnés était Hans von Bülow, qui considérait l'anti-brahmisme comme « un blasphème contre le Saint-Esprit – qui ne sera pas pardonné ». [185] Quelques années plus tard, lorsque Wolf réussit à faire jouer ses propres compositions, il dut se soumettre à des critiques comme celle de Max Kalbeck, l'un des dirigeants du « brahmisme » à Vienne :

" Herr Wolf a récemment, en tant que journaliste, suscité un rire irrésistible dans les cercles musicaux. Alors quelqu'un lui a suggéré de se consacrer à la composition. Les derniers produits de sa muse montrent que ce conseil bien intentionné était mauvais. Il devrait y retourner. au reportage."

une lecture d'essai *à la Penthésilée* de Wolf ; et cela fut répété, au mépris de tout bon goût, au milieu des éclats de rire. Quand ce fut terminé, le chef d'orchestre dit : « Messieurs, je vous demande pardon d'avoir permis que cette pièce soit jouée jusqu'au bout ; mais je voulais savoir quelle sorte d'homme est qui ose écrire de telles choses sur le maître Brahms. ".

Wolf trouva un peu de répit dans ses misères en allant séjourner quelques semaines dans son propre pays chez son beau-frère Strasser, inspecteur des impôts. [186] Il emmena avec lui ses livres, ses poètes, et commença à les mettre en musique.

Il avait alors vingt-sept ans et n'avait encore rien publié. Les années 1887 et 1888 furent les plus critiques de sa vie. En 1887, il perdit son père qu'il aimait tant, et cette perte, comme tant d'autres malheurs, donna un nouvel élan à ses énergies. La même année, un ami généreux appelé Eckstein publie son premier recueil de *Lieder* . Wolf avait jusqu'alors été étouffé, mais cette publication remua la vie en lui et fut le moyen de libérer son génie. Installé à Perchtoldsdorf, près de Vienne, en février 1888, dans une paix absolue, il écrivit en trois mois cinquante-trois *Lieder* sur les paroles d'Eduard Mörike, le pasteur-poète de Souabe, mort en 1875, et qui, incompris et ri de son vivant, est aujourd'hui couvert d'honneur et universellement populaire en Allemagne. Wolf composait ses chansons dans un état de joie exaltée et presque d'effroi face à la soudaine découverte de sa puissance créatrice.

Dans une lettre au Dr Heinrich Werner, il déclare :

" Il est maintenant sept heures du soir, et je suis si heureux, oh ! plus heureux que le plus heureux des rois. Encore un nouveau *Lied* ! Si vous pouviez entendre ce qui se passe dans mon cœur !... le diable emporterait vous partez avec plaisir !...

"Encore deux nouveaux *Lieder* ! Il y en a un qui sonne si horriblement étrange qu'il m'effraie. Il n'existe rien de pareil. Que Dieu aide les malheureux qui l'entendront un jour !...

"Si seulement tu pouvais entendre le dernier *Lied* que je viens de composer, il ne te resterait plus qu'un désir : mourir... Ton Loup heureux, heureux."

Il avait à peine terminé les *Mörike-Lieder* qu'il commença une série de *Lieder* sur des poèmes de Goethe. En trois mois (décembre 1888 à février 1889), il avait écrit tout le *Goethe-Liederbuch*, cinquante et un *Lieder*, dont certains sont, comme *Prométhée*, de grandes scènes dramatiques.

La même année, alors qu'il est encore à Perchtoldsdorf, après avoir publié un volume d'Eichendorff *Lieder*, il s'absorbe dans un nouveau cycle : le *Spanisches-Liederbuch*, sur des poèmes espagnols traduits par Heyse. Il écrivit ces quarante-quatre chants dans la même extase de joie :

"Ce que j'écris maintenant, je l'écris pour l'avenir... Depuis Schubert et Schumann, il n'y a rien eu de pareil !"

En 1890, deux mois après avoir terminé le *Spanisches-Liederbuch*, il compose un autre cycle de *Lieder* sur des poèmes intitulés *Alten Weisen*, du grand écrivain suisse Gottfried Keller. Et enfin, la même année, il commence son *Italienisches-Liederbuch*, sur des poèmes italiens, traduits par Geibel et Heyse.

Et puis—puis il y eut un silence.

L'histoire de Wolf est l'une des plus extraordinaires de l'histoire de l'art et donne un meilleur aperçu des mystères du génie que la plupart des histoires.

Faisons un petit *résumé*. Wolf, à vingt-huit ans, n'avait pratiquement rien écrit. De 1888 à 1890, il écrivit tour à tour, dans une sorte de fièvre, cinquante-trois *Lieder de Mörike*, cinquante et un *Lieder de Goethe, quarante-quatre Lieder* espagnols, dix-sept *Lieder d'Eichendorff*, une douzaine de *Lieder de Keller* et le premier *Lieder italien* . cela fait environ deux cents *Lieder* , chacun ayant son admirable individualité.

Et puis la musique s'arrête. La source s'est tarie. Wolf, très angoissé, écrivit des lettres désespérées à ses amis. À Oskar Grohe, le 2 mai 1891, il écrit :

"J'ai renoncé à composer. Dieu sait comment les choses finiront. Priez pour ma pauvre âme."

Et à Wette, le 13 août 1891, il dit :

"Depuis quatre mois, je souffre d'une sorte de consomption mentale, qui me fait très sérieusement penser à quitter ce monde pour toujours... Seuls ceux qui vivent vraiment devraient vivre. Je suis depuis quelque temps comme quelqu'un qui est mort. Je souhaite seulement que ce soit une mort apparente ; mais je suis réellement mort et enterré ; bien que le pouvoir de contrôler mon corps me donne une vie apparente, c'est mon désir le plus profond, que la chair puisse suivre rapidement. l'esprit qui est déjà passé. Depuis quinze jours je vis à Traunkirchen, la perle du Traunsee.... Tous les conforts qu'un homme peut souhaiter sont là pour rendre ma vie heureuse : paix, solitude, beaux paysages. , un air vivifiant, et tout ce qui peut convenir aux goûts d'un ermite comme moi. [187] Et pourtant — et pourtant, mon ami, je suis la créature la plus misérable de la terre. Tout respire la paix et le bonheur autour de moi, tout palpite de vie. et remplit ses fonctions... Moi seul, oh mon Dieu !... Moi seul vis comme une bête sourde et insensée. Même la lecture ne sert guère à me distraire maintenant, même si je m'enfonce dans les livres dans mon désespoir. Quant à la composition, elle est terminée ; Je n'arrive plus à me rappeler le sens d'une harmonie ou d'une mélodie, et je commence presque à douter que les compositions qui portent mon nom soient bien les miennes. Bon dieu! à quoi sert toute cette renommée ? A quoi servent ces grands objectifs si la misère est tout ce qui en résulte ?...

" *Le Ciel donne à un homme un génie complet ou pas de génie du tout. L'Enfer m'a tout donné à moitié* .

"Ô malheureux, comme c'est vrai, comme c'est vrai ! Dans la fleur de ta vie tu es allé en enfer ; dans les gueules maléfiques du destin tu as jeté le présent trompeur et toi-même avec lui. Ô Kleist !"

Soudain, à Döbling, le 29 novembre 1891, le courant du génie de Wolf afflua à nouveau et il écrivit quinze *Lieder italiens* , parfois plusieurs en un seul jour. En décembre, cela s'est de nouveau arrêté ; et cette fois pendant cinq ans. Ces mélodies italiennes ne montrent cependant aucune trace d'un quelconque effort, ni une plus grande tension d'esprit que celles montrées dans ses œuvres précédentes. Au contraire, elles ont l'air d'être l'œuvre la plus simple et la plus naturelle que Wolf ait jamais réalisée. Mais cela n'a aucune conséquence réelle, car lorsque le génie de Wolf ne s'éveillait pas en lui, il était inutile. Il souhaitait écrire trente-trois *Lieder italiens*, mais il dut s'arrêter après le vingt-deuxième et, en 1891, il publia un seul volume de l' *Italienisches-Liederbuch*. Le deuxième volume fut achevé en un mois, cinq ans plus tard, en 1896.

On imagine les tortures que subit cet homme solitaire. Son seul bonheur était dans la création, et il a vu sa vie s'arrêter, sans aucune cause apparente, pendant des années consécutives, et son génie aller et venir, revenir un instant, puis repartir. Chaque fois, il a dû se demander anxieusement s'il était parti pour toujours, ou combien de temps il faudrait avant qu'il ne revienne. Dans des lettres à Kaufmann du 6 août 1891 et du 26 avril 1893, il dit :

" Vous me demandez des nouvelles de mon opéra. [188] Mon Dieu ! Je serais content si je pouvais écrire le moindre petit *Liedchen*. Et un opéra, maintenant ?... Je crois fermement que tout est fini pour moi... .. Je pourrais aussi bien parler chinois que composer n'importe quoi. C'est horrible... Ce que je souffre de cette inaction, je ne peux pas vous le dire, j'aimerais me pendre.

Il écrit à Hugo Faisst le 21 juin 1894 :

"Vous me demandez la cause de ma grande dépression spirituelle et vous verseriez du baume sur mes blessures. Ah oui, si seulement vous le pouviez ! Mais aucune herbe ne pousse qui puisse guérir ma maladie ; seul un dieu pourrait m'aider. Si vous pouvez me donner Si je reprends mes inspirations et réveille l'esprit familier qui dort en moi, et qu'il me possède à nouveau, je t'appellerai dieu et j'élèverai des autels à ton nom. Mon cri s'adresse aux dieux et non aux hommes seuls ; Je suis apte à prononcer mon sort. Mais quelle qu'en soit la fin, même si le pire arrive, je le supporterai - oui, même si aucun rayon de soleil n'éclaire encore ma vie... Et ainsi, une fois pour toutes, tournez la page et en finir avec ce sombre chapitre de ma vie."

Cette lettre — et ce n'est pas la seule — rappelle le stoïcisme mélancolique des lettres de Beethoven, et nous montre des chagrins que même le malheureux Beethoven n'a pas connu. Et pourtant, comment le savoir ? Peut-être Beethoven a-t-il également souffert d'une angoisse similaire dans les tristes jours qui ont suivi 1815, avant que les dernières sonates, la *Missa Solemnis* et la Neuvième Symphonie ne s'éveillent en lui.

En mars 1895, Wolf revint à la vie et, en trois mois, il écrivit la partition pour piano de *Corregidor*. Depuis de nombreuses années, il était attiré par la scène, et notamment par l'opéra léger. Tout enthousiasmé qu'il soit pour l'œuvre de Wagner, il avait déclaré ouvertement qu'il était temps pour les musiciens de s'affranchir du *Musik-Drame wagnérien*. Il connaissait ses propres dons et n'aspirait pas à prendre la place de Wagner. Lorsqu'un de ses amis lui proposa un sujet d'opéra, tiré d'une légende sur Bouddha, il refusa, affirmant que le monde ne comprenait pas encore le sens des doctrines de Bouddha et qu'il ne souhaitait pas donner un nouveau mal de tête à l'humanité. . Dans une lettre à Grohe, du 28 juin 1890, il dit :

" Wagner a, par et par son art, accompli une œuvre de libération si puissante que nous pouvons nous réjouir de penser qu'il est tout à fait inutile pour nous de prendre d'assaut les cieux, puisqu'il les a conquis pour nous. Il est bien plus sage de rechercher un coin agréable dans ce beau paradis. Je veux m'y trouver une petite place, non pas dans un désert avec de l'eau, des sauterelles et du miel sauvage, mais dans une joyeuse compagnie d'êtres primitifs, parmi les tintements des guitares, les soupirs de l'amour. , le clair de lune, etc., bref, dans un *opéra-comique tout à fait ordinaire* , sans aucun spectre salvateur de philosophie schopenhauerienne en arrière-plan.

Après avoir cherché le livret d'un opéra du monde entier, auprès de poètes anciens et modernes, [189] et après avoir tenté d'en écrire un lui-même, il prit finalement celui de Madame Rosa Mayreder, adaptation d'une nouvelle espagnole de Don Pedro de Alarcón. Il s'agissait de *Corregidor* qui, après avoir été refusé par d'autres théâtres, fut joué en juin 1896 à Mannheim. L'œuvre ne fut pas un succès malgré ses qualités musicales, et la pauvreté du livret contribua à son échec.

Mais l'essentiel était que le génie créatif de Wolf soit revenu. En avril 1896, il écrit d'emblée les vingt-deux chansons du deuxième volume de l' *Italienisches-Liederbuch* . A Noël, son ami Müller lui envoya quelques poèmes de Michel-Ange, traduits en allemand par Walter Robert-Tornow ; et Wolf, profondément ému par leur beauté, décida aussitôt de leur consacrer tout un volume de *Lieder* . En 1897, il compose les trois premières mélodies. Parallèlement, il travaillait également sur un nouvel opéra, *Manuel Venegas* , un poème de Moritz Hoernes, écrit dans le style d'Alarcón. Il semblait plein de force, de bonheur et de confiance dans sa santé retrouvée. Müller lui parlait de la mort prématurée de Schubert, et Wolf répondit : « On n'emmène pas un homme avant d'avoir dit tout ce qu'il a à dire. »

Il travaillait avec acharnement, « comme une machine à vapeur », comme il disait, et était si absorbé par la composition de *Manuel Venegas* (septembre 1897) qu'il marchait sans repos et avait à peine le temps de prendre la nourriture nécessaire. En quinze jours, il avait écrit cinquante pages de la partition pour piano, ainsi que les *motifs* de l'œuvre entière et la musique de la moitié du premier acte.

Puis la folie est arrivée. Le 20 septembre, il fut arrêté alors qu'il travaillait au grand récitatif de Manuel Venegas, au premier acte.

Il fut transporté à l'hôpital privé du Dr Svetlin à Vienne et y resta jusqu'en janvier 1898. Heureusement, il avait des amis dévoués qui prenaient soin de lui et compensaient l'indifférence du public ; car ce qu'il avait lui-même gagné ne lui aurait même pas permis de mourir en paix. Lorsque Schott, l'éditeur, lui envoya en octobre 1895 ses redevances pour les éditions de ses *Lieder* de Mörike, Goethe, Eichendorff, Keller, de la poésie espagnole et du premier volume de poésie italienne, leur total pour cinq ans s'élevait à quatre-vingts. six marks et trente-cinq pfennigs ! Et Schott ajoutait calmement qu'il ne s'attendait pas à un si bon résultat. Ce sont donc les amis de Wolf, et surtout Hugo Faisst, qui non seulement l'ont sauvé de la misère par leur générosité discrète et souvent secrète, mais qui lui ont épargné l'horreur de la misère dans ses derniers malheurs.

Il recouvra la raison et fut envoyé en février 1898 pour un voyage à Trieste et en Vénétie pour achever sa guérison et l'empêcher de penser au travail. La précaution était inutile ; car il dit dans une lettre à Hugo Faisst, écrite le même mois :

"Vous n'avez pas besoin de vous inquiéter ni de craindre que j'en fasse trop. Un véritable dégoût du travail s'est emparé de moi, et je crois que je n'écrirai plus jamais une autre note. Mon opéra inachevé n'a plus d'intérêt pour moi, et la musique est tout à fait odieuse. Vous voyez ce que mes bons amis ont fait pour moi ! Je ne peux pas imaginer comment je pourrai exister dans cet état... Ah, heureux Souabes, on peut bien vous envier à votre beau pays. , et sois chaleureusement accueilli par ton ami malheureux et épuisé, Hugo Wolf.

Cependant, à son retour à Vienne, il semblait aller un peu mieux et avait apparemment retrouvé la santé et la gaieté. Mais, à son grand étonnement, il était devenu, comme il le dit dans une lettre à Faisst, un homme tranquille, posé et silencieux, qui souhaitait de plus en plus être seul. Il n'a rien composé de nouveau, mais a révisé ses Michelangelo *Lieder* et les a fait publier. Il faisait des projets pour l'hiver et se réjouissait à l'idée de le passer dans la campagne près de Gmunden, « dans un calme parfait, sans être dérangé et ne vivant que pour l'art ». Dans sa dernière lettre à Faisst, du 17 septembre 1898, il dit :

"Je vais tout à fait bien maintenant et je n'ai plus besoin d'aucun remède. Vous en auriez plus besoin que moi."

Puis vint une nouvelle crise de folie, et cette fois tout fut fini.

À l'automne 1898, Wolf fut emmené dans un asile à Vienne. Il put dans un premier temps recevoir quelques visites et profiter d'un peu de musique en jouant en duo avec le directeur de l'établissement, lui-même musicien et grand admirateur des œuvres de Wolf. Il a même pu, au printemps, faire quelques promenades à l'extérieur avec ses amis et un préposé. Mais il commençait à ne plus reconnaître les choses, ni les gens, ni même lui-même. « Oui, disait-il en soupirant, si j'étais Hugo Wolf ! À partir du milieu de 1899, sa maladie s'aggrava rapidement et une paralysie générale s'ensuivit. Au début de 1900, sa parole fut affectée, et finalement, en août 1901, tout son corps. Au début de 1902, les médecins abandonnèrent tout espoir ; mais son cœur était encore sain, et le malheureux traîna encore une année sa vie. Il mourut le 16 février 1903 d'une péripneumonie.

Il eut droit à de magnifiques funérailles auxquelles assistèrent tous ceux qui n'avaient rien fait pour lui de son vivant. L'État autrichien, la ville de Vienne, sa ville natale de Windischgratz, le Conservatoire qui l'avait expulsé, la *Gesellschaft der Musikfreunde* qui avait été si longtemps hostile à ses œuvres, l'Opéra qui lui avait été fermé, les chanteurs qui l'avaient méprisé. , les critiques qui s'étaient moqués de lui, ils étaient tous là. Ils chantèrent une de ses mélodies les plus tristes, *Résignation* , une mise en musique d'un poème d'Eichendorff et un choral de son vieil ami Bruckner, décédé plusieurs années avant lui. Ses fidèles amis, Faisst en tête, prirent soin de faire ériger un monument à sa mémoire à proximité de ceux de Beethoven et de Schubert.

Telle fut sa vie, interrompue à trente-sept ans, car on ne compte pas les cinq années de folie complète. Il n'existe pas beaucoup d'exemples dans le monde de l'art d'un sort aussi terrible. Le malheur de Nietzsche n'est nullement autre chose, car la folie de Nietzsche a été, dans une certaine mesure, productive et a fait éclater son génie d'une manière qu'il n'aurait jamais fait si son esprit avait été équilibré et sa santé parfaite. La folie de Wolf signifiait la prosternation. Mais on voit combien, même en l'espace de trente-sept ans, sa vie s'est étrangement morcelée. Car il n'a réellement commencé son travail de création qu'à l'âge de vingt-sept ans ; et comme de 1890 à 1895 il fut condamné à cinq ans de silence, la somme totale de sa vie réelle, de sa vie productive, n'est que de quatre ou cinq ans. Mais au cours de ces quelques années, il a tiré plus de profit de la vie que la plupart des artistes ne le font au cours d'une longue carrière, et il a laissé dans son œuvre l'empreinte d'une personnalité que personne ne pouvait oublier après l'avoir connue.

L'œuvre de Wolf se compose principalement, comme nous l'avons déjà vu, de *Lieder* , et ces *Lieder* se caractérisent par l'application à la musique lyrique des principes établis par Wagner dans le domaine du drame. Cela ne veut pas dire qu'il a imité Wagner. On retrouve ici et là dans la musique de Wolf des formes wagnériennes, comme ailleurs des réminiscences évidentes de Berlioz. C'est la marque incontournable de son époque, et chaque grand artiste apporte à son tour sa part à l'enrichissement du langage qui nous appartient à tous. Mais le véritable wagnérisme de Wolf n'est pas fait de ces ressemblances inconscientes ; cela réside dans sa détermination à faire de la poésie l'inspiration de la musique. « Pour montrer avant tout, écrit-il à Humperdinck en 1890, que la poésie est la véritable source de ma musique ».

Quand un homme est à la fois poète et musicien, comme Wagner, il est naturel que sa poésie et sa musique s'harmonisent parfaitement. Mais lorsqu'il s'agit de traduire en musique l'âme d'autres poètes, il faut des dons particuliers de subtilité mentale et une sympathie abondante. Wolf possédait ces dons à un très haut degré. Aucun musicien n'a plus vivement goûté et apprécié les poètes. "Il était", a déclaré l'un de ses critiques, G. Kühl, "le plus grand psychologue musical allemand depuis Mozart". Il n'y avait rien de laborieux dans sa psychologie. Wolf était incapable de mettre en musique une poésie qu'il n'aimait pas vraiment. Il se faisait lire plusieurs fois la poésie qu'il souhaitait traduire ou, le soir, il la lisait à haute voix. S'il en était très ému, il vivait à l'écart avec elle, y réfléchissait et s'imprégnait de son atmosphère ; puis il s'endormit, et le lendemain matin il put écrire le *Lied* sur-le-champ. Mais certains poèmes semblaient dormir en lui pendant des années, puis se réveillaient soudain en lui sous une forme musicale. A ces occasions, il criait de bonheur. "Savez-vous?" il a écrit à Müller: "J'ai simplement crié de joie." Müller disait qu'il était comme une vieille poule après avoir pondu un œuf.

Wolf n'a jamais choisi de poèmes banals pour sa musique – ce qui est plus que ce qu'on peut dire de Schubert ou de Schumann. Il n'utilise rien des poètes contemporains, même s'il sympathise avec certains d'entre eux, comme Liliencron, qui espère beaucoup être traduit en musique par lui. Mais il ne pouvait pas le faire ; il ne pouvait rien utiliser dans l'œuvre d'un grand poète s'il n'en devenait si intime qu'il semblait faire partie de lui.

Ce qui frappe aussi dans les *Lieder*, c'est l'importance de l'accompagnement au piano et son indépendance de la voix. Parfois la voix et le piano expriment le contraste qui existe si souvent entre les mots et la pensée du poème ; à d'autres moments, ils expriment deux personnalités, comme dans sa mise en musique du *Prométhée* de Goethe , où l'accompagnement représente Zeus envoyant ses foudres, et la voix interprète Titan ; ou encore, il peut représenter, comme dans le décor de *la Sérénade* d'Eichendorff , un étudiant amoureux dans l'accompagnement, tandis que la chanson est la voix d'un vieil homme qui l'écoute et pense à sa jeunesse. Mais quoi qu'il décrive, le piano et la voix ont toujours leur propre individualité. On ne peut rien enlever à ses *Lieder* sans gâcher le tout ; et c'est surtout le cas de ses passages instrumentaux, qui nous donnent le début et la fin de son émotion, qui l'entourent et la résument. La forme musicale, qui suit de près la forme poétique, est extrêmement variée. Il peut parfois exprimer une pensée fugitive, un bref récit d'une impression poétique ou d'une petite action, ou bien il peut s'agir d'un grand tableau épique ou dramatique. Müller remarque que Wolf a mis plus dans un poème que le poète lui-même, comme dans l' *Italienisches-Liederbuch* . C'est le pire reproche qu'on puisse lui faire, et ce n'est pas un reproche ordinaire. Wolf excellait surtout dans la composition de poèmes qui correspondaient à son propre destin tragique, comme s'il en avait un pressentiment. Personne n'a mieux exprimé l'angoisse d'une âme troublée et désespérée, telle qu'on la retrouve chez le vieux joueur de harpe de *Wilhelm Meister*, ou la splendide néantité de certains poèmes de Michel-Ange.

De tous ses recueils de *Lieder*, le 53 *Gedichte von Eduard Mörike, komponiert für eine Singstimme und Klavier* (1888), le premier publié, est le plus populaire. Il a gagné de nombreux amis à Wolf, non pas tant parmi les artistes (qui sont toujours en minorité) que parmi les critiques qui sont les meilleurs et les plus désintéressés de tous, les gens simples et honnêtes qui ne font pas profession d'art, mais aiment c'est leur pain spirituel quotidien. Il y a un certain nombre de ces personnes en Allemagne dont la vie difficile est embellie par leur amour de la musique. Wolf trouva ces amis partout, mais il en trouva la plupart en Souabe. A Stuttgart, à Mannheim, à Darmstadt et dans les campagnes autour de ces villes, il devint très populaire, le seul musicien populaire depuis Schubert et Schumann. Toutes les classes de la société s'unissent pour l'aimer. "Ses *Lieder* ", dit Herr Decsey, "sont sur les pianos même des maisons les plus pauvres, à côté des *Lieder de Schubert* ." Stuttgart est devenu pour Wolf, comme il le disait lui-même, une deuxième maison. Il doit cette popularité, sans précédent en Souabe, à l'amour passionné du peuple pour *les Lieder* et surtout pour la poésie de Mörike, le pasteur souabe, qui revit dans les chansons de Wolf. Wolf a mis en musique un quart des poèmes de Mörike, il a fait sienne Mörike et lui a donné l'une des premières places parmi les poètes allemands. Telle était réellement son intention, et il l'a dit lorsqu'il a fait mettre un portrait de Mörike sur la page de titre des chansons. Je ne sais si la lecture de sa poésie a agi comme un baume à l'esprit inquiet de Wolf, ou s'il a pris conscience de son génie pour la première fois lorsqu'il a exprimé cette poésie en musique ; mais il en éprouvait une profonde gratitude et voulait le montrer en commençant le premier volume par cette belle chanson un peu Beethovenienne, *Der Genesende an die Hoffnung* ("L'Ode à l'espérance du convalescent").

Les cinquante et un *Lieder* du *Goethe-Liederbuch* (1888-89) ont été composés en groupes de *Lieder* : les *Wilhelm Meister Lieder*, les *Divan (Suleika) Lieder*, etc. Wolf a même essayé de s'identifier avec la pensée du poète ; et en cela on le retrouve souvent en rivalité avec Schubert. Il évitait d'utiliser les poèmes dans lesquels il pensait que Schubert avait exactement transmis le sens du poète, comme dans *Geheimes* et *An Schwager Kronos* ; mais il dit à Müller qu'il y avait des moments où Schubert ne comprenait pas du tout Goethe, parce qu'il se préoccupait de traduire leur pensée lyrique générale plutôt que de montrer la vraie nature des personnages de Goethe. L'intérêt particulier des *Lieder* de Wolf est qu'il donne à chaque figure poétique son caractère individuel. La harpiste et Mignon sont retracés avec une perspicacité et une retenue merveilleuses ; et dans certains passages, Wolf montre qu'il a redécouvert l'art de Goethe de présenter tout un monde de tristesse en un seul mot. La sérénité d'une grande âme plane sur le chaos des passions.

Le *Spanisches-Liederbuch nach Heyse und Geibel* (1889-90) avait déjà inspiré Schumann, Brahms, Cornelius et d'autres. Mais aucun n'avait tenté de lui donner son caractère brut et sensuel. Müller montre comment Schumann, en particulier, a dépouillé les poèmes de leur véritable nature. Non seulement il les a investis de son propre sentimentalisme, mais il a calmement arrangé des poèmes du caractère individuel le plus marqué pour qu'ils soient chantés à quatre voix, ce qui les rend tout à fait absurdes ; et, pire que cela, il changeait les mots et leur sens quand ils se mettaient en travers de son chemin. Wolf, au contraire, s'imprégnait de ce monde mélancolique et voluptueux, et ne voulait rien laisser l'en tirer ; et il en tira, comme il le disait lui-même avec fierté, quelques chefs-d'œuvre. Les dix chants religieux qui précèdent le recueil suggèrent les délires du mysticisme et pleurent des larmes de sang ; ils sont angoissants aussi bien pour l'oreille que pour l'esprit, car ils sont l'expression passionnée d'une foi qui se met à rude épreuve. A côté d'eux, on trouve des visions souriantes de la Sainte Famille, qui rappellent Murillo. Les trente-quatre chansons folkloriques sont brillantes, agitées, fantaisistes et merveilleusement variées dans leurs formes. Chacun représente un sujet différent, une personnalité dessinée au trait incisif, et toute la collection déborde de vie. On dit que le *Spanisches-Liederbuch* est à l'œuvre de Wolf ce que *Tristan* est à l'œuvre de Wagner.

L' *Italienisches-Liederbuch* (1890-96) est tout à fait différent. Le caractère des chansons est très sobre et le génie de Wolf se rapproche ici d'une clarté de forme classique. Il cherchait toujours à simplifier son langage musical et disait que s'il écrivait quelque chose de plus, il souhaitait que ce soit comme les écrits de Mozart. Ces *Lieder* ne contiennent rien qui ne soit absolument essentiel à leur sujet ; les mélodies sont donc très courtes et sont plutôt dramatiques que lyriques. Wolf leur a accordé une place importante dans son œuvre : « Je les considère, écrit-il à Kaufmann, comme les plus originales et les plus parfaites de mes compositions ».

Quant aux *Michelangelo Gedichten* (1897), ils furent interrompus par l'apparition de sa maladie, et il n'eut que le temps d'en écrire quatre, dont il supprima un. Leurs associations sont pathétiques quand on se souvient de l'époque tragique à laquelle elles ont été composées ; et, par une sorte d'instinct prophétique, ils exhalent une lourdeur d'esprit et un orgueil lugubre. La deuxième mélodie est peut-être plus belle que tout ce que Wolf a écrit ; c'est vraiment son chant de mort :

Tout cela s'est terminé, c'était entstehet.
Tout, tout sonne. [190]

Et c'est un mort qui chante :

Menschen waren wir ja auch,
Froh und traurig, so wie Ihr.
Et nonn nous sommes ici,
Sind nur Erde, comme Ihr sehet. [191]

Au moment où il écrivait cette chanson, dans le court répit qu'il avait de sa maladie, il était lui-même presque mort.

Dès que Wolf fut réellement mort, son génie fut reconnu dans toute l'Allemagne. Ses souffrances provoquèrent en sa faveur une réaction presque excessive. *Les Hugo-Wolf-Vereine* furent fondées partout ; et aujourd'hui nous avons en abondance des publications, des recueils de lettres, des souvenirs et des biographies. Il s'agit de celui qui peut crier le plus fort qu'il a toujours compris le génie de l'artiste malheureux et qu'il s'est mis dans la plus grande fureur contre ses détracteurs. Un peu plus tard, des monuments et des statues surgiront un peu partout.

Je doute que Wolf, avec sa nature rude et sincère, aurait trouvé beaucoup de consolation dans cet hommage tardif s'il avait pu le prévoir. Il aurait dit à ses admirateurs posthumes : « Vous êtes des hypocrites. Ce n'est pas pour moi que vous élevez ces statues, c'est pour vous. C'est pour que vous puissiez faire des discours, former des comités et vous faire croire, ainsi qu'aux autres, que vous étiez mon amis. Où étiez-vous quand j'ai eu besoin de vous ? Vous m'avez laissé mourir. Ne jouez pas une comédie autour de ma tombe, et voyez s'il n'y a pas d'autres Loups qui luttent contre votre hostilité ou votre indifférence. pour moi, je suis arrivé sain et sauf au port.

DON LORENZO PEROSI

L'hiver qui retenait la pensée italienne dans son étreinte froide est terminé, et de grands arbres qui semblaient endormis renouvellent la vie au soleil. Hier c'était la poésie qui s'éveillait, et aujourd'hui c'est la musique, la douce musique de l'Italie, calme dans sa passion et sa tristesse, et naïve dans sa connaissance. Assiste-t-on réellement au retour de son printemps ? Est-ce l'arrivée d'une grande marée mélodique qui effacera la tristesse et le doute de notre vie d'aujourd'hui ? En lisant les oratorios de ce jeune prêtre du Piémont, je crus entendre, au loin, le chant des enfants de la vieille Grèce : « L'hirondelle est venue, est venue, apportant les saisons gaies et les années heureuses.

"Εαρ ἤ δη" J'accueille avec beaucoup d'espoir la venue de Don Lorenzo Perosi.

L'abbé Perosi, chantre de la chapelle Saint-Marc de Venise et directeur de la chapelle Sixtine, a vingt-six ans. [192] Il est de petite taille et d'apparence juvénile, avec une tête un peu trop grosse pour son corps, et des traits ouverts et réguliers éclairés par des yeux noirs intelligents, sa seule particularité étant une lèvre inférieure saillante. Il est simple et modeste, et possède une affection chaleureuse et amicale. Lorsqu'il dirige l'orchestre, sa silhouette saisissante, ses gestes lents et maladroits dans les passages expressifs, et ses mouvements naïfs et passionnés dans les moments dramatiques, rappellent un des moines de Fra Angelico.

Depuis dix-huit mois, Don Perosi travaille sur un cycle de douze oratorios décrivant la vie du Christ. En peu de temps, il en a terminé quatre : *La Passion* , *La Transfiguration* , *La Résurrection de Lazare* , *La Résurrection du Christ* . Maintenant, il travaille sur le cinquième : *La Nativité* .

Ces compositions à elles seules le placent au premier rang des musiciens contemporains. Ils regorgent de défauts ; mais leurs qualités sont si rares, et son âme brille si clairement à travers eux, et une si belle sincérité respire en eux, que je n'ai pas le courage d'insister sur leurs faiblesses. Je me contenterai donc de remarquer en passant que l'orchestration est insuffisante et maladroite, et que le jeune musicien devrait s'efforcer de la rendre plus ample et plus délicate ; et bien qu'il montre une grande aisance dans la composition, il est souvent trop impétueux et doit résister à cette tendance ; et qu'enfin il y a parfois des traces de mauvais goût dans la musique et des réminiscences des classiques, qui sont toutes des péchés de la jeunesse, que l'âge guérira certainement.

Chacun des oratorios est en réalité un ensemble descriptif qui, du début à la fin, trace une pensée dominante. Don Perosi me disait : « L'erreur des artistes aujourd'hui est de s'attacher trop aux détails et de négliger l'ensemble. Ils commencent par sculpter des ornements et oublient que le plus important est l'unité de leur œuvre, son plan. et le contour général. Le contour doit avant tout être beau.

Dans sa propre architecture musicale, on trouve des airs bien marqués, de nombreux récitatifs, des chœurs grégoriens ou palestriniens, des chorals avec des développements et des variations dans le style ancien, et des symphonies intermédiaires d'une certaine importance.

L'ensemble de l'œuvre sera précédé d'un grand prélude, très soigneusement élaboré, auquel Don Perosi attache une valeur particulière. Il souhaite, dit-il, que son édifice ait une belle porte richement sculptée à la manière des artistes de la Renaissance et de l'époque gothique. C'est pourquoi il compte composer le prélude une fois le reste de l'oratorio terminé, lorsqu'il pourra y réfléchir en toute tranquillité. Il veut y concentrer une atmosphère morale, l'essence même de l'âme et des passions de son drame sacré. Il m'a également confié que de tout ce qu'il a composé jusqu'à présent, il n'y a rien qu'il aime mieux que les introductions de *La Transfiguration* et *de La Résurrection du Christ* .

La tendance dramatique de ces oratorios est très marquée, et c'est surtout pour cela qu'ils ont conquis l'Italie. Malgré quelques passages qui s'éloignent un peu du côté de l'opéra, voire du mélodrame, la musique fait preuve d'une grande profondeur de sentiment. Les figures des femmes surtout sont dessinées avec délicatesse ; et dans la deuxième partie de *Lazare* , l'air de Marie : « Seigneur, si tu avais été ici, mon frère ne serait pas mort », rappelle quelque chose de l' *Orfeo de Gluck* dans sa tristesse déchirante. Et encore, dans le même oratorio, lorsque Jésus donne l'ordre de lever la pierre du tombeau, le discours de Marthe : « Domine, jam foetet », est très expressif de sa tristesse, de sa peur, de sa honte et de son horreur humaine. Je voudrais citer encore un passage, le plus émouvant de tous, qui se trouve dans la *Résurrection du Christ* , lorsque Marie-Madeleine est près du tombeau du Christ ; ici, dans son discours avec les anges, dans sa lamentation touchante et dans les paroles de l'évangéliste : « Et après avoir ainsi dit, elle se retourna et vit Jésus debout, et ne sut pas que c'était Jésus », nous entendre une mélodie pleine de tendresse et sembler voir briller les yeux du Christ qui se posent sur Marie avant qu'elle ne l'ait reconnu.

Ce n'est pourtant pas le génie dramatique de Perosi qui me frappe dans son œuvre ; c'est plutôt sa tristesse particulière, qui est indescriptible, son don de poésie pure et la richesse de sa mélodie fluide. Aussi profond que puisse être le sentiment religieux dans la musique, la musique elle-même est souvent encore plus forte et s'immisce dans le drame pour pouvoir s'exprimer librement. Prenez, par exemple, le beau passage symphonique qui suit l'arrivée de Jésus et de ses amis chez Marthe et Marie, après la mort de leur frère (p. 12 *et suiv.* de *Lazare*). Il est vrai que l'orchestre exprime des regrets et des soupirs, des excès de douleur mêlés de paroles de consolation et de foi, dans une sorte de marche funèbre langoureuse, à caractère féminin et chrétien. C'est, selon le compositeur, le tableau qu'il a dressé des personnages du drame avant de les faire parler. Mais, malgré lui, le résultat est un flot de musique pure, et son âme chante son propre chant de joie et de tristesse. Parfois son esprit, dans son charme naïf et délicat, rappelle celui de Mozart ; mais ses visions musicales sont toujours dominées et dirigées par une force religieuse comme celle de Bach. Même les passages où le sentiment dramatique est le plus fort sont en réalité de petites symphonies, comme la musique qui décrit le miracle de *La Transfiguration* et la maladie de Lazare. Dans ce dernier cas, une grande profondeur de souffrance s'exprime ; en effet, la tristesse n'aurait pas pu être poussée plus loin, même par Bach, et la même sérénité d'esprit imprègne son désespoir.

Mais quelle joie quand ces actes de foi ont été accomplis, quand Jésus a guéri le possédé ou quand Lazare a ouvert les yeux sur la lumière. Le cœur de la multitude déborde peut-être d'actions de grâces un peu enfantines ; et au début cela m'a semblé exprimé d'une manière banale. Mais la joie de tous les grands artistes ne s'exprimait-elle pas ainsi ? La joie de Beethoven, de Mozart et de Bach, qui, une fois leurs soucis de côté, savaient s'amuser comme le reste du peuple. Et la simple phrase du début prend bientôt des proportions plus amples, les harmonies gagnent en richesse, une ardeur éclatante remplit la musique et un choral se mêle aux danses dans une majesté triomphante.

Toutes ces œuvres rayonnent d'une heureuse facilité d'expression. *La Passion* fut achevée en septembre 1897, *La Transfiguration* en février 1898, *Lazare* en juin 1898 et *La Résurrection du Christ* en novembre 1898. Une telle œuvre nous ramène aux musiciens du XVIIIe siècle.

Mais ce n'est pas la seule ressemblance entre le jeune musicien et ses prédécesseurs. Une grande partie de leur âme est passée dans la sienne. Son style est composé de tous les styles, et va du chant grégorien aux modulations les plus modernes. Tous les matériaux disponibles sont utilisés dans ce travail. C'est une caractéristique italienne. Gabriel d'Annunzio a jeté dans son creuset la Renaissance, les peintres italiens, la musique, les écrivains du Nord, Tolstoï, Dostoïevski, Maeterlinck et nos écrivains français, et il en a tiré ses merveilleux poèmes. Ainsi Don Perosi, dans ses compositions, soude le chant grégorien, le style musical des contrepointistes des XVe et XVIe siècles, Palestrina, Roland, Gabrieli, Carissimi, Schütz, Bach, Händel, Gounod, Wagner — j'allais dire César Franck, mais Don Perosi m'a dit qu'il ne connaissait presque pas ce compositeur, même si son style ressemble quelque peu à celui de Franck.

Le temps n'existe pas pour Don Perosi. Lorsqu'il voulait courtoisement faire l'éloge des musiciens français, le premier nom qu'il choisissait, comme s'il s'agissait de celui d'un contemporain, était celui de Josquin, puis celui de Roland de Lassus, qui lui paraît un musicien si grand et si profond qu'il admire lui surtout. Et l'universalité du style de Don Perosi est un trait à la fois catholique et italien. Il s'exprime très clairement sur le sujet. « Autrefois, dit-il, les grands artistes étaient plus éclectiques que nous et moins liés par leurs nationalités. L'école de Josquin a peuplé toute l'Europe. Roland a vécu en Flandre, en Italie et en Allemagne. Chez eux, le même style exprimait la partout la même pensée. Nous devons faire comme eux. Nous devons essayer de recréer un art universel dans lequel se mêlent les ressources de tous les pays et de tous les temps.

En fait, je ne pense pas que ce soit tout à fait exact. Je doute plutôt que Josquin et Roland soient éclectiques ; car ils ne combinaient pas vraiment les styles des différents pays, mais imposaient aux autres pays le style que l'école franco-flamande venait de créer, style qu'eux-mêmes enrichissaient quotidiennement. Mais l'idée de Don Perosi mérite notre appréciation, et il faut saluer sa tentative de créer un style universel. Ce serait une bonne chose pour la musique si l'éclectisme, ainsi compris, pouvait restaurer une partie de l'équilibre perdu depuis la mort de Wagner ; ce serait un bienfait pour l'esprit humain, qui pourrait alors trouver dans l'unité de l'art un moyen puissant de réaliser l'unité de l'esprit. Notre but doit être d'effacer les différences de race dans l'art, afin qu'il devienne une langue commune à tous les peuples, où se concilient les idées les plus opposées. Nous devrions tous œuvrer ensemble à la construction de la cathédrale de l'art européen. Et la place du directeur de la chapelle Sixtine parmi les premiers bâtisseurs est très claire.

Don Perosi s'est assis au piano et m'a joué le *Te Deum* de *La Nativité*, qu'il avait écrit la veille. Il jouait très doucement, avec une gaieté juvénile, et chantait les parties chorales à voix basse. De temps en temps, il me regardait, non pas pour me féliciter, mais pour voir si nous partagions les mêmes pensées. Il me regardait bien en face avec ses yeux calmes, puis revenait à sa partition, puis me regardait à nouveau. Et j'ai senti un calme réconfortant irradier de lui et de sa musique, de son harmonie heureuse et de la sérénité pleine et rythmée de son esprit. Et comme c'était agréable après les tempêtes et les convulsions de l'art de ces derniers jours. Ne peut-on pas s'arracher à cette souffrance romantique en musique commencée par Beethoven ? Après un siècle de batailles, de révolutions et de conflits politiques et sociaux, dont la douleur a trouvé son reflet dans l'art, commençons à construire une nouvelle ville d'art, où les hommes pourront se rassembler dans un amour fraternel pour le même idéal. Aussi utopique que cet espoir puisse paraître aujourd'hui, considérons-le comme le symptôme de nouvelles orientations de pensée, et espérons que Don Perosi sera l'un de ceux qui apporteront en musique cette paix divine, cette paix à laquelle Beethoven aspirait dans le désespoir à la fin de sa *Missa Solemnis*, cette joie qu'il chantait sans jamais la connaître.

MUSIQUE FRANÇAISE ET ALLEMANDE

En mai 1905, eut lieu à Strasbourg le premier festival musical d'Alsace-Lorraine. Il s'agit d'un événement artistique important, qui marque le rapprochement de deux civilisations qui depuis des siècles s'opposent sur le sol alsacien, plus soucieuses de dispute que de compréhension mutuelle.

Le programme officiel des *fêtes musicales* mettait l'accent sur la volonté réconciliatrice de ses organisateurs, et je cite ces mots du livre-programme, rédigé par le docteur Max Bendiner, de Strasbourg :

« La musique peut accomplir la plus haute de toutes les missions : elle peut être un lien entre des nations, des races et des États qui, à bien des égards, sont étrangers les uns aux autres ; elle peut unir ce qui est désuni et apporter la paix à ce qui est hostile... Aucun pays n'est plus apte à son aide amicale que l'Alsace-Lorraine, ce vieux lieu de rencontre des peuples, où de temps immémorial le Nord et le Sud ont échangé leurs richesses matérielles et spirituelles et aucun endroit n'est plus prêt à l'accueillir que Strasbourg ; , vieille ville bâtie par les Romains, qui est restée jusqu'à nos jours un centre de vie spirituelle. Tous les grands courants intellectuels ont marqué les Alsaciens-Lorrains et sont donc destinés à jouer le rôle de médiateur entre eux ; des époques différentes et des peuples différents, l'Orient et l'Occident, le passé et le présent, se rencontrent ici et se donnent la main. Dans des festivals comme celui-ci, il ne s'agit pas de remporter des victoires esthétiques, il s'agit de rassembler tout cela. est grand, noble et éternel dans l'art des différentes époques et des différentes nations. »

C'était une belle ambition pour l'Alsace, éternel champ de bataille, que de vouloir inaugurer ces jeux olympiques européens. Mais malgré les bonnes intentions, cette rencontre des nations aboutit à un combat, sur le terrain musical, entre deux civilisations et deux arts : l'art français et l'art allemand. Car ces deux arts représentent aujourd'hui tout ce qu'il y a de vraiment vivant dans la musique européenne.

De telles joutes sont très émouvantes et peuvent rendre de grands services à tous les combattants. Mais malheureusement, la France était très indifférente en la matière. Il était du devoir de nos musiciens et de nos critiques d'assister à une rencontre internationale comme celle-ci et de veiller à ce que les conditions du combat soient équitables. J'entends par là que notre art doit être représenté tel qu'il doit être, afin que nous puissions apprendre quelque chose du résultat. Mais le public français ne fait rien dans un tel moment ; il reste absorbé dans ses concerts à Paris, où tout le monde se connaît si bien qu'on ne sait ni n'ose critiquer librement. Ainsi notre art dépérit dans une atmosphère de coteries, au lieu de chercher le plein air et de lutter vigoureusement contre l'art étranger. Car la majorité de nos critiques préfèrent nier l'existence de l'art étranger plutôt que de tenter de le comprendre. Jamais je n'ai plus regretté leur indifférence qu'au festival de Strasbourg où, malgré les conditions défavorables dans lesquelles l'art français était représenté par notre propre insouciance, j'ai compris quelle aurait pu être sa force si nous avions été des spectateurs intéressés par le spectacle. lutte.

Un parfait éclectisme a été exercé dans la composition du programme. On trouvait mêlés les noms de Mozart, Wagner et Brahms ; César Franck et Gustave Charpentier ; Richard Strauss et Mahler. Il y avait des chanteurs français comme Cazeneuve et Daraux, des virtuoses français et italiens comme Henri Marteau et Ferruccio Busoni, ainsi que des artistes allemands, autrichiens et scandinaves. L'orchestre (le *Strassbürger Städtische Orchester*) et le chœur, composé de différents *Chorvereine* de Strasbourg, étaient dirigés par Richard Strauss, Gustav Mahler et Camille Chevillard. Mais les noms de ces célèbres *Kapellmeister* ne doivent pas faire oublier celui qui était véritablement l'âme des concerts : le professeur Ernst Münch, de Strasbourg, alsacien, qui dirigeait toutes les répétitions, et qui s'effaçait au dernier moment et quittait la scène. tous les honneurs aux chefs d'orchestres étrangers. Le professeur Münch, qui est également organiste à Saint-Guillaume, a fait plus que quiconque pour la musique à Strasbourg, y a formé d'excellents chœurs (les « *Choeurs de Saint-Guillaume* ») et a organisé de splendides concerts de musique de Bach avec l'aide d'un autre Alsacien, Albert Schweitzer, dont le nom est bien connu des historiens de la musique. Ce dernier est directeur du collège clérical de Saint-Thomas (*Thomasstift*), pasteur, organiste, professeur à l'université de Strasbourg et auteur d'intéressants ouvrages de théologie et de philosophie. Il a par ailleurs écrit un livre désormais célèbre, *Jean-Sébastien Bach*, doublement remarquable : d'abord parce qu'il est écrit en français (bien qu'il ait été publié à Leipzig par un professeur de l'université de Strasbourg), et ensuite parce qu'il montre un mélange harmonieux de l'esprit français et allemand et donne une nouvelle vie à l'étude de Bach et de l'art classique ancien. C'était très intéressant pour moi de faire la connaissance de ces gens, nés sur le sol alsacien, et représentant le meilleur de la culture alsacienne et tout ce qu'il y a de meilleur dans les deux civilisations.

Le programme des trois jours de festival était le suivant :

Samedi 20 mai.

Ouverture d'Obéron : Weber (direction Richard Strauss).

Les Béatitudes : César Franck (direction Camille Chevillard).

Impressions d'Italie : Gustav Charpentier (direction Camille Chevillard).

Trois chansons de Jean Sibelius, Hugo Wolf, Armas Järnefelt (chantées par Mme Järnefelt).

La dernière scène de *Die Meistersinger* : Wagner (direction Richard Strauss).

Dimanche 21 mai.

Cinquième Symphonie : Gustav Mahler (direction Gustav Mahler).

Rhapsodie , pour contralto, chœur et orchestre : Johannes Brahms (direction Ernst Münch).

Concerto de Strasbourg en sol majeur , pour violon (joué par Henri Marteau ; dirigé par Richard Strauss).

Sinfonia domestica : Richard Strauss (direction Richard Strauss).

Lundi 22 mai.

Ouverture de Coriolan : Beethoven (direction Gustav Mahler).

Concerto en sol majeur , pour piano : Beethoven (joué par Ferruccio Busoni).

Lieder : An die enfernie Geliebte : Beethoven (chanté par Ludwig Hess).

Symphonie Chorale : Beethoven (direction Gustav Mahler).

M. Chevillard représentait seul nos musiciens français à la fête ; et ils n'auraient pas pu faire un meilleur choix de chef d'orchestre. Mais l'Allemagne avait délégué ses deux plus grands compositeurs, Strauss et Mahler, pour venir diriger leurs nouvelles compositions. Et je pense qu'il n'aurait pas été exagéré de charger l'un de nos compositeurs les plus éminents de combattre la gloire dont jouissent ces deux-là dans leur propre pays.

M. Chevillard avait été chargé de diriger, non pas une des œuvres de nos maîtres récents, comme Debussy ou Dukas, dont il rend le style à la perfection, mais *les Béatitudes de Franck* , œuvre dont il ne comprend pas, à mon avis, bien l'esprit. La tendresse mystique de Franck lui échappe, et il ne fait ressortir que le dramatique. Aussi cette interprétation des *Béatitudes* , quoique belle à bien des égards, laissait-elle une idée imparfaite du génie de Franck.

Mais ce qui paraissait inconcevable, et ce qui agaçait à juste titre M. Chevillard, c'était que l'ensemble des *Béatitudes* ne fût pas donné, mais seulement une partie. Et à ce sujet, je me permettrai de recommander aux artistes français invités dans des festivals similaires de ne plus accepter à l'avenir une programmation les yeux fermés, mais de faire prendre en compte leurs propres souhaits, ou de refuser leur aide. Si l'on veut donner aux musiciens français une place au *Musikfeste allemand* , il faut que les Français puissent choisir les œuvres qui les représentent. Et surtout, il ne faut pas qu'un chef d'orchestre français, amené de Paris, trouve à son arrivée une partition mutilée et un choix arbitraire de quelques fragments qui ne sont même pas entiers en eux-mêmes. Car ils ont joué cinq des huit *Béatitudes* , et des coupures avaient été faites dans la troisième et la huitième *Béatitudes* . C'est un manque de respect pour l'art, car les œuvres doivent être données telles quelles, ou pas du tout.

Et il aurait été plus convenable si, dans ce festival de trois jours, les organisateurs avaient eu la courtoisie de consacrer la première journée à la musique française et lui avaient réservé un concert entier. Mais, sans doute, ils avaient soigneusement pris en sandwich les œuvres françaises entre des œuvres allemandes pour en affaiblir l'effet, et diminuer l'enthousiasme probable (et réel) avec lequel la musique française serait accueillie en présence du Statthalter d'Alsace-Lorraine par une section. du public alsacien. En outre, et par un choix que ni moi ni personne à Strasbourg ne pouvions croire dicté par des raisons musicales, l'œuvre allemande choisie pour clôturer la soirée était la scène finale de *Die Meistersinger* , avec son couplet retentissant de Hans Sachs, dans dans lequel il dénonce le manque de sincérité et la frivolité étrangères (*Wälschen Dunst mit wälschen Tand*). Ce manque de courtoisie, même si les propos étaient vraiment absurdes lors de ce concert même pour montrer que l'art étranger ne pouvait être ignoré, ne vaudrait pas la peine d'être évoqué s'il ne servait à montrer encore combien est regrettable l'indifférence des artistes français. qui participent à ces fêtes. Et cette erreur ne se serait jamais produite s'ils avaient pris soin de prendre connaissance au préalable du programme et d'y mettre leur veto.

J'ai évoqué ce petit incident en partie parce que mon avis était partagé par de nombreux Alsaciens présents dans l'assistance, qui m'ont ensuite fait part de leur mécontentement. Mais, ceci mis à part, nos artistes français n'auraient pas dû consentir à ce que notre musique soit représentée par une partition mutilée des *Béatitudes et par les Impressions d'Italie* de Charpentier , car cette dernière, quoique brillamment habile, n'est pas des premières. rang, et fut trop facilement écrasé par une des compositions les plus prodigieuses de Wagner. Si l'on veut instituer une joute entre l'art français et l'art allemand, qu'elle soit juste, je le répète ; que Wagner soit confronté à Berlioz, et Strauss à Debussy, et Mahler à Dukas ou à Magnard.

Telles étaient les conditions du combat ; et ils étaient, intentionnellement ou non, défavorables à la France. Et pourtant, aux yeux d'un observateur impartial, le résultat était pour nous plein d'espoir et d'encouragement.

Je ne me suis jamais préoccupé en art de questions de nationalité. Je n'ai même pas caché ma préférence pour la musique allemande ; et je considère, encore aujourd'hui, que Richard Strauss est le premier compositeur musical d'Europe. Cela dit, je suis plus libre de parler de l'étrange impression que j'ai eue au festival de Strasbourg, une impression du changement qui s'opère dans la musique et de la façon dont l'art français s'apprête silencieusement à se substituer à l'art allemand.

" *Wälschen Dunst und wälschen Tand ....*" Comme ce discours de reproche semble déplacé quand on écoute la pensée honnête exprimée dans la musique de César Franck. Dans *Les Béatitudes* , rien, ou presque, n'a été fait pour l'art. C'est l'âme qui parle à l'âme. Comme l'écrivait Beethoven, à la fin de sa messe en ré : « *Vom Herzen... zu Herzen* ! ("Ça vient du coeur pour aller au coeur"). Je ne connais que Franck au siècle dernier, si ce n'est Beethoven, qui a possédé à un si haut degré la vertu d'être lui-même et de ne dire que la vérité sans penser à son public. Jamais auparavant la foi religieuse n'a été exprimée avec une telle sincérité. Franck est le seul musicien, avec Bach, qui ait vraiment *vu* le Christ, et qui puisse le faire voir aussi aux autres. J'oserais même dire que son Christ est plus simple que celui de Bach ; car la pensée de Bach est souvent entraînée par l'intérêt de développer son sujet, par certaines habitudes de composition, par des répétitions et des artifices astucieux qui affaiblissent sa force. Dans la musique de Franck, on retrouve la parole même du Christ, sans fioritures et dans toute sa force vivante. Et dans la merveilleuse harmonie entre la musique et les paroles sacrées, nous entendons la voix de la conscience du monde. J'ai entendu une fois quelqu'un dire à Mme. Cosima Wagner que certains passages de *Parsifal* , notamment le chœur « *Durch Mitleid wissend* », avaient un caractère véritablement religieux et la force d'une révélation. Mais je trouve une plus grande force et un esprit plus véritablement chrétien dans *Les Béatitudes* .

Et voici une chose étonnante. Lors de ce festival musical allemand, c'était un Français qui représentait non seulement une musique sérieuse moulée dans une forme classique, mais aussi un esprit religieux et l'esprit des Évangiles. Les caractères de deux nations ont été inversés. Les Allemands ont tellement changé qu'ils ne peuvent qu'avec difficulté apprécier ce sérieux et cette foi religieuse. J'ai regardé le public à cette occasion ; ils écoutaient poliment, un peu étonnés et ennuyés, comme pour dire : « Qu'importe ce Français avec de la profondeur et de la piété d'âme ?

"Il n'y a aucun doute", a déclaré Henri Lichtenberger, qui était assis à côté de moi au concert, "notre musique commence à ennuyer les Allemands".

C'est seulement l'autre jour que la musique allemande a eu le privilège de nous ennuyer en France.

Aussi, pour compenser la grandeur austère des *Béatitudes,* ils les firent immédiatement suivre par *les Impressions d'Italie de Gustave Charpentier* . Il fallait voir le soulagement du public. Ils devaient enfin avoir de la musique française, telle que l'entendent les Allemands. Charpentier est, de tous les musiciens français vivants, le plus apprécié en Allemagne ; il est en effet le seul à être apprécié autant par les artistes que par le grand public. Dirai-je que le plaisir sincère qu'ils prennent à son orchestration et à la vie gaie de ses sujets est un peu rehaussé d'un léger dédain pour la frivolité française — *wälschen Tand* ?

«Maintenant, écoutez ça», me disait Richard Strauss lors du troisième mouvement des *Impressions d'Italie* ; "C'est la vraie musique de Montmartre, l'énonciation de belles paroles... Liberté !... Amour !... auxquelles personne ne croit."

Et dans l'ensemble, il trouvait la musique assez charmante et, sans doute, au fond de son cœur, il approuvait ce Français selon les idées conventionnelles qui n'ont cours qu'en Allemagne. Strauss aime vraiment beaucoup Charpentier et fut son mécène à Berlin ; et je me souviens de la joie enfantine qu'il témoignait à *Louise* lors de sa première représentation à Paris.

Mais Strauss, et la plupart des autres Allemands, font tout à fait fausse route lorsqu'ils tentent de se persuader que cette amusante frivolité française est encore la propriété exclusive de la France. Ils l'aiment vraiment parce que c'est devenu allemand ; et ils en sont tout à fait inconscients. Les artistes allemands d'autrefois ne prenaient pas beaucoup de plaisir à la frivolité ; mais j'aurais facilement pu montrer à Strauss son goût pour cela en prenant des exemples dans ses propres œuvres. Les Allemands d'aujourd'hui n'ont que peu de choses en commun avec les Allemands d'hier.

Je ne parle pas seulement du grand public. Le public allemand d'aujourd'hui est un adepte de Brahms et de Wagner, et tout ce qui lui appartient leur semble bon ; ils n'ont aucune discrimination et, tout en applaudissant Wagner et encore Brahms, ils sont, dans leur cœur, non seulement frivoles, mais sentimentaux et grossiers. Ce qui frappe le plus chez ce public, c'est son culte du pouvoir depuis la mort de Wagner. En écoutant la fin de *Die Meistersinger,* j'ai senti combien la musique hautaine de la grande marche reflétait l'esprit de cette nation militaire de commerçants, débordante de santé grossière et d'orgueil complaisant.

Le plus remarquable est que les artistes allemands perdent peu à peu la capacité de comprendre leurs propres grands classiques, et en particulier Beethoven. Strauss, qui est très astucieux et connaît exactement ses propres limites, n'entre pas volontairement dans le domaine de Beethoven, bien qu'il ressente son esprit d'une manière beaucoup plus vivante que n'importe quel autre *maître de chapelle allemand* . Au festival de Strasbourg, il se contente de diriger, outre sa propre symphonie, l' *Ouverture d'Obéron* et un concerto de Mozart. Ces performances étaient intéressantes ; une personnalité comme la sienne est si curieuse qu'il est assez amusant de la retrouver transparaître dans les œuvres qu'il dirige. Mais comme les traits de Mozart prenaient un air désinvolte et impatient ; et comment les rythmes étaient accentués aux dépens de la grâce mélodique. Mais dans ce cas, Strauss avait affaire à un concerto, où une certaine liberté d'interprétation est autorisée. Mais Mahler, moins discret, osa diriger l'intégralité du concert de Beethoven. Et que dire de cette soirée ? Je ne parlerai pas du *Concerto pour pianoforte, en sol majeur*, que Busoni joua avec une exécution brillante et superficielle qui enlevait toute l'ampleur à l'œuvre ; il suffit de constater que son interprétation fut accueillie avec enthousiasme par le public. Les artistes allemands n'étaient pas responsables de cette performance ; mais ils sont responsables de ce beau cycle de *Lieder, An die entfernte Geliebte*, hurlé à pleine voix par un ténor berlinois, et de la *Symphonie chorale*, qui était, pour moi, une interprétation indescriptible. Je n'aurais jamais pu croire qu'un orchestre allemand dirigé par le chef *Kapellmeister* d'Autriche puisse commettre de tels méfaits. L'époque était incroyable : le scherzo n'avait pas de vie ; l'adagio fut pris en toute hâte, sans laisser un moment au rêve ; et il y eut des pauses dans le finale qui détruisirent le développement du thème et rompirent le fil de sa pensée. Les différentes parties de l'orchestre se superposaient, et l'ensemble était incertain et manquant d'équilibre. J'ai un jour sévèrement critiqué la raideur néoclassique de Weingartner ; mais j'aurais dû apprécier son sain équilibre et son effort d'exactitude après avoir entendu cette interprétation neurasthénique de Beethoven. Non; on n'entend plus Beethoven et Mozart aujourd'hui en Allemagne, on n'entend que Mahler et Strauss. Eh bien, qu'il en soit ainsi. Nous allons nous résigner. Le passé est passé. Laissons Beethoven et Mozart et parlons de Mahler et Strauss.

Gustav Mahler a quarante-six ans. [193] C'est une sorte de type légendaire de musicien allemand, un peu comme Schubert, et à mi-chemin entre un maître d'école et un ecclésiastique. Il a un visage long et rasé de près, un crâne pointu couvert de cheveux en désordre, un front chauve, un nez proéminent, des yeux qui clignent derrière ses lunettes, une grande bouche et des lèvres fines, des joues creuses, une expression plutôt fatiguée et sarcastique, et un air général d'ascétisme. Il est excessivement nerveux et les caricatures de silhouettes le représentant sous la forme d'un chat en convulsions dans le pupitre du chef d'orchestre sont très populaires en Allemagne.

Il est né à Kalischt en Bohême et est devenu l'élève d'Anton Bruckner à Vienne, puis du *Hofoperndirecktor* (« directeur de l'opéra »). J'espère un jour étudier plus en détail l'œuvre de cet artiste, car il est le deuxième compositeur en Allemagne après Strauss et le principal musicien de l'Allemagne du Sud.

Son œuvre la plus importante est une suite de symphonies ; et c'est la cinquième symphonie de cette suite qu'il dirigea au festival de Strasbourg. La première symphonie, intitulée *Titan* , fut composée en 1894. La construction de l'ensemble est à une échelle massive et gigantesque ; et les mélodies sur lesquelles sont construites ces œuvres sont comme des blocs dégrossis, de mauvaise qualité, mais imposants par leur taille et par la répétition obstinée de leur dessin rythmique, entretenu comme une obsession. Cet amas de musiques à la fois crues et savantes, aux harmonies tantôt maladroites, tantôt délicates, mérite d'être considéré en raison de son ampleur. L'orchestration est lourde et bruyante ; et les cuivres dominent et dorent grossièrement la coloration un peu sombre du grand édifice. L' idée sous-jacente à la composition est néoclassique, plutôt spongieuse et diffuse. Sa structure harmonique est composite : on y retrouve le style de Bach, Schubert et Mendelssohn combattant celui de Wagner et Bruckner ; et, par un goût prononcé pour la forme canon, il rappelle même certaines œuvres de Franck. L'ensemble ressemble à une collection de bric-à-brac voyante et coûteuse.

La principale caractéristique de ces symphonies est, d'une manière générale, l'utilisation du chant choral avec l'orchestre. "Quand je conçois une grande peinture musicale (*ein grosses musikalisches Gemälde*)", dit Mahler, "il arrive toujours un moment où je me sens obligé d'utiliser la parole (*das Wort*) comme aide à la réalisation de ma conception musicale."

Mahler a tiré des effets saisissants de cette combinaison de voix et d'instruments, et il a bien fait de s'inspirer en ce sens de Beethoven et de Liszt. Il est incroyable que le XIXe siècle ait si peu utilisé cette combinaison ; car je pense que le gain peut être aussi bien poétique que musical.

Dans la *Deuxième Symphonie en do mineur* , les trois premières parties sont purement instrumentales ; mais dans la quatrième partie on entend la voix d'un contralto chantant ces paroles tristes et simples :

" Der Mensch liegt in grösster Noth !
Der Mensch liegt in grösster Pein !
Je lieber möcht ich im Himmel sein !"* [194]

L'âme s'efforce d'atteindre Dieu avec le cri passionné :

" Ich bin von Gott et je serai wieder zu Gott ". [195]

Vient ensuite un épisode symphonique (*Der Rufer in der Wüste*), et l'on entend « la voix de celui qui crie dans le désert » sur des tons féroces et angoissés. Il y a un final apocalyptique où le chœur chante la belle ode de Klopstock sur la promesse de la Résurrection :

" Aufersteh'n, ja, aufersteh'n wirst du, mein Staub, nach kurzer Ruh !" [196]

La loi est proclamée avec :

" *Was entstanden ist, dass mus vergehen,*
Was vergangen, auferstehen ! " [197]

Et tout l'orchestre, les chœurs et l'orgue se joignent à l'hymne de la Vie éternelle.

Dans la *Troisième Symphonie*, connue sous le nom de *Ein Sommermorgentraum* (« Le rêve d'un matin d'été »), la première et la dernière parties sont réservées à l'orchestre seul ; la quatrième partie contient quelques-unes des meilleures musiques de Mahler et constitue un admirable cadre des paroles de Nietzsche :

" *Ô Mensch ! Ô Mensch ! Gib Acht ! gib Acht !*
Was spricht die tiefe Mitternacht ? " [198]

La cinquième partie est un chœur gai et émouvant fondé sur une légende populaire.

Dans la *Quatrième Symphonie en sol majeur*, seule la dernière partie est chantée et a un caractère presque humoristique, étant une sorte de description enfantine des joies du Paradis.

Malgré les apparences, Mahler refuse de relier ces symphonies chorales à une musique à programme. Il a sans doute raison s'il veut dire que sa musique a sa propre valeur en dehors de toute sorte de programme ; mais il ne fait aucun doute que c'est toujours l'expression d'une *Stimmung définie*, d'un état d'esprit conscient ; et le fait est que, qu'il le veuille ou non, *Stimmung* donne à sa musique un intérêt bien au-delà de celui de la musique elle-même. Sa personnalité me semble bien plus intéressante que son art.

C'est souvent le cas des artistes en Allemagne ; Hugo Wolf en est un autre exemple. Le cas de Mahler est en réalité plutôt curieux. Quand on étudie ses œuvres, on est convaincu qu'il fait partie de ces rares types dans l'Allemagne moderne : un égoïste qui ressent la sincérité. Peut-être que ses émotions et ses idées ne parviennent pas à s'exprimer de manière vraiment sincère et personnelle ; car ils nous parviennent à travers un nuage de réminiscences et une atmosphère de classicisme. Je ne peux m'empêcher de penser que la position de Mahler comme directeur de l'Opéra, et la saturation qui en résulte dans la musique que sa vocation le condamne à étudier, en sont la cause. Il n'y a rien de plus fatal à un esprit créateur que de trop lire, surtout lorsqu'il ne lit pas de son plein gré, mais qu'il est contraint d'absorber une quantité excessive de nourriture, dont la plus grande partie est indigeste. C'est en vain que Mahler tentera de défendre le sanctuaire de son esprit ; elle est violée par les idées étrangères venant de toutes parts, et au lieu de pouvoir les chasser, sa conscience de chef d'orchestre l'oblige à les recevoir et presque à les embrasser. Avec son activité fébrile et accablé de lourdes tâches, il travaille sans relâche et n'a pas le temps de rêver. Mahler ne sera Mahler que lorsqu'il sera capable de quitter son travail administratif, de fermer ses comptes, de se retirer en lui-même et d'attendre patiemment qu'il redevienne lui-même, s'il n'est pas trop tard.

Sa *Cinquième Symphonie* , qu'il dirigea à Strasbourg, m'a convaincu, plus que toutes ses autres œuvres, de l'urgente nécessité de suivre cette voie. Dans cette composition, il ne s'est pas permis d'utiliser les chœurs, qui étaient l'un des principaux attraits de ses symphonies précédentes. Il voulait prouver qu'il pouvait écrire de la musique pure et, pour assurer sa prétention, il refusa que toute explication de sa composition soit publiée dans le programme du concert, comme l'avaient fait les autres compositeurs du festival ; il souhaitait donc qu'il soit jugé d'un point de vue strictement musical. C'était une épreuve dangereuse pour lui.

Même si je souhaitais beaucoup admirer l'œuvre d'un compositeur que j'avais en tant d'estime, j'ai senti qu'elle ne sortait pas très bien du test. Pour commencer, cette symphonie est excessivement longue – elle dure une heure et demie – même si ses proportions ne semblent pas justifiées. Il se veut colossal et réalise principalement le vide. Les *motifs* sont plus que familiers. Après une marche funèbre au caractère banal et au mouvement bruyant, où Beethoven semble prendre des leçons de Mendelssohn, vient un scherzo, ou plutôt une valse viennoise, où Chabrier donne un coup de main au vieux Bach. L'adagietto a une sentimentalité plutôt douce. Le rondo de la fin se présente un peu comme une idée de Franck et constitue la meilleure partie de la composition ; il est exécuté dans un esprit de folle ivresse et un choral s'en élève avec une joie fracassante ; mais l'effet de l'ensemble se perd dans des répétitions qui l'étouffent et l'alourdissent. Tout au long de l'œuvre circule un mélange de raideur pédante et d'incohérence ; il avance de manière décousue et souffre d'arrêts brusques au cours de son développement et d'idées superflues qui surgissent sans aucune raison, avec pour résultat que l'ensemble s'enflamme.

Par-dessus tout, je crains que Mahler n'ait été tristement hypnotisé par les idées sur le pouvoir – idées qui viennent aujourd'hui à la tête de tous les artistes allemands. Il semble avoir un esprit indécis, et allier tristesse et ironie avec faiblesse et impatience, être un musicien viennois aspirant à la grandeur wagnérienne. Personne n'exprime mieux que lui la grâce des *Ländler* , les valses délicates et les rêveries lugubres ; et peut-être personne n'est plus proche du secret de la mélancolie émouvante et voluptueuse de Schubert ; et c'est de Schubert qu'il se souvient parfois, tant par ses qualités que par certains de ses défauts. Mais il veut être Beethoven ou Wagner. Et il a tort ;

car il lui manque leur équilibre et leur force gigantesque. On ne l'a que trop bien vu lorsqu'il dirigeait la *Symphonie Chorale* .

Mais quoi qu'il soit, quelle que soit la déception qu'il m'ait apportée à Strasbourg, je ne me permettrai jamais de parler de lui à la légère ou avec moquerie. Je suis convaincu qu'un musicien aux objectifs aussi élevés créera un jour une œuvre digne de lui.

Richard Strauss contraste complètement avec Mahler. Il a toujours l'air d'un enfant insouciant et mécontent. Grand et mince, plutôt élégant et hautain, il semble être d'une race plus raffinée que la plupart des autres artistes allemands d'aujourd'hui. Dédaigneux, *blasé* du succès et très exigeant, son attitude à l'égard des autres musiciens n'a rien de la modestie gagnante de Mahler. Il n'est pas moins nerveux que Mahler et, pendant qu'il dirige l'orchestre, il semble se livrer à une danse endiablée qui suit les moindres détails de sa musique, une musique aussi agitée que l'eau limpide dans laquelle on jette une pierre. Mais il a un grand avantage sur Mahler ; il sait se reposer après son travail. De nature à la fois excité et somnolent, ses nerfs tendus sont contrebalancés par son indolence, et il y a au fond de lui un amour bavarois du luxe. Je suis sûr que lorsque ses heures de vie intense sont terminées, après avoir dépensé une quantité excessive d'énergie, il a des heures où il n'est que partiellement vivant. On voit alors ses yeux avec un regard vague et endormi ; et il est comme le vieux Rameau, qui se promenait des heures durant comme un automate, ne voyant rien et ne pensant à rien.

A Strasbourg, Strauss dirigea sa *Sinfonia Domestica* , dont le programme semble bravement défier la raison, et même le bon goût. Dans la symphonie, il se représente avec sa femme et son garçon (*"Meiner lieben Frau und unserm Jungen gewidmet"*). « Je ne vois pas, dit Strauss, pourquoi je ne composerais pas une symphonie sur moi-même ; je me trouve tout aussi intéressant que Napoléon ou Alexandre. Certaines personnes ont répondu que tout le monde pourrait ne pas partager son intérêt. Mais je n'utiliserai pas cet argument ; il est tout à fait possible qu'un artiste de la valeur de Strauss nous divertisse. Ce qui me dérange le plus, c'est la façon dont il parle de lui-même. La disproportion entre son sujet et les moyens dont il dispose pour l'exprimer est trop forte. Je n'aime surtout pas cet étalage du moi intérieur et secret. Il y a un manque de réticence dans cette *Sinfonia Domestica* . Le coin du feu, le salon et la chambre sont ouverts à tous. Est-ce là le sentiment de famille de l'Allemagne d'aujourd'hui ? J'avoue que la première fois que j'ai entendu cette œuvre, elle m'a heurté pour des raisons purement morales, malgré l'affection que j'ai pour son compositeur. Mais ensuite j'ai changé ma première opinion et j'ai trouvé la musique admirable. Connaissez-vous le programme ?

La première partie vous montre trois personnes : un homme, une femme et un enfant. L'homme est représenté par trois thèmes : un *motif* plein d'esprit et d'humour, un *motif réfléchi* et un *motif* exprimant une action enthousiaste et enthousiaste. La femme n'a que deux thèmes : l'un exprimant le caprice, l'autre l'amour et la tendresse. L'enfant a un *motif unique* , calme, innocent et de caractère peu défini ; sa valeur réelle ne se manifeste que lorsqu'il est développé.... À quel des deux parents ressemble-t-il ? La famille s'assoit autour de lui et discute de lui. "Il est comme son père" (*Ganz der Papa*), disent les tantes. "Il est l'image de sa mère" (*Ganz die Mama*), disent les oncles.

La deuxième partie de la symphonie est un scherzo qui représente l'enfant en train de jouer ; il y a des jeux terriblement bruyants, des jeux d'une gaieté herculéenne, et on entend les parents parler dans toute la maison. Comme nous semblons loin des bons petits enfants de Schumann et de leurs familles naïves ! Enfin l'enfant est mis au lit ; ils le bercent pour qu'il s'endorme, et l'horloge sonne sept heures. La nuit arrive. Il y a des rêves et un sommeil agité. Puis une scène d'amour... L'horloge sonne sept heures du matin. Tout le monde se réveille et il y a une joyeuse discussion. On entend une double fugue où le thème de l'homme et le thème de la femme se contredisent avec une obstination exaspérante et ridicule ; et l'homme a le dernier mot. Il y a enfin l'apothéose de l'enfant et de la vie familiale.

Un tel programme sert plutôt à égarer l'auditeur qu'à le guider. Cela gâche l'idée de l'œuvre en soulignant son côté anecdotique et plutôt comique. Car sans doute le côté comique est là, et Strauss a vainement prévenu qu'il ne voulait pas dresser un tableau amusant de la vie conjugale, mais vanter le caractère sacré du mariage et de la parentalité ; mais il possède une veine d'humour si forte qu'elle ne peut s'empêcher de prendre le dessus sur lui. Il n'y a rien de vraiment grave ni de religieux dans la musique, sauf lorsqu'il parle de l'enfant ; alors la rude gaieté de l'homme devient douce, et la coquetterie irritante de la femme devient d'une tendresse exquise. Sinon, la satire et l'amour de la plaisanterie de Strauss prennent le dessus et atteignent une gaieté et une force presque épiques.

Mais il faut oublier ce programme imprudent, qui confine au mauvais goût et parfois à quelque chose de pire encore. Quand on a réussi à l'oublier, on découvre une symphonie bien proportionnée en quatre parties – Allegro, Scherzo, Adagio et Finale en forme de fugue – et l'une des plus belles œuvres de la musique contemporaine. Elle a l'exubérance passionnée de la symphonie précédente de Strauss, *Heldenleben* , mais elle est supérieure dans sa construction artistique ; on peut même dire qu'il s'agit de l'œuvre la plus parfaite de Strauss depuis *Tod und Verklärung* (« Mort et transfiguration »), avec une richesse colorimétrique et une maîtrise technique que *Tod und Verklärung* ne possédait pas. On est ébloui par la beauté d'une orchestration légère et souple, capable d'exprimer de délicates nuances de sentiment ; et cela m'a encore plus frappé après la masse solide de l'orchestration de Mahler, qui est comme un pain sans levain lourd. Chez Strauss, tout est plein de vie et de nerfs, et il n'y a rien de gaspillé. Peut-être que la première présentation de ses thèmes a un caractère un peu trop schématique ; et peut-être que l'énonciation mélodique est plutôt restreinte et peu élevée ; mais c'est très personnel, et on ne peut dissocier sa personnalité de ces thèmes vigoureux qui brûlent d'une ardeur juvénile, qui coupent l'air comme des flèches et se tordent en arabesques bizarres. Dans l'adagio représentant la nuit, il y a, quoique de très mauvais goût, beaucoup de sérieux, de rêverie et d'émotion vive. La fugue de la fin est d'une étonnante vivacité ; et c'est un mélange de plaisanterie colossale et de poésie pastorale héroïque digne de Beethoven, dont il rappelle le style dans l'ampleur de son développement. L'apothéose finale est remplie de vie ; sa joie fait battre le cœur. Les effets harmoniques les plus extravagants et les discordes les plus abominables s'adoucissent et disparaissent presque dans la merveilleuse combinaison des *timbres* . C'est l'œuvre d'un artiste fort et sensuel, véritable héritier du Wagner des *Meistersinger* .

Dans l'ensemble, ces œuvres font voir que, malgré leur apparente audace, Strauss et Mahler commencent à se retirer subrepticement de leur point de vue initial et abandonnent la symphonie avec programme. La dernière œuvre de Strauss ne perdra rien à s'appeler tout simplement *Sinfonia Domestica* , sans y ajouter d'autres informations. C'est une véritable symphonie ; et on peut en dire autant de la composition de Mahler. Mais Strauss et Mahler se réforment déjà et reviennent au modèle de la symphonie classique.

Mais il y a des conclusions plus importantes à tirer d'une audience de ce genre. La première est que le talent de Strauss devient de plus en plus exceptionnel dans la musique de son pays. Malgré tous ses défauts, qui sont considérables, Strauss se démarque par sa chaleur d'imagination, par sa spontanéité inextinguible et sa perpétuelle jeunesse. Et son savoir et son art grandissent chaque jour au milieu d'un autre art allemand qui vieillit. La musique allemande en général présente de graves symptômes. Je ne m'étendrai pas sur sa neurasthénie, car elle traverse une crise qui lui apprendra la sagesse ; mais je crains néanmoins que cette excitation nerveuse excessive ne soit suivie de torpeur. Ce qui est vraiment inquiétant, c'est que, malgré tous les talents qui abondent encore, l'Allemagne est en train de perdre rapidement ses principales richesses musicales. Son charme mélodique a presque disparu. On pourrait chercher dans la musique de Strauss, de Mahler ou de Hugo Wolf, sans trouver une mélodie de réelle valeur, ni de véritable originalité, en dehors de son application à un texte, ou d'une idée littéraire, et de son développement harmonique. Et d'ailleurs, la musique allemande perd chaque jour son esprit intime ; il y a encore des traces de cet esprit chez Wolf, grâce à sa vie exceptionnellement malheureuse ; mais il y en a très peu chez Mahler, malgré tous ses efforts pour concentrer son esprit sur lui-même ; et il n'y en a presque pas chez Strauss, bien qu'il soit le plus intéressant des trois compositeurs. Les musiciens allemands n'ont plus aucune profondeur.

J'ai dit que j'attribuais ce fait à l'influence détestable du théâtre, auquel sont attachés presque tous ces artistes comme *Kapellmeister* ou directeurs d'opéra. C'est à cela qu'ils doivent le caractère mélodramatique de leur musique, même s'il n'est qu'apparent : une musique écrite pour le spectacle et visant avant tout à l'effet.

Plus funeste encore que l'influence du théâtre est celle du succès. Ces musiciens disposent aujourd'hui de trop de facilités pour faire jouer leur musique. Une œuvre est jouée presque avant d'être terminée, et le musicien n'a pas le temps de vivre son œuvre dans la solitude et le silence. En outre, les œuvres des principaux musiciens allemands sont soutenues par un formidable boom d'une manière ou d'une autre : par leur *Musikfeste*, par leurs critiques, leur presse et leurs "Guides musicaux" (*Musikführer*), qui sont des explications apologétiques de leurs œuvres, dispersés à l'étranger par millions pour donner le ton au public moutonnier. Et avec tout cela, un musicien devient vite content de lui-même et en vient à croire toute opinion favorable sur son œuvre. Quelle différence avec Beethoven, qui, toute sa vie, martelait les mêmes sujets et mettait vingt fois ses mélodies sur l'enclume avant qu'elles n'atteignent leur forme définitive. C'est là que Mahler fait tant défaut. Ses sujets sont une édition plutôt vulgarisée de certaines idées de Beethoven à l'état inachevé. Mais Mahler ne va pas plus loin que l'esquisse.

Et enfin, je veux parler du plus grand danger de tout ce qui menace la musique en Allemagne ; *il y a trop de musique en Allemagne*. Ce n'est pas un paradoxe. Il n'y a pas de pire malheur pour l'art que sa surabondance. La musique noie les musiciens. Festival succède à festival : le lendemain du festival de Strasbourg devait avoir lieu un festival Bach à Eisenach ; et puis, en fin de semaine, un festival Beethoven à Bonn. Une telle pléthore de concerts, de théâtres, de chorales et de sociétés de musique de chambre, absorbe toute la vie du musicien. Quand a-t-il le temps d'être seul pour écouter la musique qui chante en lui ? Ce flot insensé de musique envahit les sanctuaires de son âme, affaiblit sa puissance et détruit sa solitude sacrée et les trésors de sa pensée.

Il ne faut pas croire que cet excès de musique existait autrefois en Allemagne. À l'époque des grands maîtres classiques, l'Allemagne ne disposait pratiquement pas d'institutions permettant de donner régulièrement des concerts et les chorales étaient à peine connues. Dans la Vienne de Mozart et de Beethoven, il n'y avait qu'une seule association qui donnait des concerts, et pas *de Chorvereine* du tout, et il en était de même dans d'autres villes d'Allemagne. La merveilleuse diffusion de la culture musicale en Allemagne au cours du siècle dernier correspond-elle à sa création artistique ? Je ne pense pas; et l'on sent chaque jour davantage l'inégalité entre les deux.

Vous souvenez-vous de la ballade de Goethe, *Der Zauberlehrling* (*L'Apprenti Sorcier*), que Dukas a si intelligemment mise en musique ? Là, en l'absence de son maître, un apprenti exerçait des sortilèges et ouvrit ainsi des écluses que personne ne pouvait fermer ; et la maison a été inondée.

C'est ce qu'a fait l'Allemagne. Elle a déversé un flot de musique et elle est sur le point de s'y noyer.

CLAUDE DEBUSSY

PELLÉAS ET MÉLISANDE

La première représentation de *Pelléas et Mélisande* à Paris, le 30 avril 1902, fut un événement très marquant dans l'histoire de la musique française ; son importance ne peut être comparée qu'à celle de la création de *Cadmus et Hermione de Lully, d'Hippolyte et Aricie* de Rameau et *d'Iphigénie en Aulide de Quick* ; et cela peut être considéré comme l'un des trois ou quatre jours rouges du calendrier de notre étape lyrique. [199]

Le succès de *Pelléas et Mélisande* tient à beaucoup de choses. Certains d'entre eux sont triviaux, comme la mode, qui a certainement joué ici son rôle comme dans tous les autres succès, même s'il s'agit d'un rôle relativement faible ; quelques-unes sont plus importantes et relèvent de quelque chose d'inné dans l'esprit du génie français ; et il y a aussi des raisons morales et esthétiques à son succès et, au sens le plus large, des raisons purement musicales.

En parlant des raisons morales du succès de *Pelléas et Mélisande* , je voudrais attirer votre attention sur une forme de pensée qui n'est pas limitée à la France, mais qui est courante aujourd'hui dans une partie des membres les plus distingués de la société européenne, et qui a trouvé son expression dans *Pelléas et Mélisande* . L'atmosphère dans laquelle se déroule le drame de Maeterlinck fait ressentir la résignation mélancolique de la volonté du Destin. On nous montre que rien ne peut changer l'ordre des événements ; que, malgré nos fières illusions, nous ne sommes pas maîtres de nous-mêmes, mais serviteurs de forces inconnues et irrésistibles, qui dirigent toute la tragi-comédie de nos vies. On nous dit qu'aucun homme n'est responsable de ce qu'il aime et de ce qu'il aime – du moins s'il sait ce qu'il aime et ce qu'il aime – et qu'il vit et meurt sans savoir pourquoi.

Ces idées fatalistes, reflet de la lassitude de l'aristocratie intellectuelle européenne, ont été merveilleusement traduites en musique par Debussy ; et quand on ressent le charme poétique et sensuel de la musique, les idées deviennent fascinantes et enivrantes, et leur esprit est très contagieux. Car il existe dans toute musique un pouvoir hypnotique capable de réduire l'esprit à un état de soumission voluptueuse.

La cause du succès artistique de *Pelléas et Mélisande* est d'un caractère plus spécialement français et marque une réaction à la fois légitime, naturelle et inévitable ; Je dirais même qu'elle est vitale : une réaction du génie français contre l'art étranger, et surtout contre l'art wagnérien et ses maladroits représentants en France.

Le drame wagnérien est-il parfaitement adapté au génie allemand ? Je ne pense pas; mais c'est une question que je laisserai décider aux musiciens allemands. Pour notre part, nous avons le droit d'affirmer que la forme du drame wagnérien est antipathique à l'esprit des Français, à leur goût artistique, à leurs idées sur le théâtre et à leur sentiment musical. Cette forme peut s'être imposée à nous et, par le droit du génie victorieux, avoir fortement influencé l'esprit français, et peut encore le faire ; mais rien ne fera jamais de lui un étranger dans notre pays.

Il n'est pas nécessaire de s'étendre sur les différences de goût. L'idéal wagnérien est avant tout un idéal de pouvoir. L'exaltation passionnelle et intellectuelle de Wagner et son sensualisme mystique se déversent comme un torrent de feu qui emporte et brûle tout devant lui, sans se soucier des barrières. Un tel art ne peut être soumis à des règles ordinaires ; il n'a pas à craindre le mauvais goût — et je l'en félicite. Mais il est facile de comprendre qu'il existe d'autres idéaux, et qu'un autre art pourrait être aussi expressif par ses convenances et ses subtilités que par sa richesse et sa force. Et cet art ancien – le nôtre – n'est pas tant une réaction contre l'art wagnérien qu'une réaction contre ses caricatures en France et les abus qui en résultent d'un pouvoir mal réglementé.

Le génie a le droit d'être ce qu'il veut, de fouler aux pieds, s'il le veut, le goût, la morale et la société tout entière. Mais quand ceux qui ne sont pas des génies veulent faire la même chose, ils ne font que se rendre ridicules et odieux. Il y a eu trop de singes Wagner en France. Depuis dix ou vingt ans, presque aucun musicien français n'a échappé à l'influence de Wagner. On ne comprend que trop la révolte de l'esprit français, au nom du naturel et du bon goût, contre les exagérations et les extrêmes de la passion, sincère ou non. *Pelléas et Mélisande* sont une manifestation de cette révolte. C'est une réaction sans compromis contre les excès et les excès, contre tout ce qui dépasse les limites de l'imagination. Ce dégoût des mots et des sentiments exagérés se traduit par ce qui ressemble à une peur de montrer ces sentiments, même lorsqu'ils sont les plus profondément émus. Chez Debussy, les passions murmurent presque ; et c'est par les vibrations imperceptibles de la ligne mélodique que se manifeste l'amour dans le cœur des malheureux, par le timide « Oh, pourquoi tu pars ? à la fin du premier acte, et le calme "Je t'aime aussi" dans l'avant-dernière scène. Pensez aux lamentations sauvages d'Ysolde mourante, puis à la mort de Mélisande, sans cris et sans paroles.

D'un point de vue scénique, *Pelléas et Mélisande* s'oppose également à l'idéal de Bayreuth. Les vastes proportions – presque démesurées – du drame wagnérien, sa structure compacte et l'intense concentration d'esprit qui, du début à la fin, maintient ensemble ces œuvres énormes et leur idéologie, et qui se manifeste souvent aux dépens de l'action et même de la Les émotions sont aussi éloignées que possible de l'amour des Français pour l'action claire, logique et tempérée. Les petits tableaux de *Pelléas et Mélisande* , petits et nettement découpés, marquant chacun sans accent une nouvelle étape dans l'évolution du drame, sont construits d'une tout autre manière que ceux du théâtre wagnérien.

Et, comme s'il voulait accentuer cet antagonisme, l'auteur de *Pelléas et Mélisande* écrit aujourd'hui un *Tristan* , dont l'intrigue est tirée d'un vieux poème français dont le texte a été récemment mis en lumière par M. Bédier. Dans sa tension calme et élevée, il contraste merveilleusement avec le poème sauvage et pédant, bien que sublime, de Wagner.

Mais c'est surtout par la manière dont ils conçoivent les rapports respectifs de la poésie et de la musique à l'opéra que les deux compositeurs se différencient. Chez Wagner, la musique est le noyau de l'opéra, le foyer lumineux, le centre d'attraction ; il absorbe tout et il est absolument premier. Mais ce n'est pas la conception française. La scène musicale, telle que nous la concevons en France (sinon celle que nous possédons actuellement), devrait présenter une combinaison des arts telle qu'elle puisse former un tout harmonieux. Nous exigeons qu'un équilibre égal soit maintenu entre la poésie et la musique ; et si leur équilibre devait être un peu bouleversé, on préférerait que la poésie ne soit pas perdante, car son énonciation est plus consciente et plus rationnelle. C'était le but de Gluck ; et parce qu'il l'a si bien compris, il s'est acquis auprès du public français une réputation que rien ne détruira. La force de Debussy réside dans la manière dont il a abordé cet idéal de tempérance et de désintéressement musical et dans la manière dont il a mis son génie de compositeur au service du drame. Il n'a jamais cherché à dominer le poème de Maeterlinck, ni à l'engloutir dans un torrent de musique ; il l'a tellement intégré à lui-même qu'à l'heure actuelle aucun Français n'est capable de penser à un passage de la pièce sans que la musique de Debussy ne chante en même temps en lui.

Mais au-delà de toutes ces raisons qui font l'importance de l'œuvre dans l'histoire de l'opéra, il y a des raisons purement musicales à son succès, qui sont encore plus profondes. [200] *Pelléas et Mélisande* ont apporté une réforme dans la musique dramatique de France. Cette réforme concerne plusieurs choses, et d'abord le récitatif.

En France, nous n'avons jamais eu — à part quelques tentatives d' *opéra-comique* — de récitatif qui exprimât exactement notre langage naturel. Lully et Rameau ont pris pour modèle la déclamation envolée de la scène tragique de leur temps. Et l'opéra français a choisi depuis vingt ans un modèle plus dangereux encore : la déclamation de Wagner, avec ses sauts vocaux et ses accentuations retentissantes et lourdes. Rien de plus déplaisant en français. Tous les gens de goût en souffraient, sans toutefois l'admettre. A cette époque, Antoine, Gémier et Guitry rendaient la déclamation théâtrale plus naturelle, ce qui faisait paraître plus ridicule et plus archaïque encore la déclamation exagérée de l'opéra français. Une réforme du récitatif était donc inévitable. Jean-Jacques Rousseau l'avait prévu dans le sens même où Debussy [201] l'a réalisé. Il montrait dans sa *Lettre sur la musique française* qu'il n'y avait aucun rapport entre les inflexions de la parole française, « dont les accents sont si harmonieux et si simples », et « les intonations criardes et bruyantes » du récitatif de l'opéra français. Et il conclut en disant que le genre de récitatif qui nous conviendrait le mieux devrait « errer entre de petits intervalles, sans élever ni baisser beaucoup la voix ; et ne devrait avoir que peu de sons soutenus, aucun bruit et aucun cri d'aucune sorte — rien. , en effet, cela ressemblait à du chant, et peu d'inégalité dans la durée ou la valeur des notes, ou dans leurs intervalles. C'est la définition même du récitatif de Debussy.

La trame symphonique de *Pelléas et Mélisande* diffère tout autant des drames de Wagner. Chez Wagner, c'est un être vivant qui jaillit d'une grande racine, un système de phrases entrelacées dont la croissance puissante pousse des branches dans toutes les directions, comme un chêne. Ou, pour prendre une autre comparaison, c'est comme un tableau qui, bien qu'il n'ait pas été exécuté en une seule séance, nous donne pourtant cette impression ; et, malgré les retouches et les altérations auxquelles il a été soumis, il fait encore l'effet d'un tout compact, d'un amalgame indestructible, dont rien ne peut être détaché. Le système de Debussy, au contraire, est pour ainsi dire une sorte d'impressionnisme classique, un impressionnisme raffiné, harmonieux et calme ; qui se déroule en images musicales dont chacune correspond à un moment subtil et fugitif de la vie de l'âme ; et la peinture est réalisée par de petits traits astucieux appliqués avec un toucher doux et délicat. Cet art est plus proche de celui de Moussorgski (mais sans aucune de ses aspérités) que de celui de Wagner, malgré une ou deux réminiscences de *Parsifal* qui ne sont que des traits étrangers à l'œuvre. Dans *Pelléas et Mélisande, on ne trouve pas de leitmotivs* persistants qui parcourent l'œuvre, ni de thèmes qui prétendent traduire en musique la vie des personnages et des types ; mais, à la place, nous avons des phrases qui expriment des sentiments changeants, qui changent avec les sentiments. Bien plus, l'harmonie de Debussy n'est pas, comme chez Wagner et toute l'école allemande, une harmonie enchaînée, étroitement liée aux lois despotiques du contrepoint ; c'est, comme l'a dit Laloy [202], une harmonie qui est d'abord harmonieuse, et qui a son origine et sa fin en elle-même.

Comme l'art de Debussy ne cherche qu'à donner l'impression de l'instant, sans se soucier de ce qui peut suivre, il est libre de tout souci et se nourrit de la jouissance de l'instant. Dans le jardin des harmonies il sélectionne les plus belles fleurs ; car la sincérité d'expression passe chez lui au second plan, et sa première idée est de plaire. C'est encore là qu'il interprète le sensualisme esthétique de la race française, qui recherche le plaisir dans l'art et n'admet pas volontiers la laideur, même lorsqu'elle semble justifiée par les besoins du drame et de la vérité. Mozart partageait la même pensée : « La musique, disait-il, même dans les situations les plus terribles, ne doit jamais offenser l'oreille ; elle doit la charmer même là ; et, en un mot, rester toujours de la musique. »

Quant au langage harmonique de Debussy, son originalité ne consiste pas, comme l'ont dit certains de ses admirateurs insensés, dans l'invention de nouveaux accords, mais dans l'usage nouveau qu'il en fait. Un homme n'est pas un grand artiste parce qu'il utilise des septièmes et des neuvièmes non résolues, des tierces majeures et des neuvièmes consécutives et des progressions harmoniques basées sur une gamme de tons entiers ; on n'est artiste que lorsqu'on leur fait dire quelque chose. Et ce n'est pas à cause des particularités du style de Debussy – dont on peut trouver des exemples isolés chez de grands compositeurs avant lui, chez Chopin, Liszt, Chabrier et Richard Strauss – mais parce que chez Debussy ces particularités sont une expression de sa personnalité, et parce que *Pelléas et Mélisande* , « le pays des neuvièmes », dégage une atmosphère poétique qui ne ressemble à aucun autre drame musical jamais écrit.

Enfin, l'orchestration est volontairement sobre, légère et divisée, car Debussy a un beau dédain pour ces orgies sonores auxquelles nous a habitués l'art de Wagner ; c'est aussi sobre et raffiné qu'une belle phrase classique de la dernière partie du XVIIe siècle. *Ne quid nimis* (« Rien de superflu ») est la devise de l'artiste. Au lieu d'amalgamer les *timbres* pour obtenir un effet massif, il dégage pour ainsi dire leurs personnalités distinctes et les mélange délicatement sans changer leur nature individuelle. Comme les peintres impressionnistes d'aujourd'hui, il peint avec des couleurs primaires, mais avec une délicate modération qui rejette tout ce qui est dur comme inconvenant.

J'ai donné suffisamment de raisons pour expliquer le succès de *Pelléas et Mélisande* et la place que lui accordent ses admirateurs dans l'histoire de l'opéra. Il y a tout lieu de croire que le compositeur n'a pas été aussi conscient de sa réforme musico-dramatique que ses disciples. La réforme chez lui a un caractère plus instinctif ; et c'est ce qui lui donne sa force. Elle répond à un besoin inconscient mais profond de l'esprit français. J'oserais même dire que l'importance historique de l'œuvre de Debussy est supérieure à sa valeur artistique. Sa personnalité n'est pas sans défauts, et les plus graves sont peut-être les défauts négatifs : l'absence de certaines qualités, et même de ces défauts forts et extravagants qui faisaient les héros du monde de l'art, comme Beethoven et Wagner. Sa nature voluptueuse est à la fois changeante et précise ; et ses rêves sont aussi clairs et délicats que l'art d'un poète des Pléiades au XVIe siècle ou d'un peintre japonais. Mais parmi tous ses dons, il possède une qualité que je n'ai trouvée aussi évidente chez aucun autre musicien – à l'exception peut-être de Mozart ; et cette qualité est un génie du bon goût. Debussy en a un excès, au point qu'il y sacrifie presque les autres éléments de l'art, jusqu'à ce que la force passionnée de sa musique, sa vie même, semble s'appauvrir. Mais il ne faut pas se tromper ; cet appauvrissement n'est qu'apparent, et dans toute son œuvre il y a des preuves que sa passion n'est que voilée. C'est seulement le frémissement de la ligne mélodique, ou de l'orchestration qui, telle une ombre passant devant les yeux, nous raconte le drame qui se joue dans le cœur de ses personnages. Cette haute honte de l'émotion est quelque chose d'aussi rare dans l'opéra qu'une tragédie de Racine l'est dans la poésie : ce sont des œuvres du même ordre, et toutes deux de parfaites fleurs de l'esprit français. Quiconque vit à l'étranger et est curieux de savoir à quoi ressemble la France et de comprendre son génie devrait étudier *Pelléas et Mélisande* comme on étudierait *Bérénice de Racine* .

Non pas que l'art de Debussy représente entièrement le génie français, pas plus que celui de Racine ; car il y a un tout autre côté qui n'y est pas représenté ; et ce côté-là, c'est l'action héroïque, l'ivresse de la raison et du rire, la passion de la lumière, la France de Rabelais, de Molière, de Diderot, et en musique, dirons-nous, faute de meilleurs noms, la France de Berlioz et de Bizet. A vrai dire, c'est la France que je préfère. Mais le Ciel me préserve d'ignorer l'autre ! C'est l'équilibre entre ces deux Frances qui fait le génie français. Dans notre musique contemporaine, *Pelléas et Mélisande* sont à une extrémité du pôle de notre art et *Carmen* à l'autre. L'un est tout à la surface, toute vie, sans ombres ni dessous. L'autre est sous la surface, baignée de crépuscule et enveloppée de silence. Et ce double idéal, c'est l'alternance entre la douce lumière du soleil et la légère brume qui voile le ciel doux et lumineux de l'Île de France.

L'ÉVEIL : UN CROQUIS DU MOUVEMENT MUSICAL À PARIS DEPUIS 1870

Il n'est pas possible de rendre compte en quelques pages de quarante années de vie active et féconde sans de nombreuses omissions, et aussi sans une certaine sécheresse qu'entraînent les listes de noms. Mais je me suis volontairement abstenu de chercher à susciter l'intérêt par des artifices d'écriture et de traitement, car je souhaite laisser les actes parler d'eux-mêmes.

Je veux montrer, par ce simple récit, les efforts splendides déployés par les musiciens en France depuis 1870, et la croissance de la foi et de l'énergie qui ont recréé la musique française. Un tel réveil me semble une chose belle à voir et très réconfortante. Mais peu de gens en France s'en rendent compte, en dehors d'une poignée de musiciens. C'est au grand public que je dédie ces pages, afin qu'il sache ce qu'une génération d'artistes au grand cœur et à la forte détermination a fait pour l'honneur de notre race. La nation ne doit pas oublier ce qu'elle doit à certains de ses fils.

Mais il ne faut pas m'accuser de me contredire si dans un autre ouvrage, qui paraîtra en même temps que celui-ci, [203] je me laisse aller à quelques sarcasmes sur les défauts et les absurdités de la musique française d'aujourd'hui. Je pense que depuis dix ans les musiciens français ont un peu imprudemment et prématurément proclamé leur victoire, et que, d'une manière générale, leurs œuvres, à part trois ou quatre, ne valent pas leurs efforts. Mais leurs efforts sont héroïques ; et je ne connais rien de plus beau dans toute l'histoire de France. Puissent-ils continuer ! Mais cela n'est possible qu'en pratiquant une vertu : la modestie. L'achèvement d'une partie n'est pas l'achèvement du tout.

PARIS ET LA MUSIQUE

La nature de Paris est si complexe et instable qu'il semble présomptueux de tenter de la définir. C'est une ville si tendue, si inconstante et si changeante dans ses goûts, qu'un livre qui la décrit véritablement au moment où il est écrit ne l'est plus au moment où il est publié. Et puis, il n'y a pas qu'un Paris ; il y a deux ou trois Paris, le Paris à la mode, le Paris bourgeois, le Paris intellectuel, le Paris vulgaire, qui vivent côte à côte, mais se mélangent très peu. Si vous ne connaissez pas les petites villes au sein de la grande Ville, vous ne pouvez pas connaître la vie forte et souvent incohérente de ce grand organisme dans son ensemble.

Si l'on veut se faire une idée de la vie musicale parisienne, il faut tenir compte de la variété de ses centres et du flux perpétuel de sa pensée, une pensée qui ne s'arrête jamais, mais qui dépasse toujours le but pour lequel elle semblait lié. Ce changement d'opinion incessant est qualifié avec mépris de « mode » par l'étranger. Et il y a sans doute, dans l'aristocratie artistique de Paris, comme dans toutes les grandes villes, une horde de gens désœuvrés, à l'affût des nouvelles modes, en art comme en costume, qui veulent en choisir certaines pour leur plaisir. aucune raison sérieuse du tout. Mais, malgré leurs prétentions, ils n'ont qu'une part infime dans les changements du goût artistique. L'origine de ces changements est dans le cerveau parisien lui-même, un cerveau vif et fiévreux, toujours en activité, avide de connaissances, facilement fatigué, saisissant aujourd'hui les splendeurs d'une œuvre, voyant demain ses défauts, bâtissant des réputations. aussi vite qu'il les abat, et pourtant, malgré tous ses caprices apparents, toujours logique et sincère. Il a ses engouements et ses aversions momentanées, mais pas de préjugés durables ; et, par sa curiosité, sa liberté absolue, et son habitude bien française de tout critiquer, c'est un merveilleux baromètre, sensible à tous les courants de pensée cachés dans l'âme de l'Occident, et indiquant souvent, des mois à l'avance, les variations. et les perturbations du monde artistique et politique.

Et ce baromètre rend compte de ce qui se passe en ce moment dans le monde de la musique, où un mouvement se fait sentir depuis quelques années en France, dont les autres nations, peut-être plus musicales, ne ressentiront l'effet que plus tard. Car les nations qui ont les traditions artistiques les plus fortes ne sont pas nécessairement celles qui sont susceptibles de développer un art nouveau. Pour cela, il faut disposer d'un sol vierge et d'esprits libres de tout héritage du passé. En 1870, nul n'avait un héritage plus léger à porter que les musiciens français ; car le passé avait été oublié et une véritable éducation musicale n'existait pas.

La faiblesse musicale de cette époque était une chose très curieuse et a donné à beaucoup de gens l'impression que la France n'a jamais été une nation musicale. Historiquement parlant, rien ne pourrait être plus faux. Certes, il y a des races plus douées en musique que d'autres ; mais souvent les différences apparentes de race sont en réalité des différences de temps ; et une nation paraît grande ou peu dans son art, selon la période de son histoire qu'on considère. L'Angleterre était une nation musicale jusqu'à la Révolution de 1688 ; La France était la plus grande nation musicale au XVIe siècle ; et les récentes publications de M. Henry Expert nous ont donné un aperçu de l'originalité et de la perfection de l'art franco-belge à la Renaissance. Mais sans remonter aussi loin, on constate que Paris était une ville très musicale à l'époque de la Restauration, à l'époque de la première représentation des symphonies de Beethoven au Conservatoire, et des premières grandes œuvres de Berlioz, et de l'édition italienne. Opéra. Dans *les Mémoires de Berlioz*, on peut lire l'enthousiasme, les larmes et l'émotion suscités par les représentations des opéras de Gluck et Spontini ; et dans le même livre on voit bien que cette chaleur musicale dura jusqu'en 1840, après quoi elle s'éteignit peu à peu, et fut suivie par une apathie musicale complète sous le Second Empire — apathie dont Berlioz souffrit cruellement, au point qu'on peut même dire qu'il est mort écrasé par l'indifférence du public. A cette époque, Meyerbeer régnait à l'Opéra. Cet incroyable affaiblissement du sentiment musical en France, de 1840 à 1870, ne se montre nulle part mieux que chez ses écrivains romantiques et réalistes, pour qui la musique était une porte hermétiquement fermée. Tous ces artistes étaient des « *visuels* », pour qui la musique n'était qu'un bruit. Hugo aurait dit que l'infériorité de l'Allemagne se mesurait à sa supériorité musicale. [204] « Dumas père détestait, dit Berlioz, même la mauvaise musique ». [205] Le journal des Goncourt reflète avec calme le mépris presque universel des hommes de lettres pour la musique. Dans une conversation qui eut lieu en 1862 entre Goncourt et Théophile Gautier, Goncourt disait :

« Nous lui avons avoué notre complète infirmité, notre surdité musicale, nous qui, tout au plus, n'aimions que la musique militaire.

- Eh bien, dit Gautier, ce que vous me dites me plaît beaucoup. Je suis comme vous, je préfère le silence à la musique. Je viens seulement de réussir, après avoir vécu une partie de ma vie avec un chanteur, à pouvoir dire la bonne musique de la mauvaise ; mais cela m'est égal. [206]

Et il ajouta :

"Mais c'est une chose bien curieuse que tous les autres écrivains de notre temps soient ainsi. Balzac détestait la musique. Hugo ne la supportait pas. Même Lamartine, qui est lui-même comme un piano à louer ou à vendre, la tient en horreur !"

Il fallait un bouleversement complet de la nation – un bouleversement politique et moral – pour changer cet état d'esprit. Des signes de changement se faisaient sentir dans les dernières années du Second Empire. Wagner, qui souffrait de l'hostilité ou de l'indifférence du public en 1860, au moment où *Tannhäuser* était représenté à l'Opéra, avait pourtant déjà trouvé à Paris quelques personnes compréhensives qui discernaient son génie et l'admiraient sincèrement. Le plus intéressant des écrivains qui ont commencé à comprendre l'émotion musicale est Charles Baudelaire. En 1861, Pasdeloup donne les premiers *Concerts populaires de musique classique* au Cirque d'Hiver. Le Festival Berlioz, organisé par M. Reyer, le 23 mars 1870, un an après la mort de Berlioz, révéla à la France la grandeur de son plus grand génie musical et fut le début d'une campagne de réparation publique à sa mémoire.

Les désastres de la guerre de 1870 régénérèrent l'esprit artistique de la nation. La musique a immédiatement ressenti son effet. [207] Le 24 février 1871, la *Société nationale de musique* est instituée pour diffuser les œuvres des compositeurs français ; et en 1873, les *Concerts de l'Association artistique* furent fondés sous la direction de M. Colonne ; et ces concerts, outre qu'ils faisaient connaître les compositeurs classiques de symphonies et les maîtres de la jeune école française, étaient spécialement consacrés à l'honneur de Berlioz, dont le triomphe atteignit son apogée vers 1880. [208]

C'est à cette époque que le succès de Wagner commence à se faire sentir à son tour. C'est en cela que M. Lamoureux, dont les concerts commencèrent en 1882, fut le principal responsable. L'influence de Wagner a considérablement contribué au progrès de l'art français et a suscité l'amour de la musique chez d'autres personnes que les musiciens ; et, par sa personnalité globale et le vaste domaine de son œuvre artistique, il suscita non seulement l'intérêt du monde musical, mais aussi celui du monde théâtral, ainsi que du monde de la poésie et des arts plastiques. On peut dire qu'à partir de 1885 l'œuvre de Wagner agit directement ou indirectement sur l'ensemble de la pensée artistique, même sur la pensée religieuse et intellectuelle des hommes les plus distingués de Paris. Et un curieux témoignage historique de son influence mondiale et de sa suprématie momentanée sur tous les autres arts fut la fondation de la *Revue Wagnérienne*, où, unis par le même dévouement artistique, se trouvèrent des écrivains et des poètes tels que Verlaine, Mallarmé, Swinburne, Villiers de l'Isle Adam, Huysmans, Richepin, Catulle Mendès, Édouard Rod, Stuart Merrill, Ephraim Mikhaël, etc., et des peintres comme Fantin-Latour, Jacques Blanche, Odilon Redon ; et des critiques comme Teodor de Wyzewa, HS Chamberlain, Hennequin, Camille Benoît, A. Ernst, de Fourcaud, Wilder, E. Schuré, Soubies, Malherbe, Gabriel Mourey, etc. Ces écrivains non seulement discutaient de sujets musicaux, mais jugeaient la peinture, la littérature , et la philosophie, d'un point de vue wagnérien. Hennequin a comparé les systèmes philosophiques d'Herbert Spencer et de Wagner. Teodor de Wyzewa a étudié la littérature wagnérienne – non pas la littérature qui commentait et les peintures qui illustraient les œuvres de Wagner, mais la littérature et la peinture qui s'inspiraient des principes de Wagner – de la statuaire égyptienne aux peintures de Degas, des écrits d'Homère à ceux de Villiers. de l'Isle Adam! En un mot, l'univers tout entier était vu et jugé par la pensée de Bayreuth. Et bien que cette folie n'ait guère duré plus de trois ou quatre ans — le temps de la vie de cette petite revue — le génie de Wagner a dominé presque tout l'art français pendant dix ou douze ans. [209] Une ardente propagande musicale au moyen de concerts se faisait parmi le public ; et les jeunes intellectuels de l'époque furent conquis. Mais le plus beau service que le wagnérisme rendit à l'art français, c'est d'intéresser le grand public à la musique ; bien que la tyrannie qu'elle exerçait devienne, avec le temps, très étouffante.

Puis, en 1890, apparaissent les signes d'un mouvement de révolte contre son despotisme. Le grand vent de l'Est commença à tomber et vira au Nord. Les influences scandinaves et russes se font sentir. Un engouement exagéré pour Grieg, bien que limité à un petit nombre de personnes, était une indication du changement de goût du public. En 1890, César Franck meurt à Paris. Belge de naissance et de tempérament, français de sensibilité et d'éducation musicale, il était resté en dehors du mouvement wagnérien dans sa solitude sereine et féconde. A sa grandeur intellectuelle et au charme que son génie personnel exerçait sur le petit groupe d'amis qui le connaissaient et le vénéraient, il ajoutait l'autorité de son savoir. Inconsciemment, il nous a ramené l'âme de Sébastien Bach, avec sa richesse et sa profondeur infinies ; et c'est ainsi qu'il se retrouve directeur d'école (sans l'avoir souhaité) et le plus grand professeur de musique française contemporaine. Après sa mort, son nom fut le moyen de rallier la jeune école de musiciens. En 1892, les *Chanteurs de Saint-Gervais*, sous la direction de M. Charles Bordes, remettent à l'honneur et popularisent la musique grégorienne et palestrinienne ; et, à l'initiative de leur directeur, la *Schola Cantorum* fut fondée en 1894 pour le renouveau de la musique religieuse. L'ambition grandissait avec le succès ; et de la *Schola* naît l' *École Supérieure de Musique*, sous la direction de l'élève le plus célèbre de Franck, M. Vincent d'Indy. Cette école, fondée sur une solide connaissance, non seulement des classiques, mais des primitifs de la musique, prit dès ses débuts en 1900 un caractère franchement national, et s'opposait en quelque sorte à l'art allemand. Dans le même temps, les représentations de Bach et de la musique des XVIIe et XVIIIe siècles devinrent de plus en plus fréquentes ; et des relations plus intimes avec les artistes d'autres pays, les visites répétées du grand *Kapellmeister*, des virtuoses et compositeurs étrangers (surtout Richard Strauss), et enfin des compositeurs russes, complétaient l'éducation du public musical parisien, qui, après des reproches répétés contre les critiques, prend conscience de l'éveil d'une personnalité nationale et d'un désir impatient de s'affranchir de la tutelle allemande. Tour à tour, elle reçut avec reconnaissance et chaleur *Le Rêve* (1891) de M. Bruneau, *Fervaal (1898) de M. d'Indy, Louise (1900)* de M. Gustave Charpentier, qui semblaient tous des œuvres de libération. Mais en réalité, ces drames lyriques n'étaient nullement exempts d'influences étrangères, et notamment wagnériennes. *Pelléas et Mélisande* de M. Debussy, en 1902, semble marquer plus véritablement l'émancipation de la musique française. Dès lors, la musique française se sent avoir quitté l'école et prétend avoir fondé un art nouveau, reflet de l'esprit de la race, plus libre et plus souple que l'art wagnérien. Ces idées, reprises et développées par la presse, firent assez vite naître chez les artistes français la conviction de la supériorité musicale de la France. Cette conviction est-elle justifiée ? L'avenir seul peut nous le dire. Mais on voit par ce bref aperçu des événements combien réelle est l'évolution de l'esprit musical en France depuis 1870, malgré les apparentes contradictions de mode qui apparaissent à la surface de l'art. C'est l'esprit de la France qui, après une longue oppression et par une initiation patiente mais empressée, prend conscience de sa puissance et veut dominer à son tour.

J'ai voulu d'abord tracer les grandes lignes du mouvement qui affecte depuis trente ans la musique française ; et maintenant je vais considérer les institutions musicales qui ont eu leur part dans ce mouvement. Vous ne serez pas surpris si j'ignore quelques-uns des plus célèbres, qui s'en sont désintéressés, pour considérer ceux qui sont les véritables auteurs de notre régénération.

INSTITUTIONS MUSICALES AVANT 1870

Ce ne sont en aucun cas les institutions musicales les plus anciennes et les plus célèbres qui ont pris la plus grande part à cette évolution de la musique au cours des trente dernières années.

L' *Académie des Beaux-Arts* , où six chaires sont réservées à la section musicale, aurait pu jouer un rôle très important dans l'organisation musicale de la France par l'autorité de son nom, et par les nombreux prix qu'elle décerne de composition et de critique. notamment par le *Prix de Rome* , qu'elle décerne chaque année. Mais il ne joue pas bien son rôle, en partie à cause des statuts archaïques qui le régissent, par lesquels une poignée de musiciens sont associés à un grand nombre de peintres, sculpteurs et architectes, qui ignorent la musique et se moquent des musiciens. comme ils le faisaient au temps de Berlioz ; et en partie parce que c'est la coutume de l'Académie que le petit groupe de musiciens soit formé d'une manière très conservatrice. Un des noms de ces musiciens est justement célèbre, celui de M. Saint-Saëns ; mais il y en a d'autres dont la renommée est de moindre qualité, et d'autres encore qui n'ont aucune renommée du tout. Et l'ensemble forme un petit groupe qui, bien qu'il ne mette aucun obstacle réel au progrès de l'art, ne le considère pas d'un bon œil, mais reste plutôt à l'écart dans un esprit indifférent ou même hostile.

Le *Conservatoire national de Musique et de Déclamation* , qui date des dernières années de l' *Ancien Régime* et de la Révolution, a été conçu par son origine patriotique et démocratique pour servir la cause de l'art national et du libre progrès. [210]

Elle fut longtemps la pierre angulaire de l'édifice musical à Paris. Mais s'il a toujours compté dans ses rangs de nombreux professeurs illustres et dévoués — parmi lesquels il a reconnu, un peu tardivement, le fondateur de la jeune école française, César Franck — et si la majorité des artistes qui ont marqué la musique française ont reçu son enseignement, et la liste des lauréats de Rome sortis de ses classes de composition comprend tous les chefs du mouvement artistique actuel dans toute sa diversité, et s'étend de M.

Massenet à M. Bruneau, en passant par M. Charpentier. à M. Debussy —
malgré tout cela, ce n'est un secret pour personne que, depuis 1870, l'action
officielle à l'égard du mouvement ne représente presque rien ; mais il faut au
moins lui rendre justice et dire qu'il ne l'a pas gêné. [211]

Mais si l'esprit de cette académie a souvent détruit l'effet de l'excellent
enseignement, en faisant de la réussite aux concours académiques le but
principal des professeurs et de leurs élèves, pourtant une certaine liberté a
toujours régné dans l'institution. Et si cette liberté est principalement le
résultat de l'indifférence, elle a cependant permis aux tempéraments les plus
indépendants de se développer dans la paix, de Berlioz à M. Ravel. Il faut en
être reconnaissant. Mais de telles vertus sont trop négatives pour donner au
Conservatoire une place importante dans l'histoire musicale de la Troisième
République ; et ce n'est que récemment, sous la direction de M. Gabriel
Fauré, qu'elle a tenté, non sans peine, de reprendre à la tête de l'art français
la place qu'elle avait perdue et que d'autres avaient prise.

La *Société des Concerts du Conservatoire* , fondée en 1828 sous la direction
d'Habeneck, a connu son heure de gloire dans l'histoire musicale de Paris.
C'est à travers cette société que la grandeur de Beethoven s'est révélée à la
France. [212] C'est au Conservatoire que furent données pour la première fois
les premières œuvres importantes de Berlioz : *La Fantastique* , *Harold* et *Roméo
et Juliette* . C'est là, plus près de notre époque, que furent jouées pour la
première fois *la Symphonie avec Orgue de Saint-Saëns et la Symphonie* de César
Franck . Mais pendant longtemps, le Conservatoire a semblé prendre son
nom trop littéralement et restreindre sa sphère à celle d'un musée de musique
classique.

Plus tard, cependant, la *Société des Concerts* , avec M. Marty, commença à
réfléchir à de nouvelles œuvres. Son orchestre, composé d'instrumentistes
éminents, jouit d'une renommée classique ; mais il n'est plus seul aujourd'hui
dans l'excellence de ses interprétations, et a peut-être un peu perdu le secret
qu'il prétendait posséder pour l'interprétation des grandes œuvres classiques.
Elle excelle dans les œuvres d'un caractère néoclassique, comme celles de M.
Saint-Saëns, qui sont plus fortes en style et en goût que en vie et en passion.
Les concerts du Conservatoire ont aussi une relative supériorité sur les autres
concerts de Paris dans l'exécution d'œuvres chorales, qui jusqu'à présent ont
été de très second ordre. Mais ces concerts ne sont pas facilement accessibles
au grand public, le nombre de places à vendre étant très limité. La société est
donc représentative d'un petit public dont le goût est, en gros, conservateur
et officiel ; et le bruit de la lutte devant ses portes n'atteint ses oreilles que
lentement et avec un bruit sourd.

L'influence du Conservatoire est, en musique surtout, une influence du passé
et du gouvernement. On peut en dire autant de l'Opéra. Cette ancienne

association, qui porte le nom imposant d'*Académie nationale de Musique* et date de 1669, est une sorte d'institution nationale plus soucieuse de l'histoire de l'art officiel que de l'art vivant. La satire avec laquelle Jean-Jacques décrit, dans sa *Nouvelle Héloïse* , la solennité raide et la pompe lugubre de ses représentations n'a pas beaucoup perdu de sa vérité. Ce qui manque aujourd'hui à l'Opéra, c'est l'enthousiasme qui accompagnait ses anciens combats musicaux au temps des « *Encyclopédistes* » et de la « *guerre des coins* ». Les grandes batailles de l'art se déroulent désormais hors de ses portes ; et il est devenu peu à peu un *salon fastueux* , un peu défraîchi peut-être, où le public s'intéresse plus à lui-même qu'au spectacle. Malgré les sommes énormes qu'elle engloutit chaque année (près de quatre millions de francs), [213] seules une ou deux pièces nouvelles sont produites par an, et ce sont rarement des œuvres représentatives de l'école moderne. Et même si elle a enfin admis les drames de Wagner à son répertoire, on ne peut plus considérer ces œuvres, vieilles d'un demi-siècle, comme étant à l'avant-garde de la musique. Les maîtres les plus estimés de l'école française, tels que Massenet, Reyer, Chausson et Vincent d'Indy, durent se réfugier au Théâtre de la Monnaie à Bruxelles avant de pouvoir faire recevoir leurs œuvres à l'Opéra de Paris. Et les compositeurs classiques ne s'en sortent pas mieux. Ni les tragédies de *Fidelio* ni celles de Gluck — à l'exception d'*Armide* , montée sous la pression de la mode — ne sont représentées ; et quand par hasard ils donnent *Freischütz* ou *Don Juan* , on se demande s'il n'aurait pas mieux valu les laisser tomber dans l'oubli, plutôt que de les traiter de manière sacrilège en ajoutant, en coupant, en introduisant des ballets et de nouveaux récitatifs, et en déformant leur style de manière à mettez-les « à jour ». [214]

Malgré les changements de goût et la campagne de la presse, l'Opéra est resté jusqu'à nos jours tel qu'il était au temps de Meyerbeer, de Gounod et de leurs disciples. Mais il serait insensé de prétendre qu'elle n'a pas son public. Les recettes montrent assez que *Faust* est plus en faveur que *Siegfried* ou *Tristan* , sans parler des œuvres plus récentes de la nouvelle école française, qui ne peuvent s'y acclimater.

Sans doute, l'immense scène de l'Opéra se prête mal aux drames musicaux modernes, intimes et concentrés, et se perdrait dans son immense espace, plus adapté aux processions formelles comme les marches du *Prophète* et *de l'Aïda* . A cela s'ajoute le jeu conventionnel de la majorité des chanteurs, l'absence de vie des chœurs, l'acoustique défectueuse, les paroles et les gestes exagérés des acteurs, exigés par les grandes dimensions du lieu, tout cela est un problème. obstacle sérieux à la conception d'un art vivant et simple. Mais le principal obstacle résidera toujours dans la nature même d'un tel théâtre, un théâtre de luxe et de vanité, créé pour une bande de snobs, dont le moindre intérêt est la musique, qui n'ont pas assez d'esprit pour créer une mode, mais qui servilement suivez toutes les modes après trente ans. Un tel théâtre ne compte plus dans l'histoire de la musique française ; et ses prochains réalisateurs auront besoin de beaucoup d'ingéniosité et d'énergie pour donner un semblant de vie à un colosse aussi mort.

Mais c'est une tout autre affaire avec l'Opéra-Comique. Ce théâtre a pris une part très active au développement de la musique moderne. Sans renoncer à ses traditions classiques, ni à son délicieux répertoire des vieux *opéras-comiques* , il a eu assez d'intelligence, sous la direction judicieuse de M. Albert Carré, pour se tenir ouvert à toutes productions intéressantes de musique dramatique. Il ne prend pas parti parmi les différentes écoles ; et les représentants de l'opéra léger à l'ancienne, avec leurs chansons, donnent des coups de coude aux dirigeants de l'école avancée. Aucune association n'a fait un travail plus important, tant dans le domaine des drames musicaux que des comédies musicales, au cours des vingt dernières années. Dans ce théâtre, qui donna *Carmen* en 1875, *Manon* en 1884 et le *Roi d'Y* en 1888, furent joués les principaux drames de M. Bruneau, ainsi que *Louise de M. Charpentier, Pelléas et Mélisande* de M. Debussy et M. . *Ariane et Barbebleue* de Dukas . Il peut paraître étonnant que de telles œuvres aient trouvé place à l'Opéra-Comique et non à l'Opéra. Mais s'il existe deux théâtres musicaux de genre différent, dont l'un prétend avoir le monopole du grand art, tandis que l'autre, au caractère plus simple et plus intime, ne cherche qu'à plaire, c'est toujours ce dernier qui a plus de chances de se développer et de se développer. de faire de nouvelles découvertes; car le premier est opprimé par des traditions de plus en plus rigides et pédantes, tandis que l'autre, avec sa simplicité et son manque de prétention, est capable de s'accommoder de n'importe quel genre de vie. Combien d'artistes ont révolutionné leur époque alors qu'ils n'étaient considérés que comme des gens qui amusaient ! Frescobaldi et Philipp Emanuel Bach ont apporté une nouvelle vie à l'art, mais ont été méprisés par les soi-disant représentants des beaux-arts ; *Les opéras-buffs* de Mozart contiennent plus de vérité et de vie que ses *opéras-séries* ; et il y a autant de puissance dramatique dans un *opéra-comique* comme *Carmen* que dans tout le répertoire du grand opéra d'aujourd'hui. Ainsi, le théâtre de l'Opéra-Comique est devenu le lieu des expériences les plus audacieuses en matière de théâtre musical. Les aventures les plus audacieuses ou les plus violentes du réalisme musical, à la manière de Charpentier ou de Bruneau, et les subtiles fantaisies d'un art délicat du rêve, comme celui de Debussy, y ont trouvé leur accueil. Il s'est également ouvert à diverses formes d'art étranger : *Hänsel et Gretel de Humperdinck, Falstaff* de Verdi , les œuvres de Puccini, Mascagni et la jeune école italienne, *Feuersnot de Richard Strauss, Snégourotchka* de Rimski-Korsakow , ont tous été joués. Et ils y ont même donné les chefs-d'œuvre classiques de l'opéra : *Fidelio* , *Orfeo* , *Alceste* , les deux *Iphigénies* ; et ils s'en occupèrent plus et les montèrent avec plus de zèle pieux qu'à l'Opéra. Les opéras eux-mêmes y trouvent également leur place, car la taille du théâtre ressemble davantage à celle des théâtres du XVIIIe siècle. Il est vrai que la scène manque un peu de profondeur ; mais l'ingéniosité du directeur et des admirables scénaristes qu'il emploie a réussi à faire oublier ce défaut, et a accompli des merveilles. Aucun théâtre à Paris n'a une mise en scène plus artistique, et certains des décors conçus récemment sont un chef-d'œuvre du genre. L'Opéra-Comique a aussi l'avantage d'excellents chefs d'orchestre, et l'un d'eux, M. Messager, qui en est aujourd'hui directeur, a, par ses interprétations habiles, grandement contribué au succès des œuvres de la nouvelle école.

NOUVELLES INSTITUTIONS MUSICALES

1. *La Société Nationale*

Avant 1870, la musique française disposait déjà dans l'Opéra et l'Opéra-Comique (sans compter les diverses activités du Théâtre Lyrique) d'un débouché presque suffisant pour les besoins de ses productions dramatiques. Même lorsque le goût musical était le plus décadent, les œuvres de Gounod, Ambroise Thomas et Massé avaient toujours soutenu le nom d' *opéra-comique français* . Mais ce qui manquait presque totalement, c'était un débouché pour la musique symphonique et la musique de chambre. « Avant 1870, écrivait M. Saint-Saëns dans *Harmonie et Mélodie* , un compositeur français qui avait la folie de s'aventurer sur le terrain de la musique instrumentale n'avait d'autre moyen de faire exécuter ses œuvres que d'en organiser lui-même un concert. ". Tel était le cas de Berlioz ; car il lui fallait réunir un orchestre et louer une salle chaque fois qu'il voulait faire entendre ses grandes symphonies. Le résultat financier fut souvent désastreux : la représentation de La *Damnation de Faust* en 1846 fut par exemple un échec total, et il dut y renoncer. Le Conservatoire, autrefois plus hospitalier, joua à contrecœur une partie de *L'Enfance du Christ* ; mais cela n'encourageait pas les jeunes compositeurs.

Le premier homme qui tenta de rendre la symphonie populaire, nous dit M. Saint-Saëns dans ses *Portraits et Souvenirs* , fut Seghers, membre dissident de la *Société des Concerts du Conservatoire* , qui fut pendant plusieurs années (1848-1854) chef d'orchestre de la *Société de Sainte-Cécile* , qui avait ses quartiers dans un local de la rue de la Chaussée d'Antin. Il y avait interprété *la Symphonie italienne de Mendelssohn* , les ouvertures de *Tannhäuser* et *Manfred* , *la Fuite en Égypte* de Berlioz et les premières œuvres de Gounod et Bizet. Mais le manque d'argent a mis un terme à ses efforts.

Pasdeloup reprend le travail. Après avoir été chef d'orchestre à la *Société des jeunes artistes du Conservatoire* depuis 1851, à la salle Herz, il fonde, en 1861, au Cirque d'Hiver, avec l'appui financier d'un riche prêteur, les premiers *Concerts populaires de musique classique* . Malheureusement, dit M. Saint-Saëns, Pasdeloup, même jusqu'en 1870, faisait une sélection presque exclusive d'œuvres classiques allemandes. Il élève une barrière impénétrable devant la jeune école française, et les seules œuvres françaises qu'il joue sont les symphonies de Gounod et de Gouvy, et les ouvertures des *Francs-Juges* et *de La Muette* . Il était impossible de lui opposer une société rivale ; et il détenait donc le monopole exclusif de la musique. Selon M. Saint-Saëns, il était un musicien médiocre et possédait, malgré sa passion pour la musique, « une immense incapacité ». Dans *Harmonie et Mélodie* M. Saint-Saëns dit : « Les quelques sociétés de musique de chambre qui existaient étaient également fermées à tout nouveau venu ; leurs programmes ne contenaient que les noms de célébrités incontestées, les auteurs de symphonies classiques. vraiment être dépourvu de tout bon sens pour écrire de la musique. »

Mais une nouvelle génération grandissait, une génération sérieuse et réfléchie, plus attirée par la musique pure que par le théâtre, remplie d'un ardent désir de fonder un art national. A cette génération appartiennent M. Saint-Saëns et M. Vincent d'Indy. La guerre de 1870 renforça ces idées sur la musique et, alors que la guerre faisait encore rage, naît d'elles la *Société Nationale de Musique* .

Il faut parler de cette société avec respect, car elle fut le berceau et le sanctuaire de l'art français. [215] Tout ce qu'il y a de grand dans la musique française des années 1870 à 1900 y trouve sa place. Sans elle, la plupart des œuvres qui font l'honneur de notre musique n'auraient jamais été jouées ; peut-être n'auraient-ils jamais été écrits. La Société avait le rare mérite de pouvoir anticiper de dix ou onze ans l'opinion publique, et d'une certaine manière elle a formé l'esprit public et l'a obligé à honorer ceux que la Société avait déjà reconnus comme de grands musiciens.

Les deux fondateurs de la Société étaient Romaine Bussine, professeur de chant au Conservatoire, et M. Camille Saint-Saëns. Et, à leur initiative, César Franck, Ernest Guiraud, Massenet, Garcin, Gabriel Fauré, Henri Duparc, Théodore Dubois et Taffanel, s'associent à eux et conviennent, le 25 février 1871, de fonder une société musicale qui devrait donner exclusivement des auditions aux œuvres de compositeurs français vivants. Les premières réunions furent interrompues par les agissements de la Commune ; mais ils recommencèrent en octobre 1871. Les premiers statuts de la Société furent rédigés par Alexis de Castillon, officier militaire et compositeur de talent, qui, après avoir servi dans la guerre de 1870 à la tête des *mobiles* d'Eure-et- Loire, fut l'un des fondateurs de la musique de chambre française, et mourut prématurément en 1873, à l'âge de trente-cinq ans. Ce sont ces statuts, signés par Saint-Saëns, Castillon et Garcin, qui donnèrent à la Société son titre de *Société Nationale de Musique* et son emblème « *Ars gallica* ». Voici ce que disent les statuts sur les buts de la Société :

« Le but de la Société est d'aider à la production et à la vulgarisation de toutes les œuvres musicales sérieuses, publiées ou inédites, des compositeurs français ; d'encourager et de mettre en lumière, dans la mesure de ses moyens, toute entreprise musicale, quelle qu'en soit la forme. cela peut prendre, à condition qu'il y ait des preuves d'une haute aspiration artistique de la part de l'auteur... C'est dans l'amour fraternel, dans un oubli complet de soi et avec la ferme intention de s'entraider dans la mesure où ils peut, que les membres de la Société coopéreront, chacun dans sa sphère d'action, à l'étude et à l'exécution des œuvres qu'ils seront appelés à choisir et à interpréter.

La première Commission était composée comme suit : Président, Bussine ; Vice-président, Saint-Saëns; secrétaire, Alexis de Castillon ; le sous-secrétaire, Jules Garcin ; Trésorier, Lenepveu. Les membres du Comité étaient : César Franck, Théodore Dubois, E. Guiraud, Fissot, Bourgault-Ducoudray, Fauré et Lalo.

Le premier concert fut donné le 25 novembre 1871, salle Pleyel ; et il est à noter que la première œuvre jouée était un trio de César Franck. Depuis, la Société a donné trois cent cinquante représentations d' œuvres de musique de chambre ou d'orchestre. Les compositeurs et virtuoses français les plus connus y ont participé comme exécutants, entre autres: César Franck, Saint-Saëns, Massenet, Bizet, Vincent d'Indy, Fauré, Chabrier, Guiraud, Debussy, Lekeu, Lamoureux, Chevillard, Taffanel, Widor, Messager, Diémer, Sarasate, Risler, Cortot, Ysaye, etc. Et parmi les compositions jouées pour la première fois il suffit de citer les suivantes :

César Franck : La quasi-totalité de ses œuvres, dont sa Sonate, Trio, Quatuor, Quintette, Variations symphoniques, Préludes et Fugues, Messe, *Rédemption*, *Psyché*, et une partie des *Béatitudes*.

Saint-Saëns : *Phaéton*, *Deuxième Symphonie*, Sonates, Mélodies persanes, la *Rapsodie d'Auvergne* et un quatuor.

Vincent d'Indy : La trilogie de *Wallenstein*, le *Poême des Montagues*, la *Symphonie sur un thème montagnard* et quatuors.

Chabrier : Une partie de *Gwendoline*.

Lalo : Fragments du *Roi d'Y*, Rhapsodies et Symphonies.

Bruneau : *Penthésilée*, *La Belle au Bois Dormant*.

Chausson : *Viviane*, *Hélène*, *La Tempête*, un quatuor et une symphonie.

Debussy : *La Damoiselle élue*, le *Prélude à l'après-midi d'un faune*, un quatuor, des pièces pour pianoforte et des mélodies.

Dukas : *L'Apprenti Sorcier*, et une sonate pour pianoforte.

Lekeu : *Andromède*.

Albéric Magnard : Symphonies et quatuor.

Ravel : *Schéhérazade* , *Histoires Naturelles* , etc.

Saint-Saëns fut directeur à Bussine jusqu'en 1886. Mais à partir de 1881 l'influence de Franck et de ses disciples se fit de plus en plus sentir ; et Saint-Saëns commença à se désintéresser des efforts de la nouvelle école. En 1886, les opinions divergent sur une proposition de Vincent d'Indy visant à introduire dans les programmes des œuvres de maîtres classiques et de compositeurs étrangers. Cette proposition fut adoptée ; mais Saint-Saëns et Bussine remirent leur démission. Franck devient alors le véritable président, bien qu'il refuse le titre ; et après sa mort, en 1890, Vincent d'Indy prit sa place. Sous ces deux directeurs, une place assez importante fut accordée à la musique ancienne et classique de compositeurs tels que Palestrina, Vittoria, Josquin, Bach, Händel, Rameau, Gluck, Beethoven, Schumann, Liszt et Brahms. La musique contemporaine étrangère n'y occupe qu'une place très limitée. Le nom de Wagner n'apparaît qu'une seule fois, dans une transcription du *Venusberg* pour pianoforte ; et le nom de Richard Strauss ne figure que contre son Quatuor. Grieg y eut son heure de popularité vers 1887, ainsi que les Russes, Moussorgski, Borodine, Rimski-Korsakow, Liadow et Glazounow, que M. Debussy a peut-être contribué à nous faire connaître. A l'heure actuelle, la Société semble plus exclusivement française que jamais ; et l'influence de M. Vincent d'Indy et de l'école de Franck est prédominante. C'est tout à fait naturel ; la *Société Nationale* a véritablement mérité son titre de gloire en discernant le génie de César Franck ; car la Société était un petit sanctuaire où le grand artiste était honoré à une époque où le reste du monde l'ignorait ou se moquait de lui. Ce caractère de sanctuaire fut conservé même après la victoire. Dans son programme général de 1903-1904, la Société rappelait avec fierté qu'elle était restée fidèle aux promesses faites en 1871 ; et elle ajoutait que si, pour permettre à ses membres de se tenir au courant des progrès généraux de l'art, elle avait peu à peu admis à ses programmes les chefs-d'œuvre classiques et les œuvres étrangères modernes d'intérêt, elle avait cependant toujours gardé ses invités. chambre ouverte et y ont façonné de nombreuses réputations futures.

Rien n'est plus vrai. La *Société Nationale* est bien une chambre d'hôtes, où se forment depuis trente ans un art de chambre d'hôtes et des opinions de chambre d'hôtes ; et c'est de là que sont issues certaines des musiques françaises les plus profondes et les plus poétiques, comme la musique de chambre de Franck et Debussy. Mais son atmosphère se raréfie chaque jour davantage. C'est un danger. Il est à craindre que cet art et cette pensée ne soient absorbés par les subtilités décadentes ou la scolastique pédante qui accompagnent toutes les coteries – en bref, que leur musique soit de la musique de salon plutôt que de la musique de chambre. Même la Société elle-même semble avoir parfois ressenti cela ; et à différentes époques, il a recherché le contact avec le grand public et s'est mis en communication directe avec lui. « Il devient de plus en plus nécessaire, écrit M. Saint-Saëns, que les compositeurs français trouvent quelque chose d'intermédiaire entre une écoute intime de leur musique et une exécution devant le grand public, quelque chose qui ne serait pas une chose spéculative comme un grand concert, mais qui serait analogue à l'attrait artistique d'une exposition de peinture, et qui oserait tout. C'est un objectif nouveau pour la *Société Nationale*. Mais il ne semble pas qu'elle ait encore atteint ce but, ni qu'elle soit près de l'atteindre, malgré quelques tentatives pas tout à fait heureuses.

Mais au moins la *Société Nationale* a glorieusement accompli la tâche qu'elle s'était fixée. En trente ans il a créé à Paris un petit centre de compositeurs sérieux de symphonies et de musique de chambre, et un public cultivé qui semble capable de les comprendre.

---

2. *Les Grands Concerts Symphoniques*

S'il était urgent que les jeunes compositeurs français s'unissent pour résister à l'indifférence générale du public, il était plus urgent encore de s'attaquer à cette indifférence et de mettre la musique à la portée des gens ordinaires. Il s'agissait de reprendre et de compléter l'œuvre de Pasdeloup dans un esprit plus artistique et plus moderne.

Editeur de musique, Georges Hartmann, sentant les forces qui se rassemblaient dans l'art français, rassembla autour de lui la plupart des hommes talentueux de la jeune école : Franck, Bizet, Saint-Saëns, Massenet, Delibes, Lalo, A. de Castillon, Th. Dubois, Guiraud, Godard, Paladilhe et Joncières — et entreprennent de produire leurs œuvres en public. Il loue le théâtre de l'Odéon et constitue un orchestre dont il confie la direction à M. Édouard Colonne. Et le 2 mars 1873, le *Concert National* est inauguré par une matinée musicale, où M. Saint-Saëns joue son *Concerto en sol mineur* et Mme. Viardot a chanté *le Roi des Aulnes* de Schubert . La première année, six concerts ordinaires furent donnés, auxquels s'ajoutèrent deux concerts sacrés avec chœurs, au cours desquels furent interprétées *la Rédemption de César Franck et Marie-Magdeleine* de Massenet . En 1874 l'Odéon est abandonné pour le Châtelet. Cette entreprise attira une certaine attention et les concerts furent fréquentés par le public ; mais les résultats financiers n'étaient pas excellents. [216] Hartmann était découragé et souhaitait tout abandonner. Mais M. Édouard Colonne eut l'idée de transformer son orchestre en société, et de poursuivre l'œuvre sous le nom d' *Association Artistique* . Parmi les artistes-fondateurs figuraient MM. Bruneau, Benjamin Godard et Paul Hillemacher. Ses débuts furent pleins de luttes ; mais grâce à la persévérance de l'Association, tous les obstacles furent finalement surmontés. En 1903, un festival fut organisé pour célébrer son trentième anniversaire. Durant ces trente années, elle avait donné plus de huit cents concerts et interprété les œuvres d'environ trois cents compositeurs, dont la moitié étaient français. Les quatre compositeurs les plus entendus au Châtelet étaient Saint-Saëns, Wagner, Beethoven et Berlioz. [217]

Berlioz est la propriété quasi exclusive du Châtelet. Non seulement on y a joué ses œuvres plus fréquemment qu'ailleurs [218] , mais elles y sont mieux comprises qu'ailleurs. L'orchestre Colonne et son chef, doué d'une grande chaleur d'esprit, quoique parfois un peu intempérante, sont plutôt gênés par les œuvres à caractère classique et par celles qui témoignent d'un sentiment contemplatif ; mais ils expriment merveilleusement le romantisme tumultueux de Berlioz, son enthousiasme poétique et les couleurs vives et délicates de ses peintures et de ses paysages musicaux. Si Berlioz a sa place aux concerts du Chevillard et du Conservatoire, c'est au Châtelet que se ruent ses adeptes ; et leur enthousiasme n'a pas été affecté par la campagne menée depuis plusieurs années contre Berlioz par certains critiques français sous l'influence du jeune parti musical, les partisans de d'Indy et de Debussy.

C'est aussi au Châtelet que la passion musicale la plus vive s'est conservée jusqu'à aujourd'hui parmi le public. Grâce à la grandeur du théâtre, qui est un des plus grands de Paris, et au grand nombre de places bon marché, on y trouve toujours un certain nombre de jeunes étudiants qui forment le public le plus intéressé possible. Et la musique est pour eux bien plus qu'un plaisir : c'est une nécessité. Il y en a qui font de grands sacrifices pour avoir une place aux concerts du dimanche. Et beaucoup de ces jeunes hommes et femmes vivent toute la semaine dans l'idée d'oublier le monde pendant quelques heures dans le plaisir musical. Un tel public n'existait pas en France avant 1870. C'est l'honneur des concerts du Châtelet et de Pasdeloup de l'avoir créé.

Édouard Colonne a fait plus que éduquer le goût musical en France ; car personne n'a travaillé plus que lui pour faire tomber les barrières qui séparaient le public français de l'art des autres pays ; et, en même temps, il a lui-même contribué à faire connaître l'art français aux étrangers. Lorsqu'il dirigeait lui-même des concerts dans toute l'Europe, il confia la direction du Châtelet au grand *maître de chapelle allemand* et à des compositeurs étrangers : Richard Strauss, Grieg, Tschaikowsky, Hans Richter, Hermann Levi, Mottl, Nikisch, Mengelberg, Siegfried Wagner et beaucoup d'autres. Aucun autre chef d'orchestre n'a fait autant pour la musique parisienne au cours des trente dernières années ; et nous ne devons pas l'oublier. [219]

Les concerts Lamoureux ont eu dès le début un caractère bien différent des concerts Colonne. Cette différence réside en partie dans la personnalité des deux chefs, et en partie dans le fait que les concerts de Lamoureux, bien que postérieurs de moins de dix ans aux concerts de Colonne, représentent une nouvelle génération musicale. Les progrès du public musical sont singulièrement rapides : à peine ont-ils exploré le riche trésor de la musique de Berlioz qu'ils font des découvertes dans l'univers de Wagner. Et dans ce monde, ils avaient besoin d'un nouveau guide, connaissant intimement l'art de Wagner et l'art allemand en général. Charles Lamoureux était ce guide. En 1873, il dirigea des représentations spéciales de Bach et Händel, données par la *Société de l'Harmonie sacrée* . Après avoir quitté la direction de l'Opéra, il inaugure, le 21 octobre 1881, au théâtre du Château-d'Eau, la *Société des Nouveaux Concerts* . Ces concerts avaient au début des programmes très complets de toutes sortes de musiques et de toutes sortes d'écoles. Lors du premier concert, il y avait des œuvres de Beethoven, Händel, Gluck, Sacchini, Cimarosa et Berlioz. La première année, Lamoureux fit interpréter *la Neuvième Symphonie de Beethoven* , ainsi qu'une grande partie de *Lohengrin* et de nombreuses œuvres de jeunes musiciens français. Diverses compositions de Lalo, Vincent d'Indy et Chabrier y furent jouées pour la première fois. Mais c'est surtout à l'étude des œuvres de Wagner que Lamoureux se consacre le plus volontiers. C'est lui qui donna les premières auditions de Wagner dans leur intégralité en France, comme le premier et le deuxième acte de *Tristan* , en 1884-1885. La bataille wagnérienne se poursuivait encore à cette époque, comme le montre la notice imprimée en tête du programme de *Tristan* .

« La direction de la *Société des Nouveaux Concerts* souhaite éviter toute perturbation lors de l'exécution du deuxième acte de *Tristan* et prie instamment et respectueusement que le public s'abstienne de donner toute marque de son approbation ou de sa désapprobation avant la fin de l'acte. ".

La même année, au théâtre Eden, où les concerts avaient été transférés, Lamoureux dirigea, pour la première fois à Paris, le premier acte de la *Walkyrie* . Dans ces concerts, le ténor Van Dyck fit ses *débuts* ; plus tard, il fut l'un des principaux interprètes de Bayreuth. En 1886-1887, Lamoureux répète et dirige l'unique représentation de *Lohengrin* au théâtre de l'Eden. Des troubles dans les rues ont empêché la poursuite des représentations. Lamoureux s'établit alors dans la salle de concert du Cirque des Champs Élysées, où il donne depuis onze ans ce qu'on appelle les *Concerts-Lamoureux* . Il a continué à faire connaître l'œuvre de Wagner et a parfois bénéficié du concours de quelques-uns des plus célèbres artistes de Bayreuth, entre autres celui de Mme. Materna et Lilli Lehmann. À la fin de la saison 1897, Lamoureux souhaite dissoudre son orchestre pour diriger des concerts à l'étranger. Mais les membres de l'orchestre décident de rester ensemble sous le nom d' *Association des Concerts-Lamoureux* , avec comme chef d'orchestre le gendre de Lamoureux, M. Camille Chevillard. Mais Lamoureux ne tarda pas à reprendre la direction des concerts, désormais revenus au théâtre du Château-d'Eau ; et quelques mois avant sa mort, en 1899, il dirigea la première représentation de *Tristan* au théâtre Nouveau. Il eut ainsi le bonheur d'assister au triomphe complet de la cause pour laquelle il s'était battu avec tant d'acharnement pendant près de vingt ans. [220]

Les interprétations par Lamoureux des œuvres de Wagner comptent parmi les meilleures jamais données. Il avait un souci de l'œuvre dans son ensemble et un souci de ses détails, auxquels l'orchestre Colonne n'était pas tout à fait parvenu. En revanche, le défaut de Lamoureux était la vivacité exubérante avec laquelle il interprétait des compositions à caractère romantique. Il n'a pas bien compris ces œuvres ; et bien qu'il en sache beaucoup plus sur l'art classique que son rival, il en rendit la lettre plutôt que l'esprit, et accorda une telle attention aux détails qu'une musique comme celle de Beethoven perdit son intensité et sa vie. Mais ses talents comme ses défauts en faisaient un excellent interprète de la jeune école néo-wagnérienne dont les principaux représentants en France étaient alors M. Vincent d'Indy et M. Emmanuel Chabrier. Lamoureux avait besoin, dans une certaine mesure, de se laisser guider soit par les traditions vivantes de Bayreuth, soit par la pensée des compositeurs modernes et vivants ; et le plus grand service qu'il rendit à la musique française fut de créer, grâce à son extrême souci de la perfection matérielle, un orchestre merveilleusement équipé pour la musique symphonique.

Cette recherche de perfection a été poursuivie par son successeur, M. Camille Chevillard, dont l'orchestre est encore plus raffiné. On peut dire, je crois, que c'est aujourd'hui le meilleur de Paris. M. Chevillard est plus attiré par la musique pure que ne l'était Lamoureux ; et il trouve avec raison que la musique dramatique occupe une place trop grande dans les concerts parisiens. Dans une lettre publiée au *Mercure de France* , en janvier 1903, il reproche aux éducateurs du goût public d'avoir entretenu le goût de l'opéra et de ne pas avoir éveillé le respect de la musique pure : « Quatre mesures quelconques d'un quatuor de Mozart ont, dit-il, « une plus grande valeur éducative qu'une scène spectaculaire d'un opéra ». Personne à Paris ne dirige mieux que lui les œuvres classiques, surtout celles qui possèdent une beauté propre et plastique ; et en Allemagne même, il serait difficile de trouver quelqu'un qui donnerait une interprétation plus délicate de certaines œuvres symphoniques de Händel et de Mozart. Son orchestre a conservé, du reste, la supériorité qu'il avait déjà acquise dans son répertoire des œuvres de Wagner. Mais M. Chevillard lui a communiqué une chaleur et une énergie de rythme qu'elle n'avait pas auparavant. Ses interprétations de Beethoven, même si elles sont quelque peu superficielles, sont très pleines de vie. Comme Lamoureux, il n'a guère saisi l'esprit des œuvres romantiques françaises – de Berlioz, et encore moins de Franck et de son école ; et il semble n'avoir qu'une sympathie tiède pour les développements les plus récents de la musique française. Mais il comprend bien les compositeurs romantiques allemands, notamment Schumann, pour qui il a une sympathie marquée ; et il essaya, sans grand succès, d'introduire Liszt et Brahms en France, et fut le premier d'entre nous à attirer réellement l'attention sur la musique russe, dont il excelle à rendre le coloris brillant et délicat. Et, comme M. Colonne, il a amené parmi nous les grands *maîtres de chapelle allemands* , Weingartner, Nikisch et Richard Strauss, ce dernier ayant dirigé la première exécution à Paris de ses poèmes symphoniques *Zarathoustra* , *Don Quichotte* et *Heldenleben* , au Concerts Lamoureux.

Rien n'aurait pu mieux compléter l'éducation musicale du public que ce défilé continu, depuis dix ans, de *Kapellmeister* et de virtuoses étrangers, et les comparaisons qu'offraient leurs différents styles et interprétations. Rien n'a mieux contribué au perfectionnement des orchestres parisiens que l'émulation provoquée par les rencontres entre les chefs d'orchestre parisiens et ceux d'autres pays. Aujourd'hui, nos propres chefs d'orchestre sont de dignes rivaux des meilleurs d'Allemagne. Les instruments à cordes sont bons ; le bois a gardé son ancienne supériorité française ; et quoique les cuivres soient encore la partie la plus faible de nos orchestres, ils ont fait de grands progrès. On peut encore critiquer le regroupement des orchestres lors des concerts, car il est souvent défectueux ; il existe une disproportion entre les différentes familles d' instruments et, par conséquent, entre leurs différentes sonorités, certaines trop fines et d'autres trop sourdes. Mais ces défauts sont aujourd'hui assez courants dans toute l'Europe. Malheureusement, ce qui est plus particulier à la France, c'est l'insuffisance ou la mauvaise qualité des chœurs, dont les progrès ont été loin de suivre celui des orchestres. C'est sur ce côté de la musique que les directeurs de concerts doivent désormais porter leurs efforts.

Les Concerts Lamoureux n'ont pas eu une demeure aussi stable que les Concerts du Châtelet. Ils ont déambulé dans Paris d'une pièce à l'autre, du Cirque d'Hiver au Cirque d'Été, du Château-d'Eau au Nouveau Théâtre. Ils sont actuellement dans la salle Gaveau, beaucoup trop petite pour eux. Malgré les progrès de la musique et du goût musical, Paris n'a pas encore de salle de concert, comme les plus petites villes de province d'Allemagne ; et cette indifférence honteuse, indigne de la renommée artistique de Paris, oblige les sociétés symphoniques à se réfugier dans les cirques ou les théâtres, qu'elles partagent avec d'autres genres d'interprètes, bien que l'acoustique de ces lieux ne soit pas destinée aux concerts. C'est ainsi que depuis six ans les Concerts Chevillard se donnent au fond d'un music-hall, qui a la même entrée, et qui n'est séparé de la salle de concert que par un petit passage, de sorte que les chœurs rugissants de une *danse du venire* peut se mêler à un adagio de Beethoven ou à une scène de la Tétralogie. Pire encore, l'exiguïté du lieu dans lequel ces concerts ont été entassés a constitué un sérieux obstacle à leur popularité. Néanmoins, dans les années suivantes, sur la promenade et dans les galeries du Nouveau Théâtre, éclata ce qu'on pourrait appeler une petite guerre pour les concertos. Ce fut un épisode assez curieux dans l'histoire du goût musical de Paris, et mérite ici quelques mots. Dans tous les pays, mais surtout dans les pays les moins musicaux, un virtuose profite de la faveur du public, souvent au détriment de l'œuvre qu'il interprète ; car ce qu'on aime le plus en musique, c'est le musicien. Le virtuose, dont il ne faut pas sous-estimer l'importance, et qui est digne d'honneur lorsqu'il est un interprète de génie respectueux et sympathique, a trop souvent pris une part lamentable, surtout dans les pays latins, à la dégradation du goût musical ; car la virtuosité vide fait un désert de l'art. La mode des fantaisies ineptes et des variations acrobatiques est, il est vrai, révolue ; mais ces dernières années la virtuosité est revenue d'une manière offensive, et, s'abritant sous le nom classique et solennel de « concertos », elle a usurpé une place d'une importance assez exagérée dans les concerts symphoniques, et surtout dans les concerts de M. Chevillard, place que Lamoureux je ne l'aurais jamais donné. Alors la partie la plus jeune et la plus enthousiaste du public commença à se révolter ; et très vite, avec une parfaite impartialité et sans discernement, ils se mirent à siffler des virtuoses célèbres et obscurs dans l'interprétation de n'importe quel concerto, qu'il soit splendide ou détestable. Rien ne leur plaisait, ni le jeu de Paderewski, ni la musique de Saint-Saëns et des grands maîtres. La direction des concerts suivit sa propre voie et tenta en vain d'éloigner les perturbateurs et de leur interdire l'accès à la salle de concert ; et la bataille dura longtemps, et les critiques y furent attirées. Mais malgré ses excès ridicules et la barbarie des méthodes par lesquelles le parterre exprimait ses opinions, cette querelle n'est pas sans intérêt. Cela prouvait à quel point la passion et l'enthousiasme pour la musique avaient été éveillés en France ; et la passion, bien qu'injuste dans son expression, était plus féconde et d'une bien plus grande valeur que l'indifférence.

---

3. *La Schola Cantorum*

Les Concerts Lamoureux ont rempli leur mission et, à leur tour, leur mission héroïque prend fin. Ils avaient imposé Wagner à Paris ; et Paris, comme toujours, avait dépassé le but et ne pouvait jurer que par Wagner. Les musiciens français traduisaient les idées de Gounod ou de Massenet dans le style de Wagner ; Les critiques parisiens répétaient les théories de Wagner au hasard, qu'ils les comprennent ou non, généralement lorsqu'ils ne les comprenaient pas. Une réaction était inévitable dès que Paris était bien saturé de Wagner ; et cela s'est produit en 1890, parmi quelques élus, dont certains avaient été, et étaient même encore, sous l'influence de Wagner. Ce ne fut d'abord qu'une légère réaction, qui se manifesta par un retour aux classiques du passé et aux grands primitifs de la musique.

Il y a eu plusieurs tentatives dans ce sens auparavant, mais aucune n'a réussi à faire impression sur la masse du public. En 1843, Joseph Napoléon Ney, prince de Moszkowa, fonde à Paris une société d'exécution de musique religieuse et vocale classique. Cette société, que le prince lui-même dirigeait dans sa propre maison, se chargeait d'exécuter les œuvres vocales des XVIe et XVIIe siècles. [221]

En 1853, Louis Niedermeyer fonde à Paris une *École de musique religieuse et classique*, qui s'efforce « de former des chanteurs, organistes, chefs de chœur et compositeurs de musique, par l'étude des œuvres classiques des grands maîtres du XVe, XVIe ». , et XVIIe siècles. Cette école, subventionnée par l'État, était une pépinière de vrais musiciens. Il comptait parmi ses élèves quelques compositeurs, chefs d'orchestre, organistes et historiens réputés ; entre autres, M. Gabriel Fauré, M. André Messager, M. Eugène Gigout et M. Henry Expert. M. Saint-Saëns y fut professeur et en devint président. Près de cinq cents organistes, chefs de chœur et professeurs de musique du Conservatoire et d'autres collèges français y furent formés. Mais cette école, sérieuse dans ses intentions et refuge de l'esprit classique au milieu du mauvais goût ambiant, ne se souciait pas d'influencer le public et, en fait, l'ignorait presque.

Lamoureux tenta en 1873 d'interpréter les grandes œuvres chorales de Bach et de Händel ; et en 1878, le célèbre organiste français, M. Alexandre Guilmant, osa donner au Trocadéro des concerts pour orgue et orchestre, consacrés à la musique religieuse des XVIIe et XVIIIe siècles. Mais l'acoustique déplorable de la salle de concert avait un effet préjudiciable sur les œuvres qui y étaient jouées ; et le public ne répondit pas très chaleureusement aux efforts de M. Guilmant, et parut d'abord ne trouver qu'un intérêt historique dans les chefs-d'œuvre, et en manquer complètement la profondeur et la vie.

Puis un élève de Franck, M. Henry Expert, qui commença ses admirables travaux sur l'Histoire musicale en 1882, fonda la *Société JS Bach*, afin de diffuser la connaissance de la musique ancienne écrite entre le XIIe et le XVIIIe siècle. Et il réussit à intéresser dans son entreprise non seulement les principaux musiciens français, comme César Franck, Saint-Saëns et Gounod, mais aussi des étrangers, comme Hans von Bülow, Tschaïkowsky, Grieg, Sgambati et Gevaert. Malheureusement, cette société n'est jamais allée plus loin qu'organiser ce qu'elle voulait faire et n'a fait qu'esquisser les plans qui furent réalisés plus tard par Charles Bordes.

Le grand public ne s'intéressait pas vraiment à l'art des musiciens anciens jusqu'à ce que l'*Association des Chanteurs de Saint-Gervais* soit fondée en 1892 par Charles Bordes, chef de chœur de l'église de Saint-Gervais. Le succès immédiat et la bruyante renommée de la Société étaient dus à autre chose qu'au talent de son chef d'orchestre, qui alliait à une vive intelligence artistique à la fois du bon sens et de l'énergie et un remarquable don d'organisation ; il était dû en partie à l'aide de circonstances favorables, en partie à l'excès du wagnérisme dont je viens de parler, en partie à la naissance d'un nouvel art religieux, né depuis la mort de César Franck autour de la mémoire de ce grand musicien.

Il n'est pas dans mon intention ici d'écrire une appréciation du génie de César Franck, mais il n'est pas possible de comprendre le mouvement musical parisien des quinze dernières années si l'on ne prend pas en compte l'importance de son enseignement. La classe d'orgue du Conservatoire, où Franck succéda en 1872 à son ancien maître Benoist, fut longtemps, comme le dit M. Vincent d'Indy, « le véritable centre d'étude de la composition au Conservatoire. Les ouvriers n'ont jamais pu se résoudre à le considérer comme l'un des leurs, car il a eu l'audace de voir dans l'art autre chose que le moyen de gagner sa vie. En effet, César Franck n'était pas des leurs et ils le lui ont fait sentir. Mais les jeunes étudiants ne s'y sont pas trompés. « A cette époque, nous dit encore M. d'Indy [222], « c'est-à-dire de 1872 à 1876, les trois cours de composition musicale avancée étaient donnés par trois professeurs qui n'étaient pas du tout aptes à leur travail. L'un était Victor Massé, compositeur d'opéras simples et ne comprenant aucune symphonie, qui était très souvent malade et devait confier son enseignement à l'un de ses élèves ; idées ; et le troisième était François Bazin, qui n'était pas capable de distinguer dans les fugues de son élève une fausse réponse d'une vraie, et dont le plus haut titre de gloire dérive d'une composition intitulée *Le Voyage en Chine* . L'enseignement de César Franck, fondé sur celui de Bach et de Beethoven, mais admettant aussi l'imagination et toutes les idées nouvelles et libérales, attirait alors vers lui tous les jeunes esprits qui avaient de hautes ambitions et qui étaient vraiment amoureux de leur art. Et ainsi, tout à fait inconsciemment, le maître attirait à lui tous les talents sincères et artistiques qui étaient disséminés dans les différentes classes du Conservatoire, ainsi que ceux de ses élèves extérieurs.

Parmi ceux qui reçurent son enseignement direct [223] figuraient Henri Duparc, Alexis de Castillon, Vincent d'Indy, Ernest Chausson, Pierre de Bréville, Augusta Holmes, Louis de Serres, Charles Bordes, Guy Ropartz et Guillaume Lekeu. Et si l'on y ajoute les élèves des classes d'orgue, qui ont également subi son influence, nous avons, entre autres, Samuel Rousseau, Gabriel Pierné, Auguste Chapuis, Paul Vidal et Georges Marty ; mais aussi des virtuoses qui furent quelque temps intimes avec lui, comme Armand Parent et Eugène Ysaye, à qui Franck dédia sa sonate pour violon. Et si l'on pense aussi aux artistes qui, sans être ses élèves, ont ressenti son pouvoir – des artistes comme Gabriel Fauré, Alexandre Guilmant, Emmanuel Chabrier et Paul Dukas – on peut constater que presque toute la génération musicale parisienne de cette époque l'époque s'est inspirée de César Franck. Et c'est en grande partie dans l'intention de perpétuer son enseignement que ses élèves, Charles Bordes et Vincent d'Indy, et son ami Alexandre Guilmant, fondèrent en 1894, quatre ans après sa mort, la *Schola Cantorum* , qui a gardé vivant sa mémoire. depuis.

"Notre vénéré père Franck", a déclaré Vincent d'Indy dans un discours, "est en quelque sorte le grand-père de la *Schola Cantorum* ; car c'est son système d'enseignement que nous appliquons et essayons de perpétuer ici". [224]

L'influence de Franck était double : elle était artistique et morale. D'une part, il était, si je puis dire, un admirable professeur d'architecture musicale ; il fonda une école de symphonie et de musique de chambre comme la France n'en avait jamais eue auparavant, et qui, dans certains domaines, était plus nouvelle et plus audacieuse que celle des auteurs symphoniques allemands. Et, d'autre part, il exerçait par son propre caractère une influence mémorable sur tous ceux qui entraient en contact avec lui. Sa foi profonde, cette foi belle, indulgente et calme, brillait autour de lui comme une gloire. Le parti catholique, qui s'éveillait alors à une nouvelle vie en France, essaya, après sa mort, d'identifier ses idéaux avec les leurs. Mais c'était, comme nous l'avons dit ailleurs, pour ^{rétrécir} l'esprit de Franck ; car son grand charme résidait dans son union harmonieuse de religion et de liberté, qui ne limitait jamais ses sympathies artistiques à un idéal exclusif. Le fils du compositeur, M. Georges César-Franck, a vainement protesté contre ce monopole de son père, et déclare :

" Selon certains écrivains, qui veulent tout réduire à l'état mort et déduire toutes choses d'une seule cause, César Franck était un mystique dont le véritable domaine était la musique religieuse. Rien de plus éloigné. Le public est porté aux généralisations. , et se laisse trop facilement berner. On juge un compositeur sur une seule œuvre, ou sur un groupe d'œuvres, et on le classe une fois pour toutes... En réalité, mon père était un homme aux réalisations globales. Musicien accompli, il maîtrisait toutes les formes de composition. Il écrivit de la musique religieuse et profane : mélodies, danses, pastorales, oratorios, poèmes symphoniques, symphonies, sonates, trios et opéras. Il ne se limita à aucun genre particulier. du travail à l'exclusion des autres genres; il était capable de s'exprimer comme il le souhaitait. [226]

Mais comme ce qu'il y avait de réellement religieux en lui se trouvait en accord avec un courant de pensée assez puissant à cette époque, il était inévitable que ce côté de son génie soit d'abord mis en lumière, et que la musique religieuse soit la première. bénéficier de son travail. Et aussi un des premiers manifestes [227] de la *Schola Cantorum* traitait de la réforme de la musique sacrée en la ramenant aux grands modèles antiques ; et sa première décision fut la suivante : « Le chant grégorien restera pour toujours la source et la base de la musique de l'Église, et constituera le seul modèle par lequel il pourra être vraiment jugé. » [228]

On y ajouta cependant la musique *à la Palestrina* , et toute musique conforme à ses principes ou inspirée par son exemple. De telles idées archaïques ne créeraient certainement jamais un nouveau genre de musique religieuse, mais elles ont au moins contribué à restaurer l'art ancien ; et ils reçurent leur consécration officielle dans la célèbre lettre écrite par le pape Pie X sur la réforme de la musique sacrée.

La réalisation d'un idéal artistique aussi restreint n'aurait cependant pas suffi à assurer le succès de la *Schola Cantorum* , ni à asseoir son autorité auprès d'un public qui n'était, quoi qu'on en dise, que tiède dans sa religion, et qui ne s'intéresse qu'à l'art religieux d'autrefois comme il le ferait de façon passagère. Mais l'esprit de curiosité et le sens de la vie moderne commençaient peu à peu à peser sur les principes de la Schola. Après avoir chanté des chants palestriniens et grégoriens à l'église Saint-Gervais pendant la Semaine Sainte, ils ont interprété Carissimi, Schütz et les maîtres italiens et allemands du XVIIe siècle. Viennent ensuite les cantates de Bach ; et leur représentation, donnée par M. Bordes dans la salle d'Harcourt, attira un large public et commença le culte de ce maître à Paris. Puis ils chantèrent Rameau et Gluck ; et enfin toute musique ancienne, sacrée ou profane, fut approuvée. Ainsi cette petite école, consacrée au culte de la musique religieuse antique, et qui avait fait des débuts si modestes, se développa en une école d'art capable de satisfaire les besoins modernes ; et en 1900, lorsque M. Vincent d'Indy devint président de la *Schola* , il fut décidé de déplacer l'école dans des locaux plus grands, rue Saint-Jacques.

Le programme de cette nouvelle école fut exposé par M. Vincent d'Indy dans son discours d'inauguration le 2 novembre 1900 et montra comment il fondait les fondements de l'enseignement musical sur l'histoire.

« L'art, dans son voyage à travers les âges, est un microcosme qui connaît, comme le monde lui-même, des étapes successives de jeunesse, de maturité et de vieillesse ; mais il ne meurt jamais, il se renouvelle perpétuellement. Ce n'est pas comme un cercle parfait ; c'est comme une spirale, et dans sa croissance, elle monte toujours plus haut. Je crois qu'il faut faire suivre aux étudiants le même chemin que l'art lui-même a suivi, afin qu'ils subissent au cours de leur période d'études les mêmes transformations que la musique elle-même a subies au cours du cours. Ils sortiront ainsi beaucoup mieux armés des difficultés de l'art moderne, puisqu'ils auront vécu, pour ainsi dire, la vie de l'art et suivi l'ordre naturel et inévitable des formes qui ont constitué les différentes époques. du développement artistique. »

M. d'Indy prétend que ce système peut s'appliquer avec autant de succès aux instrumentistes et aux chanteurs qu'aux futurs compositeurs. « Car il est aussi profitable pour eux, dit-il, de savoir chanter correctement une monodie liturgique, ou de pouvoir jouer une sonate de Corelli dans un style convenable, qu'il l'est pour les compositeurs d'étudier la structure d'un motet. ou une suite." M. d'Indy obligeait d'ailleurs tous les étudiants, sans distinction, à assister aux cours de musique vocale ; et, en outre, il créa une classe spéciale pour enseigner la direction d'orchestre, ce qui était tout à fait nouveau en France. Son objectif, comme il le dit clairement, était de donner une forme nouvelle à la musique moderne grâce à la connaissance des musiques du passé.

A ce sujet il dit :

"Où trouverons-nous la vie vivifiante qui nous donnera des formes et des formules nouvelles ? La source n'est pas vraiment difficile à découvrir. Ne la cherchons pas ailleurs que dans l'art décoratif des chanteurs de plain-chant, dans l'art architectural de l'époque de Palestrina et dans l'art expressif des grands Italiens du XVIIe siècle. C'est là, et *là seulement*, que nous trouverons un talent mélodique, des cadences rythmiques et une magnificence harmonique vraiment nouvelle, si notre esprit moderne. Je ne peux qu'apprendre à en absorber l'essence nutritive. C'est pourquoi je prescrit à tous les élèves de l'École l'étude attentive des formes classiques, car *elles seules* sont capables de donner les éléments d'une nouvelle vie à notre musique, qui sera fondée sur des principes. qui sont sains d'esprit, solides et dignes de confiance. [230]

Cet éclectisme fin et intelligent était susceptible de développer un esprit critique, mais était un peu moins adapté à former des personnalités originales. Quoi qu'il en soit, c'était une excellente discipline dans la formation du goût musical ; et, en vérité, l' *École supérieure de musique* de la rue Saint-Jacques devenait un nouveau Conservatoire, à la fois plus moderne et plus savant que l'ancien Conservatoire, et plus libre, et moins libre cependant, parce que plus satisfait de lui-même. L'école s'est développée très rapidement. De vingt et un élèves en 1896, elle en comptait trois cent vingt en 1908. D'éminents musiciens et professeurs y étudièrent l'histoire et les sciences de la musique, et M. d'Indy suivit lui-même les cours de composition. [231] Et dans sa courte carrière, la *Schola* peut déjà être créditée de la formation de jeunes compositeurs, comme MM. Roussel, Déodat de Séverac, Gustave Bret, Labey, Samazeuilh, R. de Castéra, Sérieyx, Alquier, Coindreau, Estienne, Le Flem et Groz ; et à ceux-ci s'ajoutent les élèves particuliers de M. d'Indy, Witkowski, et l'un des plus grands compositeurs modernes, Albéric Magnard.

En dehors de l'influence que l'École exerce par son enseignement, sa propagande moyennant des concerts et des publications est très active. Depuis sa fondation jusqu'en 1904, elle avait donné deux cents représentations dans cent trente villes de province ; plus de cent cinquante concerts à Paris, dont cinquante de musique orchestrale et chorale, soixante de musique d'orgue et quarante de musique de chambre. Ces concerts ont été très suivis par un public enthousiaste et reconnaissant et ont été une école du goût du public. On n'y cherche pas une exécution parfaite [232], mais des interprétations intelligentes et une soif d'une connaissance plus complète des grandes œuvres du passé. Ils ont fait revivre *l'Orfeo* de Monteverde et son *Incoronazione di Poppea*, oubliés depuis trois siècles ; et c'est suite à un intérêt suscité par les représentations répétées de Rameau à la *Schola* [233] que *Dardanus* fut joué à Dijon sous la direction de M. d'Indy, *Castor et Pollux* à Montpellier sous la direction de M. Charles Bordes, et qu'en 1908 le L'Opéra de Paris a donné *Hippolyte et Aricie*. Des succursales de la *Schola* ont été créées à Lyon, Marseille, Bordeaux, Avignon, Montpellier, Nancy, Épinal, Montluçon, Saint-Chamond et Saint-Jean-deLuz. [234] Une maison d'édition a été associée à l'École de Paris ; et de là nous tirons des Revues, comme la *Tribune de Saint-Gervais* ; des publications de musique ancienne, comme l' *Anthologie des maîtres religieux primitifs des XVe, XVIe et XVIIe siècles*, éditée par Charles Bordes ; les *Archives des maîtres de l'orgue des XVIe, XVIIe, et XVIIIe siècles*, éditées par Alexandre Guilmant et André Pirro ; les *Concerts spirituels de la Schola*, les nouvelles éditions d' *Orfeo* et l' *Incoronazione di Poppea*, édités par M. Vincent d'Indy ; et les publications de musique moderne, telles que la *Collection du chant populaire*, le *Répertoire moderne de musique vocale et d'orgue* et, notamment, l' *Édition mutuelle*, éditée par les compositeurs eux-mêmes, dont elle est la propriété.

Et tout cela témoigne d'une activité si merveilleuse et témoigne d'un enthousiasme si sincère que je ne peux me résoudre à me rallier aux critiques qui ont récemment attaqué la *Schola*, bien que leurs attaques aient été dans une certaine mesure méritées. La mesquinerie se retrouve même chez les grands artistes, et l'imperfection dans toute œuvre humaine ; et les défauts se révèlent plus clairement après qu'une victoire a été remportée. La *Schola* n'a pas échappé aux périodes critiques qui accompagnent la croissance, par lesquelles toute œuvre doit passer pour triompher et perdurer. Sans doute, la maladie soudaine et la retraite prématurée du fondateur de l'œuvre, M. Charles Bordes, ont privé la *Schola* d'une de ses forces les plus actives, force qui était peut-être nécessaire au succès de son développement. Car cet homme avait été la vie et l'âme de l'école, et il s'était retiré, épuisé par les gros travaux qu'il avait supportés seul pendant dix ans. [235]

Mais M. d'Indy, en apôtre courageux, a continué la direction de la *Schola* d'une main ferme et d'un soin infatigable, malgré ses activités variées de compositeur, de professeur et *de maître de chapelle* ; et il est l'un des guides les plus sûrs et les plus fiables pour une jeune école de musique française. Et si son esprit est plutôt abstrait, et que ses humeurs sont parfois plutôt combatives, et que certains préjugés (qui ne sont pas toujours musicaux) le font pencher vers des idéaux de raison et de foi inébranlable – et si parfois ses adeptes déforment inconsciemment ses idées , et tentent d'endiguer le ruisseau qui coule de la vie elle-même, je suis convaincu que ce n'est que l'évidence passagère d'une réaction, peut-être naturelle, contre les exagérations auxquelles ils ont été confrontés, et que la *Schola* saura toujours éviter les écueils. où les révolutionnaires du passé se sont échoués et sont devenus les conservateurs de demain. J'espère que la *Schola* ne deviendra jamais le genre d'école aristocratique qui érige des murs autour d'elle-même, mais ouvrira toujours grandes ses portes et accueillera toujours toutes les nouvelles forces de la musique, même celles qui ont des idéaux opposés aux siens. Sa renommée future et le bien-être de l'art français ne pourront qu'être entretenus.

---

4. *Les sociétés de musique de chambre*

Parallèlement aux grands concerts symphoniques et aux nouveaux *conservatoires* , des sociétés se constituent pour diffuser la connaissance et donner le goût de la musique de chambre. Cette musique, si courante en Allemagne, était presque inconnue à Paris avant 1870. Il n'y avait que le Quatuor Maurin, qui donnait cinq ou six concerts chaque hiver dans la salle Pleyel et y jouait les derniers quatuors de Beethoven. Mais ces représentations n'attirent qu'un petit nombre d'artistes ; [236] et, auprès du grand public, la *Société des derniers quartuors de Beethoven* avait la réputation de se consacrer à une musique singulière et incompréhensible, écrite par un sourd.

Le véritable fondateur des concerts de musique de chambre à Paris fut M. Émile Lemoine, qui fonda la société appelée *La Trompette* . Il nous a fait l'historique de son œuvre dans la *Revue Musicale* (15 octobre 1903). Il était ingénieur à l'École Poly-technique ; et après avoir quitté l'école, il créa, vers 1860, une société de quatuor composée d'amateurs sérieux, même s'ils n'étaient pas des interprètes très habiles. Cette petite société continua à se réunir régulièrement et, après s'être peu à peu perfectionnée, ouvrit enfin ses portes au grand public, qui assistait aux concerts en nombre progressivement croissant. C'est alors que naît *La Trompette* . Elle prospéra depuis le jour où M. Saint-Saëns, alors jeune homme, fit sa connaissance. Il fut content de ces réunions et devint un ami intime de Lemoine ; et il s'intéressa à la société et incita d'autres artistes célèbres à s'y intéresser également. Parmi ses premiers amis se trouvaient MM. Alphonse Duvernoy, Diémer, Pugno, Delsart, Breitner, Delaborde, Ch. de Bériot, Fissot, Marsick, Loëb, Rémy et Holmann. Forte d'un tel mécénat, *La Trompette* acquiert rapidement une renommée dans le monde musical et "elle représente dans la musique de chambre classique le rôle officieux joué par la *Société des Concerts du Conservatoire* dans la musique orchestrale classique". Rubinstein, Paderewski, Eugène d'Albert, Hans von Bülow, Arthur de Greef, Mme Essipoff et Mme Menter, ne manquaient jamais d'y être entendus lorsque leurs tournées les conduisaient à Paris ; et figurer au programme de *La Trompette* était comme la consécration d'un artiste. Une telle société a naturellement beaucoup contribué à la diffusion de la musique de chambre classique à Paris. M. Lemoine écrit :

« La musique classique était si peu connue du public musical que même le public de *La Trompette* , si cultivé qu'il fût, ne comprenait pas du tout les derniers quatuors de Beethoven ; et mes amis se moquaient de mon goût pour les énigmes. Cela ne faisait que me rendre encore plus déterminé. qu'ils entendent une de ces grandes œuvres à chaque concert. Et parfois je donnais la même œuvre lors de deux ou trois concerts consécutifs si je pensais qu'elle n'avait pas été bien appréciée. Dans ce cas, je disais avant la représentation : « Elle. il me semble que telle ou telle œuvre n'a pas été bien comprise à la dernière audience ; et comme c'est une œuvre vraiment merveilleuse, je suis sûr que vous avez le sentiment de ne pas la connaître suffisamment. Je l'ai donc incluse. dans le programme d'aujourd'hui.'" [237]

Ces exécutions de sonates, trios et quatuors étaient écoutées attentivement par un public de cinq ou six cents personnes, pour la plupart des gens cultivés, des étudiants des écoles polytechniques et universitaires, qui formaient le noyau d'un public très perspicace et très avisé. public enthousiaste pour la musique de chambre.

Peu à peu, à l'instar d'Émile Lemoine, d'autres sociétés de quatuor se formèrent ; et à l'heure actuelle, ils sont si nombreux qu'il serait difficile de tous les nommer. Et puis surgit le même esprit de curiosité intelligente qui avait poussé les *maîtres de chapelle français* des sociétés de concerts symphoniques à présenter parfois leurs collègues allemands et russes comme chefs d'orchestre ; et c'est à cet effet que fut fondée, en 1901, la *Nouvelle Société Philharmonique de Paris* , à l'initiative du Dr Fränkel et sous la direction de M. Emmanuel Rey, pour faire entendre à Paris les principaux musiciens de quatuor étrangers. Et le profit était aussi grand dans un cas que dans l'autre ; et la rivalité amicale entre les musiciens du quatuor français et ceux des autres pays a porté de bons fruits et nous a permis de mieux comprendre le caractère intérieur de la musique allemande.

5. *L'apprentissage musical et l'université*

Tandis que ce mouvement se développait dans le monde artistique, les savants y prenaient leur part et la musique commençait à envahir l'Université.

Mais la chose s'est réalisée avec quelques difficultés ; car parmi ces gens sérieux, la musique ne comptait pas comme une étude sérieuse. La musique était considérée comme un art agréable, un accomplissement social, et l'idée d'en faire l'objet d'un enseignement scientifique devait être reçue avec un certain amusement. Jusqu'à présent encore, les histoires générales de l'Art ont refusé d'accorder une place à la musique, tant on y a peu pensé ; et d'autres arts s'indignaient d'être mentionnés en même temps que lui. C'est ce qu'illustre l'éternelle dispute entre les maîtres de M. Jourdain, lorsque le maître d'armes dit :

"Et par là nous savons quelle grande considération nous est due dans un État, et combien la science de l'escrime est bien au-dessus de toutes les sciences inutiles, comme la danse et la musique."

Les premiers cours d'esthétique et d'histoire musicale n'ont été donnés en France qu'après la guerre de 1870. [238] Ils ont ensuite été donnés au Conservatoire et, jusqu'à tout récemment, étaient les seuls cours de musique de quelque importance à Paris. Depuis 1878, ils ont été donnés d'une manière très excellente par M. Bourgault-Ducoudray ; mais, comme cela est naturel dans une école de musique, leur caractère est artistique plutôt que scientifique et prend la forme d'une sorte d'illustration des travaux pratiques qui se font au Conservatoire. Et quant à l'ensemble de la critique musicale parisienne, elle avait, il y a trente ans, un caractère presque exclusivement littéraire, et était sans précision technique ni connaissance historique.

Là encore, sur le territoire de la science comme sur celui de l'art, avait surgi depuis la guerre une nouvelle génération de musiciens, un groupe d'hommes versés dans l'histoire et l'esthétique de la musique comme la France n'en avait jamais connu auparavant. Vers 1890, le résultat de leurs travaux commença à apparaître. Henry Expert publie son bel ouvrage, *Maîtres Musiciens de la Renaissance* , dans lequel il fait revivre tout un siècle de musique française. Alexandre Guilmant et André Pirro ont mis au jour les œuvres de nos organistes des XVIIe et XVIIIe siècles. Pierre Aubry a étudié la musique médiévale. Les admirables publications des Bénédictins de Solesmes éveillèrent à la *Schola* et dans le monde extérieur le goût de l'étude de la musique religieuse. Michel Brenet s'est attaqué à toutes les époques de l'histoire musicale et a produit, par son solide savoir, de belles œuvres. Julien Tiersot ouvre l'histoire de la chanson populaire française et sauve de l'oubli la musique de la Révolution. L'éditeur Durand se met à travailler sur ses grandes éditions de Rameau et Couperin. Vers 1893, l'étude de la Musique fut introduite à la Sorbonne par quelques jeunes professeurs, qui en faisaient le sujet de leurs thèses de doctorat. [239]

Ce mouvement en matière d'étude musicale s'est développé rapidement ; et le premier Congrès international de musique, tenu à Paris à l'occasion de l'Exposition universelle de 1900, donna aux historiens de la musique l'occasion de prendre conscience de leur influence. En quelques années, l'enseignement de la musique s'est répandu partout. Il y eut d'abord les conférences gratuites de M. Lionel Dauriac et de M. Georges Houdard à la

Sorbonne, celles de MM. Aubry, Gastoué, Pirro et Vincent d'Indy à la *Schola* et à l' *Institut Catholique* ; puis, au début de 1902, il y avait la petite Faculté de musique de l' *École des hautes études sociales* , qui constituait un centre d'efforts pour les savants français en musique ; et, en 1900, deux cours officiels d'histoire musicale et d'esthétique furent donnés au Collège de France et à la Sorbonne.

Les progrès de la critique musicale furent tout aussi rapides. Des professeurs de facultés, anciens élèves de l'École Normale Supérieure ou de l'École des Chartes, comme Henri Lichtenberger, Louis Laloy et Pierre Aubrey, examinèrent les œuvres du passé, et même du présent, par les méthodes exactes de la critique historique. Des chefs de chœur et des organistes d'une grande érudition, comme André Pirro et Gastoué, et des compositeurs comme Vincent d'Indy, Dukas, Debussy et quelques autres, ont analysé leur art avec la confiance qu'apporte la connaissance intime de sa pratique. Une parfaite efflorescence d'œuvres sur la musique apparaît. Une galaxie d'écrivains distingués et un public soutenaient deux recueils distincts de biographies de musiciens (qui parurent en même temps par des éditeurs différents), ainsi que cinq ou six bonnes revues musicales à caractère scientifique, dont certaines rivalisaient avec le meilleur d'Allemagne. Et enfin la section française de la *Société Internationale de Musique* , fondée en 1899 à Berlin pour établir la communication entre les savants de tous les pays, a trouvé chez nous un terrain si favorable que le nombre de ses adhérents rien qu'à Paris est aujourd'hui dépassé. cent.

---

6. *La musique et les gens*

Ainsi, la musique était presque revenue à elle-même, en ce qui concerne l'enseignement supérieur et le monde intellectuel. Restait à lui trouver une place dans d'autres types d'enseignement ; car là, et surtout dans l'enseignement secondaire, sa progression était moins sûre. Il nous restait à le faire entrer dans la vie de la nation et dans l'éducation du peuple. Ce fut une tâche difficile, car en France l'art a toujours eu un caractère aristocratique ; et c'était une tâche à laquelle ni l'État ni les musiciens ne s'intéressaient beaucoup. La République continue à considérer la musique comme quelque chose d'extérieur au peuple. Au cours des trente dernières années, on s'est même opposé à toute tentative d'éducation musicale populaire. Autrefois, aux concerts de Pasdeloup, on pouvait payer soixante-quinze centimes pour les places les moins chères et avoir une place pour cela ; mais aujourd'hui, dans certains concerts symphoniques, les places les moins chères sont à deux ou quatre francs. Ainsi, les gens qui venaient parfois aux concerts de Pasdeloup ne viennent plus du tout aux grands concerts aujourd'hui.

Et c'est pourquoi il faut saluer l'entreprise de Victor Charpentier, qui, en mars 1905, fonda une Société symphonique d'amateurs appelée *L'Orchestre* , pour donner des auditions gratuites au profit du peuple. Et dans ce Paris, où il y a quarante ans on aurait eu bien du mal à réunir deux ou trois quatuors amateurs, Victor Charpentier a pu compter sur cent cinquante bons interprètes, [240] qui sous sa direction, ou celui de Saint-Saëns ou Gabriel Fauré, ont déjà donné dix-sept concerts gratuits, dont dix au Trocadéro. [241] Il faut espérer que l'État contribuera à faire avancer une œuvre aussi généreuse en faveur du peuple d'une manière un peu plus pratique qu'il ne l'a fait jusqu'à présent. [242]

Des tentatives ont été faites à différentes époques pour fonder un *Théâtre Lyrique Populaire* . Mais jusqu'à présent, aucune n'a réussi. Les premières tentatives furent faites en 1847. L'ancien Théâtre-Lyrique de M. Carvalho ne connut jamais un succès financier, même si des représentations d'opéras assez distinguées y furent données, comme *le Faust de Gounod et l'Orfeo* de Gluck , avec Mme. Viardot comme interprète et Berlioz comme chef d'orchestre ; et les directeurs qui suivirent Carvalho, Rety, Pasdeloup, etc., n'y réussirent pas mieux. En 1875, Vizentini reprend la Gaîté, avec une subvention de deux cent mille francs et d'excellents artistes ; mais il a dû y renoncer. Depuis, toutes sortes d'autres projets ont été tentés par Viollet-le-Duc, Guimet, Lamoureux, Melchior de Vogüé et Julien Goujon, Gabriel Parisot, Colonne et Milliet, Deville, Lagoanère, Corneille, Gailhard et Carré ; mais aucun d'eux n'a obtenu de succès. En ce moment, une nouvelle tentative est en cours ; et cette fois, l'affaire semble montrer tous les signes d'un succès.

Mais quelle que soit la valeur éducative du théâtre et des concerts, ils ne sont pas assez complets en eux-mêmes pour le peuple. Pour que leur influence soit profonde et durable, elle doit être combinée à l'enseignement. La musique, pas moins que toute autre expression de la pensée, n'a aucune utilité pour les analphabètes.

Donc dans ce cas, tout était à faire. Il n'y avait pas d'autre enseignement populaire que celui des nombreuses écoles Galin-Paris-Chevé. Ces écoles ont rendu de grands services et continuent de les rendre ; mais leurs méthodes simplifiées ne sont pas sans inconvénients ni lacunes. Leur but est d'enseigner au peuple un langage musical différent de celui des gens cultivés ; et bien qu'il ne soit pas aussi difficile qu'on le prétend de passer de la connaissance de l'un à la connaissance de l'autre, il est toujours erroné d'élever une nouvelle barrière, aussi petite soit-elle, entre les gens cultivés et les autres. , qui dans notre propre pays sont déjà trop éloignés.

Et d'ailleurs, il ne suffit pas de connaître ses lettres ; il faut aussi avoir des livres à lire. De quels livres le peuple disposait-il ? Jusqu'à présent, les chansons chantées dans les cafés-concerts et les répertoires stupides des chorales. La chanson populaire avait pratiquement disparu et n'était pas encore prête à renaître ; car la population, plus facilement encore que les gens cultivés, est encline à rougir de tout ce qui suggère la « popularité ». [243]

Il y a près de vingt-cinq ans que M. Bourgault-Ducoudray, qui fut un des hommes qui favorisèrent le développement du chant choral en France, soulignait, dans un exposé sur l'enseignement du chant, l'utilité de faire chanter aux enfants le chant ancien. airs populaires des provinces françaises, et d'amener les professeurs à en faire des recueils. En 1895, à la suite d'une réunion organisée par la *Correspondance générale de l'Instruction primaire* , de délicieux recueils de chants populaires furent distribués dans les écoles. Les mélodies étaient tirées d'airs anciens recueillis par M. Julien Tiersot, et M. Maurice Buchor y avait mis quelques vers frais et pétillants. « M. Buchor, écrivais-je alors, jouira d'un plaisir peu commun aux poètes de nos jours : ses chansons s'envoleront au grand air, comme l'alouette dans sa *Chanson de travail* . propre esprit en eux, et en prendre un jour possession, comme s'ils étaient de leur propre invention. [244] Cette prédiction s'est presque entièrement réalisée, et les chansons de M. Buchor sont maintenant la propriété de tout le peuple de France.

Mais M. Buchor ne se contenta pas d'être un poète de la chanson populaire. Au cours des douze dernières années, il a fait, avec une énergie infatigable, une tournée de toutes les Écoles Normales de France, retournant plusieurs fois dans les lieux où il a trouvé des signes de bonne capacité vocale. Dans chaque école, il faisait chanter ses chansons aux élèves, à l'unisson, ou en deux ou trois parties, rassemblant parfois les écoles de garçons et de filles d'une même ville. Son ambition grandissait avec son succès ; et aux mélodies des chansons folkloriques [245], il commença progressivement à ajouter des morceaux de musique classique. Et pour mieux impressionner les chanteurs par la musique, il changea les paroles existantes et essaya d'en trouver d'autres qui, par leur beauté morale et poétique, traduisaient plus exactement le sentiment musical. [246]

Et enfin il composa et regroupa vingt-quatre poèmes dans son *Poème de la Vie humaine* [247] — belles odes et chansons, écrites pour des airs et des chœurs classiques, un vaste répertoire des joies et des peines du peuple, s'adaptant aux heures mémorables de la vie. la vie familiale ou publique. Chez un peuple qui a des traditions musicales anciennes, comme l'Allemagne, la musique est le véhicule des mots et les impressionne dans le cœur ; mais dans le cas de la France, il est plus vrai de dire que ces paroles ont fait entrer la musique de Händel et de Beethoven dans le cœur des écoliers français. Ce qui est formidable, c'est que la musique s'est vraiment emparée d'eux, et qu'on peut désormais entendre les Écoles Normales de province interpréter des chœurs de *Fidelio, du Messie* , *du Faust* de Schumann ou des cantates de Bach. [248]

L'honneur de cette réalisation remarquable, que personne n'aurait pu croire possible il y a vingt ans, appartient presque entièrement à M. Maurice Buchor. [249]

Les efforts de M. Buchor ont été les plus étendus et les plus fructueux, mais il n'est pas seul dans l'effort individuel. Il y avait, il y a vingt ans, dans la banlieue parisienne et en province, un grand nombre de gens bien intentionnés qui se consacraient à l'œuvre d'éducation musicale avec une sincérité et un bel enthousiasme. Mais leurs bonnes œuvres étaient trop isolées et submergées par l'apathie des gens qui les entouraient ; bien que parfois ils allumaient de petits feux d'amour et de compréhension dans l'art, qu'il suffisait d'amadouer pour brûler vivement ; et même leurs efforts les moins heureux parvenaient généralement à allumer quelques étincelles qui restaient allumées dans le cœur des gens. [250]

Enfin, grâce à ces efforts individuels, l'État commença à s'intéresser à ce mouvement éducatif, pourtant longtemps resté à l'écart. [251] Elle découvre, à son tour, la valeur éducative du chant. Une épreuve musicale fut instituée à l'examen du *Brevet supérieur* [252] ce qui rendit l'étude du solfège plus sérieuse dans les Écoles Normales. En 1903, on s'efforça d'organiser de manière plus rationnelle l'enseignement de la musique dans les écoles et collèges. [253]

En 1904, suivant les suggestions de M. Saint-Saëns et de M. Bourgault-Ducoudray, le chant en classe fut incorporé aux autres matières dans le programme d'enseignement, [254] et une école gratuite de chant choral fut créée à Paris sous la direction honoraire de M. Saint-Saëns et de M. Bourgault-Ducoudray. présidence de M. Henry Marcel, directeur des Beaux-Arts, et sous la direction de M. Radiguer. Tout récemment s'est constituée une chorale pour jeunes écolières, présidée par le vice-prévôt et composée de six à sept cents jeunes filles qui, depuis 1906, donnent un concert annuel sous la direction de M. Gabriel Pierné. Enfin, à la fin de 1907, une association de professeurs fut créée pour entreprendre l'enseignement de la musique dans les établissements d'enseignement public ; son président était l'inspecteur général, M. Gilles, et ses présidents d'honneur étaient M. Liard et M. Saint-Saëns. Son objet est de contribuer au progrès de l'enseignement musical en créant un centre destiné à promouvoir des relations amicales entre les professeurs de musique ; en centralisant leurs intérêts et leurs études ; en organisant une bibliothèque musicale circulante et un magazine périodique dans lequel les questions relatives à la musique peuvent être discutées ; en établissant une communication entre professeurs français et professeurs étrangers ; et en cherchant à rapprocher les professeurs de musique et les professeurs d'autres branches de l'enseignement public.

Tout cela n'est pas grand-chose, et pourtant nous sommes terriblement en retard, notamment en ce qui concerne l'enseignement secondaire, considéré comme moins important que l'enseignement primaire. [255] Mais nous sortons d'un abîme d'ignorance, et c'est quelque chose d'avoir le désir d'en sortir. Il ne faut pas oublier que l'Allemagne n'a pas toujours été dans son état actuel de prospérité musicale pléthorique. Les grandes sociétés chorales ne datent que de la fin du XVIIIe siècle. L'Allemagne du temps de Bach était pauvre – sinon plus pauvre – en moyens pour interpréter des œuvres chorales que la France d'aujourd'hui. Les seuls exécutants de Bach étaient ses élèves de la Thomasschule de Leipzig, dont à peine une partition savait chanter. [256] Et maintenant, ces gens se rassemblent pour les grands *Männergesangsfeste* (festivals de chorales) et les *Musikfeste* (festivals de musique) de l'Allemagne impériale.

Espérons et persévérons. L'essentiel est qu'un début ait été pris ; il ne reste plus qu'à faire preuve de patience et de persévérance.

L'ÉTAT ACTUEL DE LA MUSIQUE FRANÇAISE

Nous avons vu comment l'éducation musicale de la France se fait dans les théâtres, dans les concerts, dans les écoles, par les conférences et par les livres ; et le désir de connaissance plutôt agité du Parisien semble pour l'instant assouvi. L'esprit de Paris a fait un voyage, un voyage précipité, il est vrai, à travers les musiques d'autres pays et d'autres époques, [257] et devient désormais introspectif. Après un enthousiasme fou pour les découvertes en terres étranges, la musique et la critique musicale ont retrouvé leur sang-froid et leur amour jaloux de l'indépendance. Une réaction très tranchée contre la musique étrangère s'est manifestée depuis l'Exposition universelle de 1900. Ce mouvement n'est pas étranger, consciemment ou inconsciemment, à la pensée nationaliste qui s'est suscitée en France, et surtout à Paris, quelque part. à peu près au même moment. Mais c'est aussi une évolution naturelle dans l'évolution de la musique. La musique française sentait naître en elle une vigueur nouvelle et elle s'en étonnait ; ses jours de préparation étaient terminés et elle aspirait à voler seule ; et, conformément à la règle éternelle de l'histoire, le premier usage de sa force nouvellement acquise fut de défier ses maîtres. Et cette révolte contre les influences étrangères était dirigée — on s'y attendait — contre la plus forte des influences, celle de la musique allemande incarnée par Wagner. Deux discussions dans des revues, en 1903 et 1904, mettent curieusement en lumière cet état d'esprit : l'une est une enquête menée par M. Jacques Morland dans le *Mercure de France* (janvier 1903) sur *l'influence de la musique allemande en France* ; et l'autre était celle de M. Paul Landormy dans la *Revue Bleue* (mars et avril 1904) sur *L'état actuel de la musique française* . Le premier fut comme un cri de délivrance, et ne fut pas sans exagération et sans beaucoup d'ingratitude ; car il représentait des musiciens et des critiques français se débarrassant de l'influence de Wagner parce qu'il avait fait son temps ; le second exposait les théories de la nouvelle école française et déclarait l'indépendance de cette école.

Depuis plusieurs années, le chef de la jeune école, M. Claude Debussy, s'attaque, dans ses écrits à la *Revue Blanche* et *à Gil Blas* , à l'art wagnérien. Sa personnalité est très française : capricieuse, poétique et *spirituelle* , pleine d'intelligence vive, insouciante, indépendante, disséminant les idées nouvelles, donnant libre cours à des caprices paradoxaux, critiquant les opinions des siècles avec l'impertinence taquine d'un petit garçon des rues, s'attaquant aux grands héros. de la musique comme Gluck, Wagner et Beethoven, ne soutenant que Bach, Mozart et Weber, et professant haut et fort sa préférence pour les vieux maîtres français du XVIIIe siècle. Mais il rend malgré cela à la musique française sa vraie nature et ses idéaux oubliés : sa clarté, son élégante simplicité, son naturel, et surtout sa grâce et sa beauté plastique. Il souhaite que la musique se libère de toutes les prétentions littéraires et philosophiques qui ont pesé sur la musique allemande au XIXe siècle (et l'ont peut-être toujours fait) ; il souhaite que la musique s'éloigne de la rhétorique qui nous a été transmise à travers les siècles, de sa construction lourde et de son ordre précis, de ses formules harmoniques et rythmiques et des exercices de broderie oratoire. Il souhaite que tout cela soit peinture et poésie ; qu'il expliquera son véritable sentiment d'une manière claire et directe ; et que la mélodie, l'harmonie et le rythme se développeront largement selon les lois intérieures, et non selon les prétendues lois d'un arrangement intellectuel. Et lui-même prêche par l'exemple dans son *Pelléas et Mélisande* , et rompt avec tous les principes du drame de Bayreuth, et nous donne le modèle de l'art nouveau de ses rêves. Et de tous côtés des critiques avisés et avertis, tels que M. Pierre Lalo du *Temps* , M. Louis Laloy de la *Revue Musicale* et du *Mercure Musicale* , et M. Marnold du *Mercure de France* , ont défendu ses doctrines et ses idées. art. Même la *Schola Cantorum* , dont l'esprit éclectique et archaïque est très différent de celui de Debussy, semble d'abord entraînée dans le même courant de pensée ; et cette école, qui avait tant contribué à propager les influences étrangères du passé, ne semblait pas tout à fait insensible aux préoccupations nationalistes de ces dernières années. Ainsi la *Schola* se consacre de plus en plus, comme c'était d'ailleurs son droit et son devoir, à la musique française du passé et remplit ses programmes de concerts d'œuvres françaises des XVIIe et XVIIIe siècles avec Marc Antoine Charpentier, Du Mont, Leclair, Clérambault, Couperin et les compositeurs primitifs français pour l'orgue, le clavecin et le violon ; et avec les œuvres des compositeurs dramatiques, notamment du grand Rameau, qui, après une période d'oubli complet, profita soudain de cette réaction excessive, au détriment de Gluck, que les jeunes critiques, à l'instar de M. Debussy, abusèrent sévèrement. [258] Il y eut même un moment où la *Schola* prit une part décisive à la bataille et publia, par l'intermédiaire de M. Charles Bordes, un manifeste — *Credo* , comme on l'appelait — sur un art nouveau fondé sur les anciennes traditions de la musique française. :

"Nous souhaitons avoir la liberté d'expression dans la musique - un récitatif soutenu, une variété infinie et, en bref, une liberté totale dans l'énonciation musicale. Nous souhaitons le triomphe de la musique naturelle, afin qu'elle soit aussi libre et pleine de mouvement que la parole. , et aussi plastique et rythmée qu'une danse classique.

C'était une guerre ouverte contre l'art métrique des trois derniers siècles, au nom de la tradition nationale (interprétée plus ou moins librement), du chant populaire et du chant grégorien. Et « le but constant et avoué de toute cette campagne était le triomphe de la musique française et de son culte ». [259]

Ce manifeste reflète à sa manière l'esprit de Debussy et son impressionnisme musical débridé ; et bien qu'il montre beaucoup de naïveté et une certaine intolérance, il y avait en lui une force d'enthousiasme juvénile qui s'accordait avec les grands espoirs de l'époque et présageait des jours glorieux à venir et une splendide moisson de musique.

Peu d'années se sont écoulées depuis ; pourtant le ciel est déjà un peu nuageux, la lumière moins brillante. L'espoir n'a pas échoué ; mais cela n'a pas été réalisé. La France attend, et s'impatiente un peu. Mais l'impatience est inutile ; car pour fonder un art il faut apporter le temps à notre secours ; l'art doit mûrir tranquillement. Pourtant, la tranquillité est ce qui manque le plus à l'art parisien. Les artistes, au lieu de travailler avec constance à leurs propres tâches et de s'unir dans un but commun, se livrent à des disputes stériles. La jeune école française n'existe quasiment plus, car elle s'est désormais scindée en deux ou trois partis. A la lutte contre l'art étranger a succédé une lutte entre eux : c'est le mal profond du pays, cette vaine dépense de force. Et le plus curieux est que la querelle n'est pas entre les conservateurs et les progressistes dans le domaine de la musique, mais entre les deux sections les plus avancées : la *Schola* d'une part, qui, si elle remportait la victoire, par ses dogmes et les traditions prennent inévitablement des airs de petite académie ; et, d'autre part, le parti indépendant, dont le représentant le plus important est M. Debussy. Ce n'est pas à nous d'entrer dans la querelle ; nous suggérons seulement aux partis en question que si un profit doit résulter de leur incompréhension, il sera tiré par un tiers, le parti de la routine, le parti qui n'a jamais perdu la faveur du grand public du théâtre. Un parti qui rattrapera bientôt la place qu'il a perdue si ceux qui visent à défendre l'art se mettent à se battre. La victoire a été proclamée trop tôt ; car quoi qu'en disent les représentants optimistes de la jeune école, la victoire n'est pas encore acquise ; et cela ne sera pas acquis avant un certain temps encore – pas tant que le goût du public n'aura pas changé, pas tant que la nation manquera d'éducation musicale, ni tant que la petite élite cultivée ne sera pas unie au peuple, par lequel ses pensées seront préservées. Car non seulement, à quelques rares et généreuses exceptions près, les couches les plus aristocratiques de la société ignorent l'éducation du peuple, mais elles ignorent l'existence même de l'âme du peuple. Çà et là, un compositeur — comme Bizet et M. Saint-Saëns, ou M. d'Indy et ses disciples — construira des symphonies et des rhapsodies et des pièces très difficiles pour piano sur des airs populaires d'Auvergne, de Provence ou de les Cévennes ; mais ce n'est qu'un caprice de leur part, un petit passe-temps ingénieux pour artistes habiles, comme se livraient les maîtres flamands du quinzième siècle lorsqu'ils agrémentaient les airs populaires d'élaborations polyphoniques. Malgré les progrès de l'esprit démocratique, l'art musical — ou du moins tout ce qui compte dans l'art musical — n'a jamais été plus aristocratique qu'aujourd'hui. Il est probable que le phénomène n'est pas particulier à la musique et se manifeste plus ou moins dans d'autres arts ; mais dans aucun autre art il n'est aussi dangereux, car aucun autre n'a des racines moins fermement ancrées dans le sol de France. Et ce n'est pas une consolation de se dire que cela est conforme aux grandes traditions françaises, qui ont presque toujours été aristocratiques. Les traditions, grandes et petites, sont aujourd'hui menacées ; la hache est prête pour eux. Celui qui veut vivre doit s'adapter aux nouvelles conditions de vie. L'avenir de l'art est en jeu. Continuer ainsi, ce n'est pas seulement affaiblir la musique en la condamnant à vivre dans des conditions malsaines, mais c'est aussi risquer qu'elle disparaisse tôt ou tard sous le flot croissant des idées fausses populaires sur la musique. Prenons garde au fait que nous avons déjà eu à défendre la musique [260] lorsqu'elle a été attaquée dans certaines assemblées parlementaires ; et rappelons-nous la pitié de la défense. Il ne faut pas laisser venir le jour où l'on répétera avec une légère altération un discours célèbre : « La République n'a pas besoin de musiciens ».

Il est du devoir de l'historien de pointer les dangers de l'heure présente et de rappeler aux musiciens français satisfaits de leur première victoire que l'avenir est tout sauf sûr et qu'il ne faut jamais désarmer alors que nous avons devant nous un ennemi commun. nous, un ennemi particulièrement dangereux dans une démocratie : la médiocrité.

Le chemin qui s'ouvre devant nous est long et difficile. Mais si nous tournons la tête et regardons en arrière le chemin parcouru, nous pouvons reprendre courage. Lequel d'entre nous ne ressent pas un petit rayon de fierté à la pensée de ce qui a été fait au cours des trente dernières années ? Voici une ville où, avant 1870, la musique était tombée dans les profondeurs les plus misérables, qui regorge aujourd'hui de concerts et d'écoles de musique, une ville où est née de rien une des premières écoles symphoniques d'Europe, une ville où un Un public de concerts enthousiastes s'est constitué, comptant parmi ses membres de grands critiques aux intérêts larges et à l'esprit fin et libre : tout cela fait la fierté de la France. Et nous avons aussi un petit groupe de musiciens ; parmi eux, au premier rang, ce grand peintre de rêves, Claude Debussy ; ce maître de l'art constructif, Dukas ; ce penseur passionné, Albéric Magnard ; ce poète ironique Ravel ; et ces écrivains délicats et finis, Albert Roussel et Déodat de Séverac ; sans parler des jeunes musiciens qui sont à l'avant-garde de leur art. Et toute cette force poétique, sans être la plus vigoureuse, est aujourd'hui la plus originale en Europe. Quelles que soient les lacunes de notre organisation musicale, encore si nouvelle, quels que soient les résultats auxquels ce mouvement puisse aboutir, il est impossible de ne pas admirer un peuple que la défaite a suscité, et une génération qui a accompli le magnifique travail de faire revivre la musique nationale avec une telle persévérance infatigable et une foi si inébranlable. Les noms de Camille Saint-Saëns, César Franck, Charles Bordes et Vincent d'Indy, resteront associés avant tous les autres à cette œuvre de régénération nationale, où tant de talent et tant de dévouement, de la part des chefs d'orchestre et des compositeurs célèbres jusqu'à ce corps obscur d'artistes et de mélomanes, ont uni leurs forces pour lutter contre l'indifférence et la routine. Ils ont le droit d'être fiers de leur travail. Mais pour notre part, ne perdons pas de temps à y réfléchir. Nos espoirs sont grands. Justifions-les.

NOTES DE BAS DE PAGE :

[1] "Et toi, Russie, qui m'as sauvé...." (Berlioz, *Mémoires* , II, 353, édition Calmann-Lévy, 1897).

[2] *Mémoires* , II, 149.

[3] L'œuvre littéraire de Berlioz est plutôt inégale. A côté de passages d'une beauté exquise, nous en trouvons d'autres qui sont ridicules par leur sentiment exagéré, et il y en a même qui manquent de bon goût. Mais il avait un don naturel pour le style, et son écriture est vigoureuse et pleine d'émotion, surtout vers la seconde moitié de sa vie. La *Procession des Rogations* est souvent citée dans les *Mémoires* ; et certains de ses textes poétiques, notamment ceux de *L'Enfance du Christ* et *des Troyens* , sont écrits dans une belle langue et avec un sens fin du rythme. Ses *Mémoires* dans leur ensemble sont l'un des livres les plus délicieux jamais écrits par un artiste. Wagner était un plus grand poète, mais comme prosateur Berlioz est infiniment supérieur. Voir l'essai de Paul Morillot sur *l'écrivain Berlioz* , 1903, Grenoble.

[4] « Le hasard, ce dieu inconnu, qui joue un si grand rôle dans ma vie » (*Mémoires* , II, 161).

[5] « J'étais juste », écrit Berlioz à Bülow (lettres inédites, 1858). « Une touffe de cheveux roux », écrit-il dans ses *Mémoires* , I, 165. « Des cheveux couleur sable », dit Reyer. Pour la couleur des cheveux de Berlioz, je m'appuie sur le témoignage de Mme. Chapot, sa nièce.

[6] Joseph d'Ortigue, *Le Balcon de l'Opéra* , 1833.

[7] E. Legouvé, *Soixante et de souvenirs* . Legouvé décrit ici Berlioz tel qu'il l'a vu pour la première fois.

[8] « Un baryton passable », dit Berlioz *(Mémoires* , I, 58). En 1830, dans les rues de Paris, il chante « une partie de basse » *(Mémoires* , I, 156). Lors de son premier séjour en Allemagne, le prince d'Hechingen lui fit chanter « la partie de violoncelle » dans une de ses compositions (*Mémoires* , II, 32).

[9] Il existe deux bons portraits de Berlioz. L'une est une photographie de Pierre Petit, prise en 1863, qu'il envoya à Mme. Estelle Fornier. On le représente appuyé sur un coude, la tête penchée et les yeux fixés sur le sol comme s'il était fatigué. L'autre est la photographie qu'il avait reproduite dans la première édition de ses *Mémoires* , et qui le montre penché en arrière, les mains dans les poches, la tête droite, avec une expression d'énergie sur le visage, et un regard fixe et sévère. ses yeux.

[10] Il allait à pied de Naples à Rome en ligne droite à travers les montagnes, et marchait d'un seul coup de Subiaco à Tivoli.

[11] Cela a provoqué plusieurs attaques de bronchite et des maux de gorge fréquents, ainsi que l'affection interne dont il est mort.

[12] « La musique et l'amour sont les deux ailes de l'âme », écrit-il dans ses *Mémoires* .

[13] *Mémoires* , I, 11.

[14] Julien Tiersot, *Hector Berlioz et la société de son temps* , 1903, Hachette.

[15] Voir les *Mémoires* , I, 139.

[16] "Je ne sais pas comment décrire cette terrible maladie.... Ma poitrine palpitante semble s'enfoncer dans l'espace ; et mon cœur, attirant une force irrésistible, a l'impression qu'il va se dilater jusqu'à s'évaporer et se dissoudre. . Ma peau devient chaude et tendre, et rougit de la tête aux pieds. Je veux crier à mes amis (même à ceux dont je ne me soucie pas) de m'aider et de me réconforter, de me sauver de la destruction et de garder cela dans la vie. je n'ai aucune sensation de mort imminente dans ces crises, et le suicide me paraît impossible ; je n'ai pas envie de mourir, loin de là, j'ai bien envie de vivre, d'intensifier la vie par mille. pour le bonheur, qui devient insupportable quand il manque de nourriture ; et il n'est satisfait que par des délices intenses, qui donnent un exutoire à ce grand débordement de sentiment. Ce n'est pas un état de rate, quoique cela puisse survenir plus tard... la rate est plutôt l'état de rate. congélation de toutes ces émotions, le bloc de glace. Même quand je suis calme, je ressens un peu cet « *isolement* » les dimanches d'été, quand nos villes sont sans vie et que tout le monde est à la campagne ; car je sais que les gens s'amusent loin de moi, et je sens leur absence. L' *adagio* des symphonies de Beethoven, certaines scènes d' *Alceste* et *d'Armide de Gluck* , un air de son opéra italien *Telemacco* , les champs élyséens de son *Orfeo* , provoqueront d'assez mauvaises attaques de cette souffrance ; mais ces chefs-d'œuvre apportent aussi un antidote : ils font couler les larmes, et alors la douleur s'apaise. En revanche, l' *adagio* de certaines sonates de Beethoven et *Iphigénie en Tauride de Gluck* sont pleins de mélancolie, et provoquent donc le spleen... il fait alors froid à l'intérieur, le ciel est gris et couvert de nuages, la bise gémit sourdement. ..." *(Mémoires* , I, 246).

[17] *Mémoires* , I, 98.

[18] « N'est-ce pas vraiment diabolique, dit-il à Legouvé, tragique et idiot à la fois ? J'aurais mérité d'aller en enfer si je n'y étais pas déjà.

[19] *Mémoires* , II, 335. Voir les passages touchants qu'il a écrits sur la mort d'Henrietta Smithson.

[20] « Un jour, Henriette, qui vivait seule à Montmartre, entendit quelqu'un sonner et alla ouvrir.

« Est-ce que Mme Berlioz est à la maison ? »

"'Je suis Mme Berlioz.'

« Vous vous trompez : j'ai demandé Mme Berlioz. »

"'Et je vous le dis, je suis Mme Berlioz.'

« Non, vous ne l'êtes pas. Vous parlez de la vieille Mme Berlioz, celle qui a été abandonnée ; je parle de la jeune, jolie et aimée. Eh bien, c'est moi ! »

"Et Recio est sorti et a claqué la porte après elle.

« Legouvé dit à Berlioz : « Qui t'a dit cette abominable chose ? Je suppose que c'est elle qui l'a fait ; et puis elle s'en est vantée par-dessus le marché. Pourquoi ne l'as-tu pas chassée de la maison ? 'Comment pourrais-je?' dit Berlioz d'une voix brisée, je l'aime" *(Soixante ans de souvenirs)*.

[21] De la nature de cette femme lui venait son amour de la vengeance, « chose inutile et pourtant nécessaire », dit-il à son ami Hiller, qui, après lui avoir fait écrire la *Symphonie fantastique* malgré Henrietta Smithson, lui fit ensuite écrire la Symphonie fantastique. misérable fantasia *Euphonia* malgré Camille Moke, maintenant Mme. Pleyel. On se sentirait obligé d'attirer davantage l'attention sur la manière dont il a souvent orné ou dénaturé la vérité si l'on ne sentait pas qu'elle provenait de son imagination irrépressible et rayonnante bien plus que d'une intention de tromper ; car je crois que sa véritable nature était très simple. Je citerai comme exemple caractéristique l'histoire de son ami Crispino, un jeune compatriote de Tivoli. Berlioz dit dans ses *Mémoires* (I, 229) : « Un jour que Crispino manquait de respect, je lui fis cadeau de deux chemises, d'un pantalon et de trois bons coups de derrière. Dans une note, il a ajouté : "C'est un mensonge et c'est le résultat de la tendance d'un artiste à viser l'effet. Je n'ai jamais donné de coup de pied à Crispino." Mais Berlioz a pris soin ensuite d'omettre cette note. On attache aussi peu d'importance à ses autres petites vantardises qu'à celle-ci. Les erreurs dans les *Mémoires* ont été grandement exagérées ; et d'ailleurs Berlioz est le premier à avertir ses lecteurs qu'il n'écrit que ce qui lui plaît, et dit dans sa préface qu'il n'écrit pas ses Confessions. Peut-on lui en vouloir ?

[22] *Mémoires* , II, 158. Les chagrins exprimés dans ce chapitre seront ressentis par chaque artiste.

[23] *Mémoires* , II, 349.

[24] Berlioz a déjà répondu de manière touchante aux reproches que l'on pourrait faire dans les mots qui suivent le récit que je viens de citer. "'Lâche!' un jeune passionné dira : « vous auriez dû l'écrire ; vous auriez dû être audacieux ». Ah, jeune homme, vous qui me traitez de lâche, vous n'aviez pas à regarder ce que j'ai fait ; si vous l'aviez fait, vous n'auriez pas eu non plus

le choix. Ma femme était là, à moitié morte, seulement capable de gémir ; avoir trois infirmières et un médecin chaque jour pour lui rendre visite ; et j'étais sûr du résultat désastreux de toute aventure musicale. Non, je n'étais pas un lâche, je sais que j'étais seulement humain. prouvant qu'elle m'avait laissé suffisamment de raisons pour distinguer le courage de la cruauté » (*Mémoires* , II, 350).

[25] Dans une note des *Mémoires* , Berlioz publie une lettre de Mendelssohn qui proteste de sa « bonne amitié », et il écrit ces mots amers : « Je viens de voir dans un volume des Lettres de Mendelssohn en quoi consistait son amitié pour moi. Il dit à sa mère, dans ce qui est clairement une description de moi-même, "——— est une caricature parfaite, sans une étincelle de talent... il y a des moments où j'aimerais l'engloutir"" (*Mémoires* , II, 48). Berlioz n'a pas ajouté que Mendelssohn a également dit : "On prétend que Berlioz recherche de nobles idéaux dans l'art. Je ne le pense pas du tout. Ce qu'il veut, c'est se marier." L'injustice de ces paroles insultantes dégoûtera tous ceux qui se rappellent que lorsque Berlioz épousa Henrietta Smithson, elle n'apporta en dot que des dettes ; et qu'il n'avait lui-même que trois cents francs qu'un ami lui avait prêtés.

[26] Liszt l'a répudié plus tard.

[27] Écrit dans un article sur l' *Ouverture de Waverley* (*Neue Zeitschrift für Musik*).

[28] Wagner, qui critique Berlioz depuis 1840 et qui publie une étude détaillée de ses œuvres dans son *Oper und Drama* en 1851, écrit à Liszt en 1855 : « J'avoue que cela m'intéresserait beaucoup de faire la connaissance de Berlioz. les symphonies de Berlioz, et j'aimerais voir les partitions, si vous les avez, me les prêterez-vous ? »

[29] Voir la lettre de Berlioz, citée par J. Tiersot, *Hector Berlioz et la société de son temps* , p. 275.

[30] *Roméo, Faust, La Nonne sanglante* .

[31] Je me contenterai ici de constater un fait, que je traiterai plus longuement dans un autre essai à la fin de ce livre : c'est le déclin du goût musical en France — et, je pense plutôt, dans toute l'Europe — depuis 1835 ou 1840. Berlioz dit dans ses *Mémoires* : "Depuis la première représentation de *Roméo et Juliette* l'indifférence du public français pour tout ce qui touche à l'art et à la littérature s'est incroyablement accrue" (*Mémoires* , II, 263). Comparez les cris d'excitation et les larmes qui furent tirées des dilettanti de 1830 (*Mémoires* , I, 81), lors des représentations d'opéras italiens ou des œuvres de Gluck, avec la froideur du public entre 1840 et 1870. Un manteau de glace recouvert l'art donc. Combien Berlioz a dû souffrir. En Allemagne, la grande époque romantique était morte. Seul Wagner restait pour donner vie à la musique ;

et il a vidé tout ce qui restait en Europe d'amour et d'enthousiasme pour la musique. Berlioz est vraiment mort d'asphyxie.

[32] Voici une liste officielle des villes où se joue *Benvenuto* depuis 1879 (je dois cette information à M. Victor Chapót, petit-neveu de Berlioz). Il s'agit, par ordre alphabétique : Berlin, Brême, Brunswick, Dresde, Francfort-sur-le-Main, Fribourg-en-Breisgau, Hambourg, Hanovre, Karlsruhe, Leipzig, Mannheim, Metz, Munich, Prague, Schwerin, Stettin, Strasbourg, Stuttgart. , Vienne et Weimar.

[33] *Mémoires* , II, 420.

[34] « Je ne sais pas comment Berlioz a pu se retrouver ainsi retranché. Il n'a ni amis ni partisans ; ni le chaud soleil de la popularité ni l'ombre agréable de l'amitié » (Liszt à la princesse de Wittgenstein, 16 mai, 1861).

[35] Dans une lettre à Bennet, il dit : « Je suis fatigué, je suis fatigué… » Combien de fois ce cri pitoyable résonne-t-il dans ses lettres vers la fin de sa vie. « Je sens que je vais mourir... Je suis fatigué jusqu'à la mort » (21 août 1868, six mois avant sa mort).

[36] Lettre à Asger Hammerick, 1865.

[37] Lettres à la princesse de Wittgenstein, 22 juillet, 21 septembre 1862 ; et août 1864.

[38] *Mémoires* , II, 335. Il choqua Mendelssohn, et même Wagner, par son irréligion. (Voir la lettre de Berlioz à Wagner, 10 septembre 1855.)

[39] *Les Grotesques de la Musique* , pp. 295-6.

[40] Lettre à l'abbé Girod. Voir Hippeau, *Berlioz intime* , p. 434.

[41] Lettre à Bennet. Il ne croyait pas au patriotisme. "Patriotisme ? Fétichisme ! Crétinisme !" (*Mémoires* , II, 261).

[42] Lettre à la princesse de Wittgenstein, 22 juillet 1862.

[43] *Mémoires* , II, 391.

[44] Lettres à la princesse de Wittgenstein, 22 janvier 1859 ; 30 août 1864 ; 13 juillet 1866 ; et à A. Morel, 21 août 1864.

[45] "... Qui viderit illas
De lacrymis factas sentiet esse meis", écrit Berlioz, comme inscription pour ses *Tristes* en 1854.

[46] « On reconnaît instantanément un compagnon d'infortune ; et j'ai découvert que j'étais un homme plus heureux que Berlioz » (Wagner à Liszt, 5 juillet 1855).

[47] *Mémoires* , II, 396.

[48] *Mémoires* , II, 415.

[49] « Oui, c'est à cette évasion du monde que *Parsifal* doit sa naissance et sa croissance. Quel homme peut, pendant toute sa vie, regarder les profondeurs de ce monde avec une raison calme et un cœur joyeux ? meurtres et viols organisés et légalisés par un système de mensonges, d'impostures et d'hypocrisie, ne détournera-t-il pas les yeux et ne frémira-t-il pas de dégoût ? (Wagner, *Représentations du Drame sacré de Parsifal à Bayreuth, en 1882.*)

[50] La scène m'a été décrite par son amie Malwida von Meysenbug, l'auteur calme et intrépide des *Mémoires d'une Idéaliste* .

[51] " Je n'ai que des murs blancs devant mes fenêtres. Du côté de la rue un chien carlin aboie depuis une heure, un perroquet qui crie et un perroquet imitant le gazouillis des moineaux. Du côté de la cour les lavandières chantent, et un autre perroquet crie sans cesse : « Bras d'épaule ! Quelle est la longueur de la journée !"

"Le bruit affolant des voitures ébranle le silence de la nuit. Paris mouillé et boueux ! Paris parisien ! Maintenant tout est calme... elle dort du sommeil de l'injuste" (Écrit à Ferrand, *Lettres intimes* , pp. 269 et 302).

[52] Il disait qu'il ne resterait rien de son œuvre ; qu'il s'était trompé; et qu'il aurait aimé brûler ses partitions.

[53] Blaze de Bury le rencontra un soir d'automne, sur le quai, juste avant sa mort, alors qu'il revenait de l'Institut. "Son visage était pâle, sa silhouette décharnée et courbée, son expression abattue et nerveuse; on aurait pu le prendre pour une ombre ambulante. Même ses yeux, ces grands yeux ronds noisette, avaient éteint leur feu. L'espace d'une seconde, il serra mon la main dans la sienne, maigre et sans vie, et répétait, d'une voix qui n'était guère qu'un murmure, les paroles d'Eschyle : « Oh, cette vie d'homme quand il est heureux, une ombre suffit à le troubler ; malheureux, son mal peut être effacé comme avec une éponge mouillée, et tout est oublié » (*Musiciens d'hier et d'aujourd'hui*).

[54] *A travers chants* , pp.

[55] En vérité, ce génie couvait depuis son enfance ; c'était là depuis le début ; et la preuve en est qu'il utilisa pour son *Ouverture des Francs-Juges* et pour la *Symphonie fantastique* des airs et des phrases de quintettes qu'il avait écrites à douze ans (voir *Mémoires* , I, 16-18).

[56] Les *Huit scènes de Faust* sont tirées de la tragédie de Goethe, traduite par *Gérard de Nerval* , et comprennent : (1) *Chants de la fête de Pâques* ; (2) *Paysans sous les tilleuls* ; (3) *Concert des Sylphes* ; (4 et 5) *Taverne d'Auerbach* , avec les deux

chants du Rat et de la Puce ; (6) *Chanson du roi de Thulé* ; (7) *Romance de Marguerite* , « D'amour, l'ardente flamme », et *Choeur de soldats* ; (8) *Sérénade de Méphistophélès* — c'est-à-dire les pages les plus célèbres et les plus caractéristiques de la *Damnation* (voir les essais de M. Prudhomme sur *Le Cycle de Berlioz*).

[57] On ne pourrait guère trouver une meilleure manifestation de l'âme d'un jeune génie musical que celle dans certaines lettres écrites à cette époque ; notamment la lettre écrite à Ferrand le 28 juin 1828, avec son post-scriptum fiévreux. Quelle vie d'une vigueur riche et débordante ! C'est une joie de le lire ; on boit à la source même de la vie.

[58] *Mémoires* , I, 70.

[59] *Ibid* . Pour compenser cela, il publia, en 1829, une notice biographique de Beethoven, dans laquelle son appréciation de lui est remarquablement en avance sur son âge. Il y écrit : « La *Symphonie chorale* est le point culminant du génie de Beethoven », et il parle de la Quatrième Symphonie en do dièse mineur avec beaucoup de discernement.

[60] Beethoven mourut en 1827, l'année où Berlioz écrivait sa première œuvre importante, l' *Ouverture des Francs-Juges* .

[61] Il quitta Henrietta Smithson en 1842 ; elle est décédée en 1854.

[62] Écrit par Berlioz lui-même, ironiquement, dans une lettre de 1855.

[63] *Mémoires* , I, 307.

[64] Vers cette époque, il écrit à Liszt à propos de *L'Enfance du Christ* : « Je pense avoir trouvé quelque chose de bon dans la scène et l'air d'Hérode avec les devins ; c'est plein de caractère et, je l'espère, vous plaira. Il y a peut-être des choses plus gracieuses et plus agréables, mais à l'exception du duo de Bethléem, je ne pense pas qu'elles aient la même qualité d'originalité" (17 décembre 1854).

[65] En 1830, le vieux Rouget de Lisle qualifiait Berlioz de « volcan en éruption » (*Mémoires* , I, 158).

[66] M. Camille Saint-Saëns écrivait dans ses *Portraits et Souvenirs* , 1900 : « Quiconque lit les partitions de Berlioz avant de les entendre jouer ne peut avoir aucune idée réelle de leur effet. Les instruments semblent disposés au mépris de tout bon sens ; et il semblerait, pour employer un argot professionnel, que *cela ne dut pas sonner* , mais *cela sonne* à merveille. Si l'on retrouve ici et là des obscurités de style, elles n'apparaissent pas dans l'orchestre et y jouent comme dans les facettes ; d'un diamant."

[67] Voir l'excellent essai de H. Lavoix, dans son *Histoire de l'Instrumentation* . Il convient de noter que les observations de Berlioz dans son *Traité*

d'instrumentation et d'orchestration modernes (1844) n'ont pas échappé à Richard Strauss, qui vient de publier une édition allemande de l'œuvre, et dont certains des effets orchestraux les plus célèbres sont des réalisations. des idées de Berlioz.

[68] On peut juger de cet instinct par un fait : il a écrit les ouvertures des *Francs-Juges* et *de Waverley* sans vraiment savoir s'il était possible de les jouer. « J'ignorais tellement, dit-il, le mécanisme de certains instruments, qu'après avoir écrit le solo en ré bémol pour trombone de l'Introduction des *Francs-Juges*, je craignais qu'il ne soit terriblement difficile à jouer. Je me rendis, très inquiet, chez un des trombonistes de l'orchestre de l'Opéra. Il regarda le passage et me rassura : « La tonalité de ré bémol est, dit-il, une des plus agréables pour cet instrument ; sur un effet splendide pour ce passage'" *(Mémoires*, I, 63).

[69] *Mémoires*, I, 64.

[70] "Berlioz a fait preuve, dans le calcul des propriétés du mécanisme, d'un savoir scientifique vraiment étonnant. Si les inventeurs de nos machines industrielles modernes doivent être considérés aujourd'hui comme des bienfaiteurs de l'humanité, Berlioz mérite d'être considéré comme le véritable sauveur de l'humanité. monde musical ; car, grâce à lui, les musiciens peuvent produire des effets surprenants en musique par l'utilisation variée de moyens mécaniques simples... Berlioz est désespérément enseveli sous les ruines de ses propres artifices" (*Oper und Drama*, 1851).

[71] Lettre de Berlioz à Ferrand.

[72] « Les principales caractéristiques de ma musique sont l'expression passionnée, la chaleur intérieure, les pulsations rythmiques et les effets imprévus. Quand je parle d'expression passionnée, j'entends une expression qui s'efforce désespérément de reproduire le sentiment intérieur de son sujet, même lorsque le thème est contraire à la passion et traite des émotions douces ou du calme le plus profond. C'est ce genre d'expression que l'on retrouve dans *L'Enfance du Christ* et surtout dans la scène *du Ciel* dans la *Damnation de Faust.* et dans le *Sanctus* du *Requiem* » (*Mémoires*, II, 361).

[73] "Vous êtes donc au milieu de la fonte des glaciers dans vos *Niebelungen* ! Écrire en présence de la nature elle-même doit être splendide. C'est une jouissance qui m'est refusée. De beaux paysages, de hauts sommets ou de grandes étendues de mer, m'absorbe au lieu d'évoquer en moi des idées. Je sens, mais je ne peux exprimer ce que je ressens, je ne peux peindre la lune que lorsque j'aperçois son reflet au fond d'un puits" (Berlioz à Wagner, 10 septembre 1855).

[74] *Musikführer*, 29 novembre 1903.

[75] *Mémoires* , II, 361.

[76] M. Jean Marnold a remarqué ce génie de la monodie chez Berlioz dans son article sur *Hector Berlioz, musicien (Mercure de France* , 15 janvier et 1er février 1905).

[77] Gluck lui-même le dit dans une lettre au *Mercure de France* , février 1773.

[78] Je ne parle pas des maîtres franco-flamands de la fin du XVIe siècle : de Jannequin, Costeley, Claude le Jeune, ou Mauduit, récemment découverts par M. Henry Expert, qui possèdent une saveur si originale, et sont pourtant restés presque entièrement inconnus de leur époque jusqu'à la nôtre. Les guerres de religion ont meurtri les traditions musicales françaises et nié une partie de la grandeur de son art.

[79] Il est amusant de voir Wagner comparer Berlioz à Auber, comme le type d'un véritable musicien français – Auber et son opéra mixte italien et allemand. Cela montre combien Wagner, comme la plupart des Allemands, était incapable de saisir la véritable originalité de la musique française, et comment il n'en voyait que l'extérieur. La meilleure façon de découvrir les caractéristiques musicales d'une nation est d'étudier ses chansons folkloriques. Si seulement quelqu'un se consacrait à l'étude de la chanson populaire française (et le matériel ne manque pas), on comprendrait peut-être combien elle diffère de la chanson populaire allemande et combien le tempérament de la race française s'y montre comme étant plus doux et plus libre, plus vigoureux et plus expressif.

[80] *Mémoires* , I, 221.

[81] « La musique d'aujourd'hui, dans la vigueur de sa jeunesse, est émancipée et libre et peut faire ce qu'elle veut. Beaucoup de vieilles règles n'ont plus de vogue ; elles ont été faites par des esprits irréfléchis, ou par des amoureux de la routine pour d'autres. les amateurs de routine. Les nouveaux besoins de l'esprit, du cœur et du sens de l'ouïe rendent nécessaires de nouveaux efforts et, dans certains cas, la violation des anciennes lois. De nombreuses formes sont devenues trop éculées pour être encore adoptées. une chose peut être entièrement bonne ou entièrement mauvaise, selon l'usage qu'on en fait, ou les raisons qu'on a d'en faire usage. Le son et la sonorité sont secondaires à la pensée, et la pensée est secondaire au sentiment et à la passion. (Ces opinions ont été données en référence aux concerts de Wagner à Paris, en 1860, et sont tirées de *A travers chants* , p. 312.)

Comparez les mots de Beethoven : « Il n'existe aucune règle que l'on ne puisse enfreindre pour l'avancement de la beauté. »

[82] Est-il nécessaire de rappeler l' *épître dédicatoire* d' *Alceste* en 1769, et la déclaration de Gluck selon laquelle il « cherchait à amener la musique à sa

véritable fonction, celle d'aider la poésie à fortifier l'expressïon des émotions et l'intérêt d'une situation... . et pour le réaliser, que sont la belle coloration et l'heureux arrangement de la lumière et de l'ombre pour un dessin habile" ?

[83] Cette théorie révolutionnaire était déjà celle de Mozart : « La musique doit régner en maître et faire oublier tout le reste... Dans un opéra, il faut absolument que la Poésie soit la fille obéissante de la Musique » (Lettre à son père, 13 octobre 1781).). Désespéré sans doute de ne pouvoir obtenir cette obédience, Mozart songea sérieusement à briser la forme de l'opéra, et à mettre à sa place, en 1778, une sorte de mélodrame (dont Rousseau avait donné un exemple en 1773), qu'il appelait « duodrame », où musique et poésie étaient vaguement associées, sans toutefois dépendre l'une de l'autre, mais se côtoyaient sur deux routes parallèles (Lettre du 12 novembre 1778).

[84] *Tribune de Saint Gervais* , novembre 1903.

[85] *Mémoires* , II, 365.

[86] « Cette composition contient une dose de sublime bien trop forte pour le public ordinaire ; et Berlioz, avec la splendide insolence du génie, conseille au chef d'orchestre, dans une note, de tourner la page et de la passer » (Georges de Massougnes , *Berlioz*). Cette belle étude de Georges de Massougnes parue en 1870 est très en avance sur son temps.

[87] « Oh, comme j'aime, j'honore et je respecte Schumann pour avoir écrit seul cet article » (Hugo Wolf, 1884).

[88] *Neue Zeitschrift für Musik* . Voir *Hector Berlioz et Robert Schumann* . Berlioz revenait constamment à cette liberté du rythme, à « ces harmonies du rythme », comme il disait. Il souhaitait former une classe de rythme au Conservatoire (*Mémoires* , II, 241), mais une telle chose n'était pas comprise en France. Sans être aussi arriérée que l'Italie sur ce point, la France résiste encore à l'émancipation du rythme (*Mémoires* , II, 196). Mais depuis dix ans, de grands progrès musicaux ont été réalisés en France.

[89] *Ibid* . "Une particularité rare", ajoute Schumann, "qui distingue presque toutes ses mélodies". Schumann comprend pourquoi Berlioz accompagne souvent ses mélodies d'une simple basse, ou d'accords de quinte augmentée et diminuée, ignorant les parties intermédiaires.

[90] « Que restera-t-il alors de l'art actuel ? Peut-être Berlioz en sera-t-il le seul représentant. N'ayant pas étudié le piano, il avait une aversion instinctive pour le contrepoint. Il est en cela à l'opposé de Wagner, qui incarnait le contrepoint. , et tira tout ce qu'il put de ses lois » (Saint-Saëns).

[91] Jacques Passy note que chez Berlioz les phrases les plus fréquentes comportent douze, seize, dix-huit ou vingt mesures. Chez Wagner, les

phrases de huit mesures sont rares, celles de quatre plus fréquentes, celles de deux plus encore, tandis que celles d'une seule mesure sont les plus fréquentes (*Berlioz et Wagner* , article publié dans *Le Correspondant* , 10 juin 1888).

[92] Il faut mentionner ici la pauvreté et la maladresse de l'harmonie de Berlioz — qui est incontestable — puisque certains critiques et compositeurs n'ont pu voir (Est-ce que je dis quelque chose de ridicule ? — Wagner le dirait pour moi) que des « défauts » d'orthographe" dans son génie. A ces terribles grammairiens — qui, il y a deux cents ans, critiquaient Molière à cause de son « jargon » — je répondrai en citant Schumann.

"Les harmonies de Berlioz, malgré la diversité de leurs effets, obtenues à partir d'un matériel très maigre, se distinguent par une sorte de simplicité, et même par une solidité et une concision, qu'on ne rencontre que chez Beethoven... On peut trouver ici et il y a des harmonies banales et triviales, et d'autres qui sont incorrectes, du moins selon les anciennes règles. Dans certains endroits, ses harmonies font un bel effet, et dans d'autres, leur résultat est vague et indéterminé, ou bien il sonne mal, ou bien il l'est. trop élaboré et tiré par les cheveux. Pourtant, chez Berlioz, tout cela prend en quelque sorte une certaine distinction. Si l'on tentait de le corriger, ou même de le modifier légèrement - pour un musicien expérimenté, ce serait un jeu d'enfant - la musique deviendrait ennuyeuse. Article sur la *Symphonie fantastique*).

Mais laissons de côté cette « discussion grammaticale » ainsi que ce qu'écrivait Wagner sur « la question enfantine de savoir s'il est permis ou non d'introduire des "néologismes" en matière d'harmonie et de mélodie » (Wagner à Berlioz, 22 février 1860). . Comme le disait Schumann : « Faites attention aux quintes et laissez-nous tranquilles ».

[93] *Mémoires* , I, 155.

[94] Ces paroles sont tirées des indications de Berlioz sur la partition de son arrangement de la *Marseillaise* pour grand orchestre et double chœur.

[95] « De Beethoven, dit Berlioz, date l'avènement dans l'art des formes colossales » (*Mémoires* , II, 112). Mais Berlioz a oublié un des modèles de Beethoven : Haendel. Il faut aussi compter avec les musiciens de la révolution française : Mehul, Gossec, Cherubini et Lesueur, dont les œuvres, même si elles ne sont pas à la hauteur de leurs intentions, ne sont pas sans grandeur et révèlent souvent l'intuition d'une musique nouvelle, noble et populaire. art.

[96] Lettre à Morel, 1855. Berlioz décrit ainsi les *Tibiomnes* et les *Judex* de son *Te Deum* . Comparez le jugement de Heine : « La musique de Berlioz me fait penser à des espèces gigantesques d'animaux disparus, à des empires

fabuleux... Babylone, les jardins suspendus de Sémiramis, les merveilles de Ninive, les édifices audacieux de Mizraïm.

[97] *Mémoires* , I, 17.

[98] Lettre à un inconnu, écrite probablement vers 1855, dans la collection de Siegfried Ochs, et publiée dans le *Geschichte der französischen Musik* d'Alfred Bruneau, 1904. Cette lettre contient un assez curieux catalogue analytique des œuvres de Berlioz, dressé par lui-même. Il y note sa prédilection pour les compositions d'un « caractère colossal », comme le *Requiem* , la *Symphonie funèbre et triomphale* , et le *Te Deum* , ou celles d'un « style immense », comme l' *Impériale* .

[99] *Mémoires* , II, 364. Voir aussi la lettre citée ci-dessus.

[100] *Mémoires* , II, 363. Voir aussi II, 163, et la description de la grande fête de 1844, avec ses 1 022 exécutants.

[101] Hermann Kretzschmar, *Führer durch den Konzertsaal* .

[102] *Mémoires* , I, 312.

[103] Lettre à quelques jeunes Hongrois, 14 février 1861. Voir les *Mémoires* , II, 212, pour l'incroyable émotion que la *marche de Rakoczy* a suscitée dans l'assistance de Budapest, et surtout pour l'étonnante scène de la fin. :—

" J'ai vu entrer à l'improviste un homme. Il était misérablement vêtu, mais son visage brillait d'un étrange ravissement. Lorsqu'il m'a vu, il s'est jeté sur moi et m'a embrassé avec ferveur ; ses yeux se sont remplis de larmes, et il était à peine capable de sortez les mots : « Ah, monsieur, monsieur ! moi Hongrois... pauvre diable... pas parler Français... un poco Italiano... Ah, ai comprend votre canon.... Oui. , oui, la grande-bataille... Allemands chiens !' Et puis se frappant violemment la poitrine : « Dans le coeur, moi... je vous porte.... *Ah Français... révolutionnaire... savoir faire la musique des révolutions* !'"

[104] Écrit le 5 mai 1841.

[105] Berlioz n'a jamais cessé de s'indigner contre la Révolution de 1848, qui aurait dû avoir ses sympathies. Au lieu de trouver matière, comme Wagner, dans l'effervescence de l'époque à des compositions passionnées, il travaille à *L'Enfance du Christ* . Il affectait une indifférence absolue, lui qui était si peu fait pour l'indifférence. Il approuvait l'action de l'État et méprisait ses espoirs visionnaires.

[106] « Ma carrière musicale se terminerait bien si je pouvais vivre cent quarante ans » *(Mémoires* , II, 390).

[107] Cette solitude frappa Wagner. "La solitude de Berlioz n'est pas seulement due aux circonstances extérieures ; elle a son origine dans son

tempérament. Bien qu'il soit Français, avec des sympathies vives et des intérêts comme ceux de ses concitoyens, il n'en est pas moins seul. Il ne voit personne avant lui. celui qui tendra la main secourable, il n'y a personne à ses côtés sur qui il puisse s'appuyer » (Article écrit le 5 mai 1841). A lire ces mots, on sent que c'est le manque de sympathie de Wagner et non son intelligence qui l'a empêché de comprendre Berlioz. Dans son cœur, je ne doute pas qu'il savait bien qui était son grand rival. Mais il n'en a jamais rien dit - à moins peut-être qu'on compte un document étrange, certainement pas destiné à la publication, où il (même lui) le compare à Beethoven et à Bonaparte (Manuscrit dans la collection d'Alfred Bovet, publié par Mottl dans des revues allemandes , et par M. Georges de Massougnes dans la *Revue d'art dramatique* , 1er janvier 1902).

[108] F. Nietzsche, *Der Fall Wagner* .

[109] Les citations de Wagner sont tirées de ses lettres à Roeckel, Uhlig et Liszt, entre 1851 et 1856.

[110]

Des applaudissements
j'entends encore le bruit ; et, assez étrangement,
dans ma timidité enfantine, il me semblait que de la boue
était sur le point de me repérer ; Je craignais
son contact et je l'évitais secrètement,
affectant l'obstination.

Ces vers furent lus par M. Saint-Saëns lors d'un concert donné le 10 juin 1896, dans la salle Pleyel, pour célébrer le cinquantième anniversaire de ses *débuts* , qu'il fit en 1846. C'est dans cette même salle Pleyel qu'il donna son premier concert.

[111] C. Saint-Saëns, *Harmonie et Mélodie* , 1885.

[112] C. Saint-Saëns, *Rimes familiales* , 1890.

Tu connaîtras les yeux menteurs, le manque de sincérité
Des pressions de la main,
Le masque de l'amitié qui cache la jalousie.
Les lendemains apprivoisés

De ces jours de triomphe, où le vulgaire troupeau
vous couronne d'honneur ;
Juger un génie rare
égal en mérite à l'esprit des clowns.

[113] Lettre écrite à M. Levin, correspondant du *Boersen-Courier* de Berlin, le 9 septembre 1901.

[114] C. Saint-Saëns, *Charles Gounod et le Don Juan de Mozart* , 1894.

[115]

Mais dix ans, peu bâti et pâle,
Et pourtant plein de confiance et de joie simples (*Rimes familières*).

[116] Charles Gounod, *Mémoires d'un Artiste* , 1896.

[117] Cité de Saint-Saëns par Edmond Hippeau dans *Henri VIII et L'Opéra français* , 1883. M. Saint-Saëns parle ailleurs de « ces ouvrages bien écrits, mais lourds et peu attrayants, et reflétant d'une manière ennuyeuse l'étroitesse et l'esprit pédant de certaines petites villes d'Allemagne" (*Harmonie et Mélodie*).

[118] Charles Gounod, *« Ascanio » de Saint-Saëns* , 1890.

[119] *Id., ibid.*

[120] C. Saint-Saëns, *Problèmes et Mystères* , 1894.

[121] *Harmonie et Mélodie* .

[122] C. Saint-Saëns, *Portraits et Souvenirs* , 1900.

[123]

Je sais qu'un vain rêve de vertu A toujours jeté une ombre sur ton âme (*Rimes familiales*).

[124] C. Saint-Saëns, *Note sur les décors de théâtre dans l'antiquité romaine* , 1880, où il évoque les peintures murales de Pompéi.

[125] Conférence sur les Phénomènes des Mirages, donnée à la Société Astronomique de France en 1905.

[126] C. Saint-Saëns, *La Crampe des Écrivains* , comédie en un acte, 1892.

[127] *Harmonie et Mélodie* .

[128] Charles Gounod, *Mémoires d'un Artiste* .

[129] *Les Heures; Mors; Modestie (Rimes familles*).

[130] « Grâce à Berlioz, toute ma génération a été façonnée, et bien façonnée » *(Portraits et Souvenirs*).

[131] "J'aime tellement la musique de Liszt, parce qu'il ne se soucie pas des opinions des autres; il dit ce qu'il veut dire; et la seule chose qui le préoccupe est de le dire du mieux qu'il peut" (Cité par Hippeau).

[132] Les citations sont tirées de *Harmonie et Mélodie* et *Portraits et Souvenirs* .

[133] Dans *Harmonie et Mélodie* M. Saint-Saëns nous raconte qu'il a organisé et dirigé un concert au Théâtre-Italien où étaient jouées seules les compositions de Liszt. Mais tous ses efforts pour faire apprécier Liszt au public musical français furent un échec.

[134] L'admiration était mutuelle. M. Saint-Saëns disait même que sans Liszt il n'aurait pas pu écrire *Samson et Dalila* . « Non seulement Liszt a fait jouer *Samson et Dalila* à Weimar, mais sans lui cette œuvre n'aurait jamais vu le jour. Mes suggestions à ce sujet avaient rencontré une telle hostilité que j'avais renoncé à l'écrire ; et tout ce qui existait il y avait des notes illisibles... Puis, un jour, à Weimar, j'en ai parlé à Liszt, et il m'a dit, en toute confiance et sans avoir entendu une note : « Finis ton ouvrage, je le ferai exécuter ici. Les événements de 1870 retardèrent sa réalisation de plusieurs années. » (*Revue Musicale* , 8 novembre 1901).

[135] *Portraits et Souvenirs* .

[136] *Harmonie et Mélodie* .

[137] C. Saint-Saëns, *Portraits et Souvenirs* .

[138] *Portraits et Souvenirs* .

[139] *Revue d'Art dramatique* , 5 février 1899.

[140] Vincent d'Indy : *Cours de Composition musicale* , Livre I, établi à partir de notes prises dans les cours de composition à la *Schola Cantorum* , 1897-1898, p. 16 (Durand, 1902). Voir aussi le discours inaugural prononcé à l'école, et publié par la *Tribune de Saint-Gervais* , novembre 1900.

[141] Vincent d'Indy, *Cours de composition musicale* , p. 132.

[142] *Identifiant.* , *ibid.* , p. 13.

[143] *Id., ibid.* , p. 25. Au XIIIe siècle, Philippe de Vitry, évêque de Meaux, appelait le temps triple « parfait », car « il tire son nom de la Trinité, c'est-à-dire du Père, du Fils et du Saint-Esprit, en qui est la perfection divine.

[144] *Id., ibid.* , pp. 66, 83, et *passim* .

[145] *Id., ibid.*

[146] "Faites la guerre au Particularisme, ce fruit malsain de l'hérésie protestante !" (Discours à la *Schola* , tiré de la *Tribune de Saint-Gervais* , novembre 1900.)

[147] Au moins le judaïsme a-t-il l'honneur de donner son nom à toute une période de l'art, la « période judaïque ». "Le style moderne est la dernière phase de l'école judaïque...." etc.

[148] Dans le *Cours de Composition musicale* M. d'Indy parle de « l'admirable initiale T du *Rouleau mortuaire* de Saint-Vital (XIIe siècle), qui représente Satan vomissant deux Juifs... œuvre d' art expressive et symbolique. , si jamais il y en avait un." Je ne devrais pas le mentionner s'il n'y a que deux illustrations dans tout le livre.

[149] *Cours de composition musicale* , p. 160.

[150] *L'Oratorio moderne* (*Tribune de Saint-Gervais* , mars 1899).

[151] *Ibid.* Autant dire qu'il était catholique sans le savoir. Et c'est ce que déclare un ami de la *Schola* , M. Edgar Tinel : « Bach est un artiste véritablement chrétien et, sans doute, *protestant par erreur* , puisque dans son immortel *Credo* il confesse sa foi en un être saint, catholique et Église apostolique » (*Tribune de Saint-Gervais* , août-septembre 1902). M. Edgar Tinel fut, comme vous le savez, l'un des principaux maîtres de l'oratorio belge.

[152] *Revue musicale* , novembre 1902.

[153] « Les seuls documents existants sur la musique ancienne sont soit des critiques, soit des appréciations, et non des textes musicaux » (*Cours de Composition*).

[154] « L'influence de la Renaissance, avec sa prétention et sa vanité, provoqua un échec dans tous les arts — dont nous ressentons encore l'effet » (*Traité de Composition* , p. 89. Voir aussi le passage cité plus haut sur l'Orgueil.).

[155] *Tribune de Saint-Gervais* , novembre 1900.

[156] Je parle des passages où il s'exprime librement, et n'interprète pas une situation dramatique nécessaire à son sujet, comme dans cette belle partie symphonique de la *Rédemption* , où il décrit le triomphe du Christ. Mais même là, nous trouvons des traces de tristesse et de souffrance.

[157] Par une percée dans les nuages, révélant la joie céleste qui brille au-dessus des profondeurs.

[158] *Tribune de Saint-Gervais* novembre 1900.

[159] *Identifiant.* , septembre 1899.

[160] *L'Étranger* , "action musicale" en deux actes. Poème et musique de M. Vincent d'Indy. Joué pour la première fois à Bruxelles au Théâtre de la Monnaie, le 7 janvier 1903. Les citations du drame, dont la poésie n'est pas aussi bonne que la musique, sont tirées de la partition.

[161] Il y a une certaine ressemblance dans le sujet avec *Feuersnot de Herr Richard Strauss*. Là aussi, le héros est un étranger persécuté et traité en sorcier dans la ville même à laquelle il a fait honneur. Mais le *dénouement* n'est pas le même ; et la différence fondamentale de tempérament entre les deux artistes est fortement marquée. M. d'Indy termine par le renoncement d'un chrétien, et M. Richard Strauss par une affirmation fière et joyeuse de l'indépendance.

[162] Trouvé par M. d'Indy dans sa propre province, comme il nous le raconte dans ses *Chansons populaires du Vivarais*.

[163] Dans ses critiques, son cœur n'est pas toujours en accord avec son esprit. Son esprit dénonce la Renaissance, mais son instinct l'oblige à apprécier les grands peintres florentins de la Renaissance et les musiciens du XVIe siècle. Il ne se tire d'affaire que par les compromis les plus extraordinaires, en disant que Ghirlandajo et Filippo Lippi étaient gothiques, ou en affirmant que la Renaissance musicale n'a commencé qu'au XVIIe siècle ! (*Cours de Composition*, p. 214 et 216.)

[164] Acte III, scène 3. La puissance de cette évocation est si forte qu'elle entraîne le poète avec elle. Il semblerait qu'une partie de l'action n'ait été conçue qu'en vue de l'effet final de la coloration soudaine des vagues.

[165] *Cours de Composition*, et *Tribune de Saint-Gervais*.

[166] *Cours de composition*.

[167] Cet essai a été rédigé en 1899.

[168] Nietzsche.

[169] *Au-delà du Bien et du Mal*, 1886. J'espère pouvoir être excusé d'avoir introduit Nietzsche ici, mais ses pensées semblent se refléter constamment dans Strauss et jeter beaucoup de lumière sur l'âme de l'Allemagne moderne.

[170] Cet article a été écrit en 1899. Depuis lors, la *Sinfonia Domestica* a été réalisée, et sera remarquée dans l'essai *Musique française et allemande*.

[171] Composé en 1889 et joué pour la première fois à Eisenach en 1890.

[171a] *Richard Strauss, eine Charakterskizze*, 1896, Prague.

[171b] *R. Strauss, Essai critique et biologique*, 1898, Bruxelles.

[171c] *Der Musikführer : Tod und Verklärung*, Francfort.

[172] Certaines personnes ont essayé de voir les pensées d'Alexander Ritter dans Friedhold, comme elles ont vu les pensées de Strauss dans Guntram.

[173] Composé en 1894-95, et joué pour la première fois à Cologne en 1895.

[174] Composé en 1895-96 et joué pour la première fois à Francfort-sur-le-Main en novembre 1896.

[175] Nietzsche.

[176] Nietzsche, *Zarathoustra* .

[177] Arthur Hahn, *Der Musikführer : Don Quichotte* , Francfort.

[178] En tête de chaque variation, Strauss a marqué sur la partition le chapitre de « Don Quichotte » qu'il interprète.

[179] Terminé en décembre 1898. Joué pour la première fois à Francfort-sur-le-Main le 3 mars 1899. Publié par Leuckart, Leipzig.

[180] La composition de l'orchestre dans les œuvres ultérieures de Strauss est la suivante : Dans *Zarathoustra* : un piccolo, trois flûtes, trois hautbois, un cor anglais, une clarinette en mi bémol, deux clarinettes en si, une clarinette basse en si, trois bassons, un contrebasson, six cors en fa, quatre trompettes en do, trois trombones, trois tuba basse, timbales, gros tambour, cymbales, triangle, carillon de cloches, cloche en mi, orgue, deux harpes et cordes . Dans *Heldenleben* : huit cors au lieu de six, cinq trompettes au lieu de quatre (deux en mi bémol, trois en si) ; et, en plus, des tambours militaires.

[181] Dans *Guntram,* on pourrait même croire qu'il s'était décidé à utiliser une phrase dans *Tristan* , comme s'il ne trouvait rien de mieux pour exprimer le désir passionné.

[182] « L'esprit allemand, qui avait encore peu de temps la volonté de dominer l'Europe, la force de gouverner l'Europe, s'est finalement décidé à l'abandonner. » — Nietzsche.

[183] Un grand nombre d'ouvrages sur Hugo Wolf ont été publiés en Allemagne depuis sa mort. La principale est la grande biographie de Herr Ernst Decsey — *Hugo Wolf* (Berlin, 1903-1904). J'ai trouvé ce livre d'une grande utilité ; c'est une œuvre pleine de connaissance et de sympathie. J'ai également consulté l'excellent petit pamphlet de M. Paul Müller, *Hugo Wolf (Essais modernes* , Berlin, 1904), ainsi que les recueils de lettres de Wolf, notamment ses lettres à Oskar Grohe, Emil Kaufmann et Hugo Faisst.

[184] Joseph Schalk fut l'un des fondateurs du *Wagner-Verein* à Vienne et consacra sa vie à propager le culte de Bruckner (qui l'appelait son « *Herr Generalissimus* ») et à lutter pour Wolf.

[185] Lettre de H. von Bülow à Detlev von Liliencron.

[186] Les lettres de Wolf à Strasser sont d'une grande valeur car elles nous donnent un aperçu de l'âme avide et malheureuse de son artiste.

[187] Wolf vivait là avec un ami. Il n'avait pas de logement propre jusqu'en 1896, grâce à la générosité de ses amis.

[188] L'écriture d'un opéra était le grand rêve et l'intention de Wolf pendant de nombreuses années.

[189] Detlev von Liliencron lui propose un sujet américain. "Mais malgré mon admiration pour Buffalo Bill et son équipage sale", a déclaré Wolf sarcastiquement, "je préfère mon terroir natal et les gens qui apprécient les avantages du savon."

[190]

Tout ce qui est commencé doit finir,
Tout autour périra un jour.

[191]

Autrefois, nous étions aussi des hommes
Heureux ou tristes comme vous ;
Maintenant la vie nous est enlevée.
Nous ne sommes que de la terre, comme vous le voyez.

Chiunque nasce a morte arriva
Nel fuggir del tempo, e'l sole
Niuna cosa lascia viva....
Come voi, uomini fummo,
Lieti e tristi, come siete ;
E ou siam, come vedete,
Terra al sol, di vita priva.

(Poèmes de Michel-Ange, CXXXVI.)

[192] Cet article a été écrit en 1899, à l'occasion de la venue de Lorenzo Perosi à Paris pour diriger son oratorio *La Résurrection* .

[193] Cet essai a été rédigé en 1905.

[194] L'homme se trouve dans la plus grande misère ; L'homme souffre le plus ; J'aurais aimé être au paradis !

[195] Je viens de Dieu et je retournerai à Dieu.

[196] Tu te relèveras, tu te relèveras, ô ma poussière, après un peu de repos.

[197] Ce qui est né doit passer ; Ce qui est passé doit ressusciter.

[198]

Ô Homme ! Ô Homme ! Prends soin de toi! Prends soin de toi!
Qu'est-ce qui dit minuit sombre ?

[199] Qu'il me soit permis de dire que j'essaie d'écrire cette étude d'un point de vue purement historique, en éliminant tout sentiment personnel – qui n'aurait ici aucune valeur. En fait, je ne suis pas un debussyite ; mes sympathies vont à un tout autre genre d'art. Mais je me sens obligé de rendre hommage à un grand artiste, dont je peux juger l'œuvre avec une certaine impartialité.

[200] Cela s'adresse aux musiciens. Mais je suis convaincu qu'avec la masse du public, les autres raisons ont plus de poids, comme c'est toujours le cas.

[201] Il faut aussi noter que durant la première moitié du XVIIe siècle, les gens de goût s'opposaient à la déclamation très théâtrale de l'opéra français. « Nos chanteurs croient, écrivait Mersenne en 1636, que les exclamations et l'emphase utilisées par les Italiens dans le chant sentent trop les tragédies et les comédies, et c'est pourquoi ils ne veulent pas les employer.

[202] Aucun autre critique n'a, je pense, discerné avec autant d'habileté l'art et le génie de Debussy. Certaines de ses analyses sont des modèles d'intuition intelligente. La pensée du critique semble ne faire qu'un avec celle du musicien.

[203] *Jean-Christophe à Paris* , 1904.

[204] Il faut au moins rendre justice à Hugo en disant qu'il parlait toujours de Beethoven avec admiration, bien qu'il ne le connaisse pas. Mais il l'exalte plutôt pour ôter l'importance d'un poète, le seul au XIXe siècle, dont la renommée ombrageait la sienne ; et lorsqu'il écrivait dans son *William Shakespeare* que « le grand homme de l'Allemagne est Beethoven », cela était compris par tous comme signifiant « le grand homme de l'Allemagne n'est pas Goethe ».

[205] Écrit dans une lettre à sa sœur Nanci, le 3 avril 1850.

[206] Remarquons néanmoins que cela n'empêche pas Gautier d'être critique musical.

[207] Je tiens à faire savoir dès le début que je ne fais ici que remarquer les plus grandes activités musicales de la nation, et que je ne fais aucune mention des œuvres qui n'ont pas eu une influence importante sur ce mouvement.

[208] Entre-temps, la France vit l'ascension brillante et l'extinction d'un grand artiste, le plus spontané de tous ses musiciens, Georges Bizet, mort en 1875, à l'âge de trente-sept ans. « Bizet fut le dernier génie à découvrir une beauté nouvelle », disait Nietzsche ; « Bizet a découvert de nouvelles terres, les terres méridionales de la musique », *Carmen* (1875) et *L'Arlésienne* (1872)

sont des chefs-d'œuvre du drame lyrique latin. Leur style est lumineux, concis et bien défini ; les figures sont tracées avec une précision incisive. La musique est pleine de lumière et de mouvement et contraste grandement avec les symphonies philosophiques de Wagner, et son sujet populaire ne fait que renforcer sa distinction aristocratique. De par sa nature et sa perception claire de l'esprit de la course, il était bien en avance sur son temps. Quelle place Bizet aurait pu prendre dans notre art s'il avait vécu vingt ans de plus !

[209] Son influence se manifeste, à des degrés divers, dans des ouvrages tels que *Sigurd de M. Reyer* (1884), *Gwendoline de Chabrier (1886) et Le Chant de la Cloche* de M. Vincent d'Indy (1886).

[210] On sait que le Conservatoire est né de *L'École gratuite de musique de la garde nationale parisienne* , fondée en 1792 par Sarrette et dirigée par Gossec. C'était alors une école civique et militaire, mais, selon Chénier, elle fut transformée en *Institut national de musique* le 8 novembre 1793, et en *Conservatoire* le 3 août 1795. Ce Conservatoire républicain se faisait un devoir de maintenir le contact avec l'esprit du pays, et était directement opposé à l'Opéra, qui était d'origine monarchique. Voir l'ouvrage de M. Constant Pierre *Le Conservatoire national de musique* (1900), et le très intéressant livre de M. Julien Tiersot *Les Fêtes et les Chants de la Révolution française* (1908).

[211] Vous devez vous rappeler que je parle ici uniquement d'action *officielle ;* car il y a toujours eu parmi le corps enseignant du Conservatoire des maîtres qui ont su allier une belle culture musicale à un esprit large et libéral. Mais l'influence de ces esprits indépendants est, en général, faible ; car ils n'ont pas la possibilité de disposer des réussites académiques ; et quand, par exception, ils ont une large influence, comme celle de César Franck, c'est le résultat d'un travail personnel extérieur au Conservatoire, travail le plus souvent contraire aux principes du Conservatoire.

[212] Il est à noter que depuis 1807, les élèves du Conservatoire font connaître les symphonies de Beethoven aux Parisiens. La *Symphonie en ut mineur* fut interprétée par eux en 1808 ; l' *Héroïque* en 1811. C'est à propos d'une de ces représentations que les *Tablettes de Polymnie* donnent une curieuse appréciation de Beethoven, citée par M. Constant Pierre : « Ce compositeur est souvent grotesque et grossier, et vole parfois majestueusement comme un aigle et rampe parfois le long des sentiers pierreux. C'est comme si l'on avait enfermé ensemble des colombes et des crocodiles.

[213] C'est ce que dit le rapport de M. Rivet sur les *Beaux-Arts* en 1906. L'Opéra emploie 1 370 personnes et ses dépenses sont d'environ 3 988 000 francs. La dotation annuelle de l'Etat s'élève à environ 800.000 francs.

[214] À l'occasion de la reprise de *Don Juan* en 1902, la *Revue Musicale* comptait les pages ajoutées à la partition originale. Ils arrivèrent au nombre de deux cent vingt-huit.

[215] Les faits qui suivent sont tirés des archives de la *Société Nationale de Musique* et m'ont été remis par M. Pierre de Bréville, secrétaire de la Société.

[216] Il faut se rappeler que les prix des sièges étaient beaucoup moins chers qu'ils ne le sont aujourd'hui ; les meilleurs n'étaient que trois francs.

[217] Il y a eu environ 340 représentations d'œuvres de Saint-Saëns, 380 de Wagner, 390 de Beethoven et 470 de Berlioz. Je dois ces précisions aux aimables renseignements de M. Charles Malherbe et de M. Léon Petitjean, le secrétaire des concerts Colonne.

[218] La *Damnation de Faust* à elle seule a été donnée dans son intégralité cent cinquante fois en trente ans.

[219] On sait que M. Colonne a maintenant un aide en la personne de M. Gabriel Pierné, qui lui succédera lorsqu'il prendra sa retraite.

[220] Mes dires peuvent être vérifiés par le récit publié dans la *Revue Éolienne* de janvier 1902, par M. Léon Bourgeois, secrétaire du Comité de l' *Association des Concerts-Lamoureux* .

[221] Elle publia, en onze volumes, les œuvres anciennes qu'elle exécutait. Avant cette expérience, il y avait eu les *Concerts historiques de Fétis* , précédés de conférences, inaugurés en 1832, et qui échouèrent ; et ceux-ci furent suivis par *les Concerts historiques* d'Amédée Méreaux en 1842-1844.

[222] Les renseignements suivants ont été donnés par M. Vincent d'Indy lors d'une conférence tenue le 20 février 1903 à l' *École des Hautes Études sociales* — conférence qui deviendra plus tard un chapitre du livre de M. d'Indy, *César Franck* (1906).

[223] On en trouvera la liste complète dans le livre de M. d'Indy.

[224] *Tribune de Saint-Gervais* , novembre 1900.

[225] Voir l'Essai sur *Vincent d'Indy* .

[226] *Revue d'histoire et de critique musicale* , août-septembre 1901.

[227] « La *Schola Cantorum* vise à créer une musique moderne vraiment digne de l'Église » (Premier numéro de la *Tribune de Saint-Gervais* , le bulletin mensuel de la *Schola Cantorum* , janvier 1895).

[228] La Schola pensait ici au travail vigoureux des Bénédictins français, qui s'était fait en silence depuis cinquante ans ; on pense aussi à la restauration du chant grégorien au cours des années 1850 et 1860 par Dom Guéranger,

premier abbé de Solesmes, travail continué par Dom Jausions et Dom Pothier, abbé de Saint-Wandrille, qui publient en 1883 les *Mélodies Grégoriennes* , le *Liber Gradualis* et le *Liber Antiphonarius* . Cet ouvrage fut finalement mené à bonne fin par Dom Schmitt, et Dom Mocqucreau, prieur de Solesmes, qui commença en 1889 son ouvrage monumental, les *Paléo-graphie Musicales* , dont neuf volumes étaient parus en 1906. Cette grande école bénédictine est un honneur pour la France par les travaux scientifiques qu'elle a accompli ces derniers temps en musique. L'école est actuellement exilée de France.

[229] Lorsque Charles Bordes ouvrit la première *Schola Cantorum* rue Stanislas, il était sans secours ni ressources et avait exactement trente-sept francs et cinquante centimes en main. Je mentionne ce détail pour donner une idée de l'esprit merveilleusement courageux et confiant que possédait Charles Bordes.

[230] *Tribune de Saint-Gervais* , novembre 1900.

[231] Il y a en réalité neuf cours de composition à la *Schola* : cinq pour les hommes et quatre pour les femmes. M. d'Indy en prend huit, ainsi qu'une classe mixte pour orchestre.

[232] L'orchestre est principalement composé d'élèves ; et, par un arrangement généreux, les bénéfices financiers des répétitions et des représentations sont répartis entre les élèves qui y participent et portés au crédit de leur compte. Ainsi, outre les exhibitionnistes, la *Schola* compte un grand nombre d'élèves peu aisés, mais qui parviennent, par ces concerts, à subvenir à la quasi-totalité des frais de leur éducation. « Les concerts servent surtout d'exercices esthétiques pour les élèves, et de moyen de leur donner un enseignement à peu de frais pour eux-mêmes. Je dois cette information et tout ce qui la précède à la gentillesse de MJ de la Laurencie, la secrétaire générale de la *Schola* , que je tiens à remercier.

[233] La *Schola* a même joué, dans un théâtre en plein air, *La Guirlande de Ramcau* .

[234] On peut ajouter à cette liste les sociétés chorales de Nantes et de Besançon, qui sont des corps du même ordre que les *Chanteurs de Saint-Gervais* . Et l'on peut aussi attribuer à l'influence de la *Schola* une société indépendante, la *Société JS Bach* , fondée à Paris par un ancien élève *de la Schola* , M. Gustave Bret, qui, depuis 1905, se consacre à l'interprétation des grandes œuvres de Bach. Ce n'est pas un des moindres mérites de la *Schola* d'avoir contribué à former de bons chœurs d'amateurs du même type que les sociétés chorales d'Allemagne.

[235] M. Charles Bordes n'abandonna pas encore tout à fait ses travaux. Bien que contraint de se retirer dans le midi de la France pour des raisons de santé, il fonde, en novembre 1905, la *Schola* de Montpellier. Cette *Schola* a donné

une quinzaine de concerts par an et a interprété quelques cantates de Bach, des scènes des opéras de Rameau et de Gluck, des oratorios de Franck et l' *Orfeo de Monteverde* . En 1906, M. Bordes organise une représentation en plein air de la *Guirlande de Rameau* . En janvier 1908, il monte *Castor et Pollux* au théâtre de Montpellier. L'activité de l'homme était incroyable et rien ne semblait le fatiguer. Il envisageait de fonder à Montpellier une école de formation dramatique pour la production d' opéras des XVIIe et XVIIIe siècles, lorsqu'il mourut, en novembre 1909, à l'âge de quarante-quatre ans, privant ainsi l'art français de l'un de ses meilleurs et serviteurs les plus altruistes.

[236] La qualité du public compensait, il est vrai, son petit nombre. Berlioz venait à ces concerts avec ses amis Damcke et Stephen Heller ; et c'est après une de ces représentations, alors qu'il avait été très ému par un *adagio* du quatuor en mi bémol, qu'il s'écria : « Quel homme ! Il savait tout, et les autres rien !

[237] Le nom *La Trompette* fut aussi le prétexte pour embellir la musique de chambre, en introduisant la trompette parmi les autres instruments. C'est dans ce but que M. Saint-Saëns écrivit son beau septette pour piano, trompette, deux violons, alto, violoncelle et contrebasse ; et M. Vincent d'Indy sa suite romantique en ré pour trompette, deux flûtes et instruments à cordes.

[238] Le 12 septembre 1871, sur proposition d'Ambroise Thomas. Le premier conférencier fut Barbereau, qui ne donna cependant cours que pendant un an. Lui succéda Gautier, professeur d'harmonie et d'accompagnement, qui fut à son tour remplacé, en 1878, par M. Bourgault-Ducoudray.

[239] Les trois premières thèses sur la Musique acceptées à la Sorbonne furent celles de M. Jules Combarieu sur *Les Rapports de la poésie et de la musique* , de M. Romain Holland sur *Les Débuts de l'Opéra avant Lully et Scarlatti* , et de M. Maurice Emmanuel sur *Orchestiques grecques* . Suivront, quelques années après, *L'Aristoxène de Tarente et la musique grecque de M. Louis Laloy* et L'Esthétique musicale de M. Jules Écorcheville , *de Lully à Rameau* et *la musique instrumentale française du XVIIe siècle* , *L'Esthétique de Jean-Sébastien Bach de* M. André Pirro et M. *"Esquisse d'esthétique musicale scientifique* de Charles Lalo" .

[240] Il y a quatre-vingt-dix violons, quinze altos et quinze violoncelles. Malheureusement, il est beaucoup plus difficile de recruter des recrues pour les bois, les vents et les cuivres.

[241] Ils ont interprété de la musique classique de compositeurs comme Bach, Händel, Gluck, Rameau et Beethoven ; et musique moderne de

compositeurs comme Berlioz, Saint-Saëns, Dukas, etc. Cette Société vient de s'installer dans l'ancienne chapelle des Dominicains du Faubourg-Saint-Honoré, qui leur en ont donné l'usage.

[242] Ces dernières années, il y a eu une véritable explosion de concerts à prix populaires, certains d'entre eux à l'imitation des *Restaurationskonzerte allemands* , comme les Concerts-Rouge, les Concerts-Touche, etc., où la musique symphonique classique et moderne peut être entendu. Ces concerts se multiplient rapidement et connaissent un grand succès auprès d'un public presque exclusivement *bourgeois* , mais ils sont encore loin des représentations populaires de Haendel à Londres, où l'on trouve des places pour six et trois pence.

Je n'attache pas beaucoup d'importance au mouvement courageux, quoique pas toujours très intelligent, des Universités Populaires, où depuis 1886 un rassemblement d'amateurs, de gens du monde et d'artistes, se réunissent pour se faire entendre, et prétendent initier le peuple à ce que sont parfois les œuvres les plus compliquées et aristocratiques d'un art classique ou décadent. Tout en honorant cette propagande, dont l'ardeur s'est quelque peu apaisée, il faut dire qu'elle a fait preuve plus de bonne volonté que de bon sens. Les gens n'ont pas besoin de s'amuser, et encore moins de s'ennuyer ; ce dont ils ont besoin, c'est d'apprendre quelque chose sur la musique. Ce n'est pas toujours facile ; car ce que nous voulons, ce ne sont pas des actes bruyants, mais de la patience et du sacrifice de soi. Les bonnes intentions ne suffisent pas. On connaît l'échec définitif du *Conservatoire populaire de Mimi Pinson* , fondé par Gustave Charpentier, pour donner une éducation musicale aux ouvrières de Paris.

[243] M. Maurice Buchor raconte une anecdote qui est typique de ce que je veux dire. "J'ai supplié le chef d'une chorale d'hommes honnêtes", dit-il, "de faire chanter un des chœurs de Haendel. Mais il a semblé hésiter. J'avais fait cette suggestion à titre provisoire, puis j'ai essayé de développer la sincérité et l'étendue de sa proposition. idée musicale. « Ah, très bien, dit-il, si vous voulez vraiment l'entendre, c'est facile à faire mais j'avais peur que ce soit peut-être un peu trop populaire. » (*Poème de la Vie Humaine* : Introduction à (deuxième série, 1905.) On peut y ajouter les paroles d'un professeur de chant dans une école primaire de l'enseignement supérieur de Paris : « La musique populaire, eh bien, c'est très bon pour la province. (Cité par Buchor dans l'introduction à la deuxième série du *Poème* , 1902.)

[244] Tiré du *Supplément à la Correspondance générale de l'Instruction primaire* , 15 décembre 1894.

[245] Trois séries de ces *Chants populaires pour les Écoles* ont déjà été publiées.

[246] Je réserve mon avis, d'un point de vue d'artiste, sur ce plagiat des paroles de chansons. Par principe, je le condamne absolument. Mais dans ce cas, c'est le choix de Hobson. *Primum vivere, deinde philosophari* . Si nos musiciens contemporains voulaient vraiment que les gens chantent, ils auraient écrit des chansons pour eux ; mais ils semblent n'avoir aucun désir d'obtenir l'honneur de cette façon. Il n'y a donc plus qu'à recourir aux musiciens d'autrefois ; et même là, le choix est très limité. Car la France d'autrefois, comme la France d'aujourd'hui, comptait très peu de musiciens qui connaissaient un grand art populaire. Berlioz était le plus près d'en comprendre le sens ; et il n'est pas encore propriété publique, donc ses airs ne peuvent pas être utilisés. Il est curieux et un peu triste que sur quatre-vingts pièces choisies par M. Buchor, neuf seulement soient françaises ; et c'est considérer les Italiens, Lully et Cherubini, comme des Français. M. Buchor a dû s'adresser presque exclusivement à des musiciens classiques allemands et, en général, son choix a été heureux. Avec un instinct sûr, il a donné la préférence à des génies populaires comme Händel et Beethoven. On peut se demander pourquoi il n'a pas tenu parole ; mais il ne faut pas oublier qu'il fallait en tout cas les traduire ; et s'il peut paraître téméraire de changer le sujet d'un chef-d'œuvre musical, il est certain que les savantes adaptations de M. Buchor ont abouti à enfoncer les belles pensées de Haendel et de Schubert, de Mozart et de Beethoven dans la mémoire des Français, et à les rendre une partie de leur vie. S'ils avaient entendu la même musique lors d'un concert, ils n'auraient probablement pas été très émus. Et cela donne raison à M. Buchor. Que les Français s'enrichissent des trésors musicaux de l'Allemagne jusqu'au moment où ils pourront créer leur propre musique ! C'est une sorte de conquête pacifique à laquelle notre art est habitué. « Maintenant donc, Français, comme disait Du Bellay, avancez hardiment vers cette belle vieille ville romaine et décorez (comme vous l'avez fait plus d'une fois) vos temples et vos autels de ses dépouilles. Rappelons d'ailleurs que les maîtres allemands du XVIIIe siècle, dont M. Buchor a plagié les paroles, n'ont pas hésité à se plagier eux-mêmes ; et en faisant de la Berceuse de l' *Oratorio de Noël* une *Sainte famille humaine* , M. Buchor a respecté les idées musicales de Bach bien plus que Bach lui-même lorsqu'il en a fait un *Dialogue entre Hercule et le Plaisir* .

[247] Le *Poème* a été publié en quatre parties :—I. *De la naissance au mariage* ("De la naissance au mariage"); II. *La Cité* ("La Ville"); III. *De l'âge viril jusqu'à la mort* ("De la virilité à la mort"); IV. *L'Idéal* ("Idéaux"). 1900-1906.

[248] Le dernier refrain de *Fidelio* a été récemment chanté par cent soixante-dix écoliers de Douai ; un grand chœur du *Messie* par les Écoles Normales d'Angoulême et de Valence ; et la grande scène chorale et la dernière partie du *Faust* de Schumann par les deux Écoles Normales de Limoges. A Valence,

des représentations y sont données chaque année au théâtre devant un public de huit cents à mille professeurs.

En dehors des écoles, notamment dans le Nord, un certain nombre d'instituteurs des deux sexes ont constitué des chorales d'ouvrières et des sociétés coopératives, comme *La Fraternelle* à Saint-Quentin.

D'une manière générale, on peut dire que la campagne de M. Maurice Buchor a surtout réussi dans des départements comme celui de l'Aisne et de la Drôme, où le terrain a été préparé par l'inspecteur d'Académie. Malheureusement, dans de nombreuses régions, le mouvement rencontre une vive opposition de la part des professeurs de musique, qui n'approuvent pas cette manière mnémotechnique d'apprendre la poésie avec la musique, sans aucune instruction en solfège ou en science musicale. Et il est bien évident que cette méthode aurait ses défauts s'il s'agissait de former des musiciens. Mais il s'agit vraiment de former des gens qui ont un peu de musique en eux ; il ne faut donc pas que les musiciens soient trop exigeants. J'espère qu'un jour de cette bonne terre naîtront de grands musiciens, des musiciens plus humains que ceux de notre époque, des musiciens dont la musique sera enracinée dans leur cœur et dans leur pays.

[249] Il ne faut pas oublier M. Bourgault-Ducoudray, qui fut son précurseur avec ses *Chants de Fontenoy* , recueils de chansons pour les Écoles Normales.

[250] Il faut surtout mentionner les petits groupes de jeunes étudiants, élèves des Universités ou des grandes écoles, qui se consacrent actuellement à l'instruction morale et musicale du peuple. Un tel effort, fait il y a plus d'un an à Vaugirard, a abouti à la *Manécanterie des petits chanteurs de la Croix de bois* , petite chorale des enfants du peuple, qui dans les paroisses pauvres vont d'une église à l'autre en chantant du grégorien et Musique palestinienne.

[251] Il n'est guère nécessaire de rappeler la malheureuse loi du 15 mars 1850 qui dit : « L'enseignement primaire *peut* comporter le chant ».

[252] Par décret du 4 août 1905. Parallèlement, un programme et des instructions pédagogiques furent publiés. L'importance de la dictée musicale et l'utilité des méthodes Galin pour les débutants ont été soulignées. Espérons que l'Etat décidera officiellement de soutenir les efforts de M. Buchor et qu'il introduira progressivement dans les écoles les méthodes de gymnastique rythmique de M. Jacques-Delacroze, qui ont produit des résultats si étonnants en Suisse.

[253] Suggestion de M. Chaumié. Voir la *Revue Musicale* , 15 juillet 1903.

[254] *Revue Musicale* , 15 décembre 1903, et 1er et 15 janvier 1904.

[255] « En cela, dit M. Buchor, comme en bien d'autres choses, les enfants du peuple donnent l'exemple aux enfants de la bourgeoisie. C'est vrai; mais

il ne faut pas tant blâmer les enfants de la bourgeoisie que les autorités qui, « en ceci comme en bien d'autres choses », n'ont pas rempli leurs devoirs.

[256] *La Passion selon saint Matthieu* fut donnée d'abord par deux petits chœurs, composés de douze à seize élèves, solistes compris.

[257] Il est à peine besoin de mentionner le curieux attrait que commencent à éprouver certains de nos musiciens pour l'art de civilisations tout à fait opposées à celles de l'Occident. Lentement et tranquillement, l'esprit de l'Extrême-Orient s'insinue dans la musique européenne.

[258] Inutile de dire que le génie de Rameau justifiait tout cet enthousiasme ; mais on ne peut s'empêcher de croire qu'il a été suscité, non pas tant par son génie musical que par sa prétendue défense de la musique française du passé contre l'art étranger ; mais cet art était bien adapté aux lois de l'opéra français, comme nous pouvons le constater par nous-mêmes dans le cas de Gluck.

[259] *La Tribune de Saint-Gervais* , septembre 1903.

[260] En tout cas, certaines formes de musique — les plus élevées. Voir les discussions à la Chambre des Députés sur le budget des Beaux-Arts en février 1906 ; et les discours de MM. Théodore Denis, Beauquier et Dujardin-Beaumetz, sur la musique religieuse, l'école Niedermeyer et la valeur civique de l'orgue.